これだけ
マスター

予防技術
検定試験

改訂2版

オーム社 [編]

OHM
Ohmsha

はじめに

　本書の初版からすでに 4 年が経過しました．この間に予防技術検定の試験範囲である消防関係法令及び建築関係法令が改正となりました．

　このことから，今回の改訂 2 版においては，法令基準の改正内容を踏まえて本文を改正するとともに，章末問題も大幅に追加しました．

　平成 17 年度に始まった予防技術検定は，今年度で 18 回目となります．令和 3 年度の受験者数は，9,100 人を超えるまでになりました．

　当然のことですが，各消防機関の火災予防業務に従事する職員は，その業務を適正に執行するため，火災の予防に関する高度な知識と技術を有している「予防技術資格者」であることが求められています．そして，予防技術資格者として認定されるためには，第一関門として，予防技術検定に合格しなければなりません．

　しかしながら，公表されている試験範囲は共通科目，専攻科目とも広範囲にわたっています．実務による知見と学習によって得られる基礎知識は，事物・状況を的確に捉え，先見の明をもって正しく対処するうえで両輪をなすものであり，本試験は予防技術資格者を目指す者が，十分かつ総合的な基礎知識をもっていることを確認するものといえます．したがって，消防機関において実務経験を積んで受験資格を有する方々でも，本試験に合格するためにはその受験科目について，重点項目を効率良く学習し修得する必要があります．

　このため，本書では予防技術検定において合格点を取ることを主眼とし，受験対策及び予防業務を執行するうえで重要と思われる項目について整理し，コンパクトにまとめました．また，各章末には，学習内容を確認するのみならず，本文では記載しきれなかった重要な細部の基準についても学習できるように，模擬試験問題を実践形式で掲載しました．本文と併せて学習をすることで，より一層知識が深まります．

　本書で学習された方が，予防技術検定に合格され，そして予防業務に対する知識を深められることを期待します．

2022 年 6 月

オーム社編集局

本書における法令に係る略称一覧

〔本書における便宜上の表記〕

※ 条項号のうち項は丸数字（①，②，…）として，「第」はすべて省略しました（例えば，「第16条の2の1第2項第3号」であれば，16条の2の1②項3号と表記しています）．

※ 参考条文として，（ ）に入れて示す場合や，図表等では条項号も省略しました（例えば，「第16条の2の1第2項第3号」であれば，16の2の1②3と表記しています）．

消防法（昭和23年 法律第186号） → **法**

消防法施行令（昭和36年 政令第37号） → **消令**

消防法施行規則（昭和36年 自治省令第6号） → **消則**

危険物の規制に関する政令（昭和34年 政令第306号） → **危令**

危険物の規制に関する規則（昭和34年 総理府令第55号） → **危則**

建築基準法（昭和25年 法律第201号） → **建基法**

建築基準法施行令（昭和25年 政令第338号） → **建基令**

建築基準法施行規則（昭和25年 建設省令第40号） → **建基則**

消防組織法（昭和22年 法律第226号） → **消組法**

危険物の試験及び性状に関する省令（平成元年 自治省令第1号） → **試験省令**

対象火気設備等の位置，構造及び管理並びに対象火気器具等の取扱いに関する条例の制定に関する基準 → **条例制定基準**

対象火気設備等の位置，構造及び管理並びに対象火気器具等の取扱いに関する条例の制定に関する基準を定める省令（平成14年 総務省令 第24号） → **火気規則**

消防法施行令 別表第一 → **消令別表第1**

消防法施行令 別表第二 → **消令別表第2**

ほか通知・通達は，「消防予」などとしています．

本書の内容は，令和4年4月1日施行の関係法令に対応しています．

以降の法令改正に伴う内容の変更については，最新情報を当社ホームページに掲載し，本書との対応を図ります．

目　次

2章　防火査察（専攻科目）

予防技術検定およびその試験の概要

根拠法令：

「消防力の整備指針第 34 条第 3 項の規定に基づき，予防技術資格者の資格を定める件」（平成 17 年消防庁告示第 13 号，資格者告示）において，予防技術資格者の要件として消防庁長官が指定する試験（予防技術検定）に合格することが規定されている．

問題の形式：択一式

検定時間：150 分

科目内の問題の配点：均等

出題数：合計 30 問

資格者告示第 6 条第 1 項第 1 号に規定する科目（共通科目）→ 10 問

資格者告示第 6 条第 1 項第 2 号に規定する科目（専攻科目）→ それぞれ 20 問

合格基準：

資格者告示第 7 条に定めるところによる（共通科目及び専攻科目の合計の成績が 60% 以上）．

なお，資格者告示第 6 条第 2 項の規定により共通科目が免除された者（2018 年 5 月現在は，1 区分〔防火査察，消防用設備等，危険物のいずれか〕以上の検定に合格している者で，他の区分の検定を受ける者）については，専攻科目の検定の成績が，60% 以上．

合格通知：

予防技術検定の実施に関する事務を行う者として消防庁長官が指定する者（検定実施機関）から合格した旨が通知される．

また，検定実施機関は，合格した者の受検番号を公示する．

合格を証明する書類の発行：

予防技術検定の合格者には，検定実施機関から検定に合格したことを証明するための書類が発行される（合格の通知を兼ねることができる）．

合格したことを証明するための書類には，予防技術検定に合格した者の検定の区分，及び受検資格の判定について記載される．

上記の試験概要は，本書発行時点のものです．

詳しくは，（一財）消防試験研究センターの Web サイトなどでご確認ください．

検定科目の範囲（共通科目）

（予防技術検定の検定科目の出題範囲について（平成 28 年 9 月 5 日付消防庁予防課事務連絡））

科目（範囲）	検定科目の主要な出題範囲（根拠条文等）（※）
Ⅰ　燃焼及び消火の理論に関する基礎知識	① 燃焼の定義，燃焼現象，燃焼に必要な要素 ② 煙の流動性状と制御
Ⅱ　消防関係法令及び建築基準法令に関する基礎知識	③ 消火方法の種類及びその原理，消火剤の種類と消火作用 ④ 法第 2 条から第 9 条の 2 まで，第 16 条の 5，第 17 条から第 17 条の 4 まで，第 31 条から第 35 条の 3 の 2 まで
Ⅲ　消防同意，消防用設備等又は特殊消防用設備等に関する基礎知識	⑤ 法別表第 1（備考を含む） ⑥ 消令第 1 条の 2，第 4 条の 2 の 2 から第 5 条の 8 まで，第 6 条から第 9 条の 2 まで，第 34 条から第 36 条まで
Ⅳ　査察並びに違反処理及び防炎規制に関する基礎知識	⑦ 消則第 31 条の 3 から第 31 条の 6 まで ⑧ 建基法第 2 条 ⑨ 建基令第 1 条及び第 2 条
Ⅴ　防火管理及び防火対象物の点検報告制度に関する基礎知識	⑩ 行政手続法第 1 条，第 2 条，第 32 条から第 36 条の 3まで ⑪ その他
Ⅵ　火災調査に関する基礎知識	
Ⅶ　危険物の性質に関する基礎知識	
Ⅷ　その他予防業務に必要な基礎知識	

検定科目の範囲（防火査察科目）

科目（範囲）	検定科目の主要な出題範囲（根拠条文等）（※）
Ⅰ　関係法令の制度と概要	① 法第 3 条から第 6 条まで，第 8 条から第 9 条の 2 まで，第 17 条の 4 ② 消令第 2 条から第 5 条の 5 まで
Ⅱ　立入検査関係及び違反処理関係	③ 消則第 1 条から第 4 条の 5 まで（第 4 条の 2 の 5 を除く） ④ 行政不服審査法第 2 条から第 6 条まで，第 9 条，第 18条，第 22 条，第 54 条，第 55 条，第 82 条及び第 83条
Ⅲ　防火管理及び防火対象物の点検報告制度関係	⑤ 行政代執行法第 2 条から第 6 条まで ⑥ 立入検査標準マニュアル 　・立入検査要領 　・小規模雑居ビル立入検査時の留意事項 　・量販店等立入検査時の留意事項
Ⅳ　防炎規制関係及び火を使用する設備器具等に対する制限関係等	・個室型店舗立入検査時の留意事項 ⑦ 違反処理標準マニュアル 　・違反処理要領 　・違反処理基準
Ⅴ　その他防火査察等に関する専門的知識	⑧ その他

参考資料　「立入検査マニュアル」及び「違反処理マニュアル」の送付について（平成 14 年 8 月 30 日付け消防安第 39 号・平成 17 年 7 月 6 日付け消防安第 138 号・平成 26 年 3 月 4 日付け消防予第 55 号により改正）

検定科目の範囲（消防用設備等科目）

科目（範囲）	検定科目の主要な出題範囲（根拠条文等）（※）
Ⅰ　消防同意及び消防用設備等並びに特殊消防用設備等関係法令の制度と概要	① 法第7条，第17条から第17条の14まで，第4章の2
	② 消令第8条から第29条の4まで，第34条から第34条の4まで，第36条の2，第37条から第41条まで
	③ 消則第5条から第31条の2の2まで，第31条の6，第33条の2から第33条の5まで，第33条の17及び第33条の18
	④ 建基法第6条から第6条の2まで，第6条の4，第7条の6，第21条から第24条まで，第25条から第28条まで，第32条から第36条まで，第61条から第66条まで，第86条及び第93条
Ⅱ　消防用設備等の技術上の基準関係	⑤ 建基令第20条の2，第20条の3，第107条から第109条の2まで，第109条の5，第111条から第114条まで，第115条の3から第116条の2まで，第118条から第126条の7まで，第128条から第129条の2の3まで，第129条の2の5，第129条の2の6，第129条の13の2から第129条の15まで，第136条の2から第136条の2の3まで
Ⅲ　消防設備士及び消防設備点検資格者関係	⑥ 消防設備士免状の交付を受けている者又は総務大臣が認める資格を有する者が点検を行うことができる消防用設備等又は特殊消防用設備等の種類を定める件（平成16年5月31日消防庁告示第10号）
	⑦ 消防設備士が行うことができる必要とされる防火安全性能を有する消防の用に供する設備等の工事又は整備の種類を定める件（平成16年5月31日消防庁告示第15号）
	⑧ 消令第29条の4に基づき規定される必要とされる防火安全性能を有する消防の用に供する設備等に関する省令
Ⅳ　その他消防同意，消防用設備等に関する専門的知識	⑨ 消防用設備等の設置単位について（昭和50年3月5日付け消防安第26号）
	⑩ 消令別表第1に掲げる防火対象物の取扱いについて（昭和50年4月15日付け消防予第41号・消防安第41号・平成27年2月27日付け消防予第81号により改正）
	⑪ その他

検定科目の範囲（危険物科目）

科目（範囲）	検定科目の主要な出題範囲（根拠条文等）（※）
Ⅰ　危険物関係法令の制度の概要	① 法第9条の3，第9条の4及び第3章
	② 危令第1条から第39条の3まで（第4条及び第23条を除く）
Ⅱ　許可審査関係（位置，構造及び設備の基準を含む.）	③ 危則第2条，第3条，第7条の4，第7条の5，第9条の2から第22条の2の8まで，第22条の4から第28条の2の8まで，第28条の54から第47条の4まで，第48条，第48条の2，第49条から第50条の3まで，第51条，第58条の14から第61条まで，第62条の2から第62条の2の9まで，第62条の4から第62条の8まで，第64条の2から第67条まで，第69条の2
Ⅲ　貯蔵及び取扱いの基準関係	
Ⅳ　移送及び運搬の基準関係	④ 危険物の規制に関する技術上の基準の細目を定める告示（昭和49年5月1日自治省告示99号）第4条の47の2から第4条の49の3まで，第4条の51，第68条の5，第68条の6，第71条から第72条まで
Ⅴ　圧縮アセチレンガス等，指定可燃物及び少量危険物関係	⑤ 製造所及び一般取扱所における危険物を取り扱うタンクの範囲について（昭和58年3月9日付け消防危第21号）
	⑥ 給油取扱所の技術上の基準等に係る運用上の指針について（昭和62年4月28日付け消防危第38号）
Ⅵ　危険物施設に関する保安規制関係	⑦ 消火設備及び警報設備に係る危険物に関する規則の一部を改正する省令の運用について（平成元年3月22日付け消防危第24号・平成3年6月19日付け消防危第71号・平成24年3月30日付け消防危第90号により改正）
Ⅶ　危険物の性質及び火災の予防並びに消火の方法	⑧ 顧客に自ら給油等をさせる給油取扱所に係る運用について（平成10年3月13日付け消防危第25号・平成12年2月1日付け消防危第12号・平成13年8月13日付け消防危第95号・平成24年3月30日付け消防危第91号・平成24年5月23日付け消防危第138号により改正）
Ⅷ　危険物取扱者関係	⑨ 製造所及び一般取扱所の危険物を取り扱うタンクに関する運用について（平成10年3月16日付け消防危第29号）
Ⅸ　その他危険物に関する専門的知識	⑩ 製造所等における複数の変更工事に係る完成検査等の手続について（平成11年3月23日付け消防危第24号）
	⑪ 製造所等において行われる変更工事に係る取扱いについて（平成14年3月29日付け消防危第49号）
	⑫ 地下貯蔵タンク等及び移動貯蔵タンクの漏れの点検に係る運用上の指針について（平成16年3月18日付け消防危第33号・平成19年3月28日付け消防危第66号・平成22年7月8日付け消防危第144号により改正）
	⑬ 既存の地下貯蔵タンクに対する流出防止対策等に係る運用について（平成22年7月8日付け消防危第144号）
	⑭ その他

（※）　略語：法とは消防法（昭和23年法律第186号）をいう.
　　　　　　消令とは消防法施行令（昭和36年政令第37号）をいう.
　　　　　　省令とは消防法施行規則（昭和36年自治省令第6号）をいう.
　　　　　　危令とは危険物の規制に関する政令（昭和34年政令第306号）をいう.
　　　　　　危則とは危険物の規制に関する規則（昭和34年総理府令第55号）をいう.
　　　　　　建基法とは建築基準法（昭和25年法律第201号）をいう.
　　　　　　建基令とは建築基準法施行令（昭和25年政令第338号）をいう.
　　　　　　行政手続法（平成5年11月12日法律第88号）
　　　　　　行政不服審査法（昭和37年9月15日）
　　　　　　行政代執行法（昭和23年5月15日法律第43号）

共通科目

重要 **Point**

　共通科目には，専攻科目の「防火査察」，「消防用設備等」，「危険物」についての基礎知識のほか，火災調査，火災の物理的要因及び化学的要因に関する基本的事項等が試験範囲に含まれている.

- ▶ 燃焼・消火：①燃焼現象の分類，②火災の特異な現象，③各消火方法の特徴
- ▶ 消防関係法令，建築基準法令：①防火管理者の選任対象，②防火対象物点検，③建築用語（主要構造部等）
- ▶ 消防同意，消防用設備等：①法 7 条の条文，②消防用設備等の種類・点検報告，③条例による付加規制（法 17 条②項）
- ▶ 査察，違反処理等：法 4 条と法 16 条の 5 の立入検査，防炎対象物，行政指導
- ▶ 火災調査：①火災調査に係る警察機関との関係，②火災調査の義務
- ▶ 危険物の性質：各類の定義と該当する危険物の品名

燃焼及び消火の理論に関する基礎知識

1 燃焼の定義と燃焼の3要素

▶ 1. 燃焼の定義

燃焼とは，可燃性の物質が急激に酸素と結合し，その際に熱と光を発生する現象をいう．空気中に放置されたくぎ等の鉄製品が，時間の経過とともに腐食が進行する現象は，酸化反応であるが，燃焼にはならない（**表1・1**）.

表1・1　燃焼に係る基礎知識

可燃物：
- 発熱反応により酸素と結合する（酸化される）物質をいう.
- 木材等の固体だけではなく，ガソリン等の液体，及びメタン等の気体も含まれる.

酸　素：
- 通常，大気中で燃焼する場合は，空気に21%含まれる酸素が供給体となっている.
- 継続的な燃焼のためには，一定濃度の酸素が必要であり，この酸素濃度のことを**限界酸素濃度**という.
- 第一類の危険物（**酸化性固体**）及び第六類の危険物（**酸化性液体**）は，不燃性であるが，その分子中に酸素を含んでいることから，加熱や摩擦等により**分解して酸素を発生**する.
- 第五類の危険物（**自己反応性物質**）は，分子中に酸素原子を含んでおり，かつ可燃性であることから，ほかから酸素の供給を受けなくても**爆発的に自己燃焼**する.

熱（点火エネルギー）：
- **裸火**だけではなく，**電気**，**静電気**，**摩擦**，**衝撃**等により発生する火花も点火エネルギーとなる.
- 可燃性の物質が空気中で酸化反応を起こし，反応の進行に伴い発生した**熱が蓄積**して，自然発火することもある.

▶ 2. 燃焼の3要素

燃焼には，

① **可燃物**（可燃性物質）
② **酸素**（通常は空気中の酸素）
③ **熱源**（酸化反応を開始させるエネルギー）

の3要素が必要である．この3要素がそろわないと燃焼が起こらない.

そして，燃焼が継続するためには，連鎖反応が必要である（**図1・1**）.

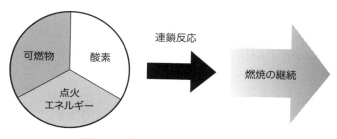

図 1・1　燃焼の 3 要素と燃焼の継続

2　気体，液体，固体の燃焼

● 1. 気体の燃焼

　可燃性の気体の燃焼は，酸素の供給形態により，**予混合燃焼**と**拡散燃焼**に区分される（**表 1・2**）.

　これらの燃焼は，いずれもコントロールされた状態で炎が一定の状態を維持して燃焼することから「**定常燃焼**」であり，例えば，ガソリンエンジン内部のように密閉された容器内で発生する急激的・爆発的な燃焼は「**非定常燃焼**」になる.

表 1・2　予混合燃焼と拡散燃焼

予混合燃焼	可燃性気体と酸素をあらかじめ混合することにより，均一な状態で燃焼する. 例）ガスコンロでの燃焼： 　コンロのバーナー部で可燃性ガスと燃焼に必要な酸素が混合された状態で供給されて燃焼する.	可燃性ガス 酸素 ガスバーナー
拡散燃焼	燃焼に必要な酸素（空気）が炎の周囲から供給されることにより，可燃性気体と混合しながら燃焼する. 例）アルコールランプでの燃焼： 　アルコールが芯を上昇して気化し，その可燃性ガスが周囲の酸素と混合しながら燃焼する.	・酸素 ・可燃性ガス 気体のアルコール 芯 アルコール

▶ 2. 液体の燃焼

ガソリンやメチルアルコール等の第四類の危険物（可燃性液体）は、液体の表面から発生する可燃性の蒸気が空気と混合し、火源の存在により着火し、液体の表面上で燃焼する。なお、この燃焼は、可燃性液体自体が燃焼するのではなく、蒸発燃焼という。

▶ 3. 固体の燃焼

可燃性の固体の燃焼には、燃焼メカニズムで分けると、**表面燃焼、分解燃焼、蒸発燃焼**がある（**表 1・3**）。

表 1・3　表面燃焼、分解燃焼、蒸発燃焼

表面燃焼	固体自体は熱によっても分解しないで、その**表面で酸素と直接結合**（燃焼）する。 例）木炭、コークス、金属粉	炭素　酸素
分解燃焼	固体が**熱によって分解**し、発生した可燃性の蒸気が酸素と結合（燃焼）する※。 例）木材、石炭、合成樹脂	セルロースの分解した可燃性蒸気　酸素　木材
蒸発燃焼	熱により分解することなく、**固体自体が蒸気となり（昇華）**、酸素と結合（燃焼）する。 例）硫黄、樟脳、ナフタリン（ナフタレン）	金属皿　硫黄

※　熱分解により、空気中の酸素を必要としないで、物質中の酸素により燃焼を継続することを**自己燃焼（内部燃焼）**という（第五類の危険物であるセルロイド等の燃焼が該当する）。

3 引火点，発火点，自然発火

● 1. 引火点と燃焼範囲

　引火とは，ガソリン等の可燃性の液体から発生する**可燃性の蒸気と空気が混合**した状態で，液表面の近くで**火源を近づけて可燃性蒸気が発火**する現象をいう．

　引火点とは，可燃性の液体の温度を上げていき，発生する可燃性蒸気の濃度が高くなり引火を開始する温度をいう．

　引火点以上に液温が上昇すると，何らかの火源が存在すると引火する危険性がある．また，引火点が低いものほど，引火の危険度が高くなる．

　可燃性蒸気を空気と混合した状態で，密閉された容器内で点火すると，**可燃性蒸気の濃度が一定の範囲内**のときに爆発する．この爆発する可燃性蒸気の濃度範囲（**空気に対する可燃性蒸気の割合を容量％で表す**）を，**燃焼範囲**（爆発範囲，**図1・2**）という．この燃焼範囲の低濃度を**燃焼の下限値（下限界）**，高濃度を**燃焼の上限値（上限界）**という．

　可燃性蒸気を発生する可燃性液体については，燃焼範囲が広いもの，及び燃焼の下限界の低いものほど引火の危険度が高くなる（**表1・4**）．

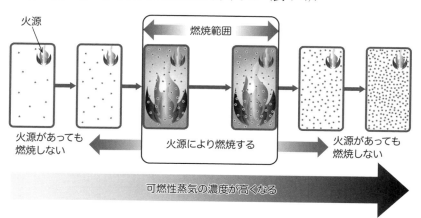

図1・2　燃焼範囲

表 1・4 可燃性液体の引火点・発生する可燃性蒸気の燃焼範囲

可燃性液体	引火点（℃）	燃焼下限値（容量%）	燃焼上限値（容量%）
ジエチルエーテル	−45	1.7	39.2
ガソリン	−43 以下	1.4	7.6
トルエン	4	1.0	7.8
メチルアルコール	9	6.0	36
エチルアルコール	12	3.1	19

（労働安全衛生総合研究所技術指針：ユーザーのための工場防爆設置ガイド（平成 24 年 11 月 1 日）
より引用）

燃焼点
引火点測定と同様の手法で実施するが，引火点以上に加熱して燃焼が 5 秒
以上継続する温度のことを燃焼点という．

● 2. 発火点

　空気中で可燃性の物質を加熱し続けると，当該物質の温度が上昇し，**火源がな
くても発火し燃焼をする**．この発火燃焼を開始する温度を**発火点（発火温度）**と
いう（**表 1・5**）．

表 1・5 物質の発火点（℃）

物　質	発火点（℃）
メタン	537
二硫化炭素	90
軽　油	225
アセトン	469
黄リン	30
木　材	250〜260
木　炭	250〜300

（国立天文台編：理科年表 2022 年，丸善（2021）より引用）

● 3. 自然発火

　自然発火とは，物質の外部から火源による点火作用がなくても，出火する現象
をいう．
　自然発火は，物質が空気中で酸化，分解等の反応により**発熱・蓄熱**して，当該
物質の**発火点**まで達して燃焼を開始する，というプロセスによる．

自然発火の発生条件は，酸化・分解等の反応熱が大きく，蓄積しやすいことである．自然発火には，化学的な酸化・分解反応のほかに，重合反応，吸着反応や，微生物による発熱反応によるものがある．

4　火災性状と煙の制御

● 1. 火災性状

　火災とは，

> 人の意図に反して発生若しくは拡大し，又は放火により発生して消火の必要がある燃焼現象であって，これを消火するために消火設備又はこれと同程度の効果のあるものの利用を必要とするもの．又は人の意図に反して発生若しくは拡大した爆発現象．

と定義されている（「火災報告取扱要領」（消防庁））．

　ここで，爆発現象とは，化学的変化による燃焼の一つの形態であり，急激に進行する化学反応によって多量のガスと熱を発生し，爆鳴・火炎及び破壊作用を伴う現象をいう．

　耐火建物内で火災が発生すると，窓等の開口部が閉まった密閉された状態では，燃焼により室内の空気が減少し，燃焼速度が遅くなる．

　そして，燃焼は縮小し，室内は不完全燃焼による可燃性のガスが充満する．

　このときに，ドアをあけると，急激に新鮮な空気が火災室内に流入して，可燃性ガスが爆発的な燃焼を起こすことがある（**バックドラフト**の発生）．この際，あけたドアから爆風を伴う火炎が噴出することもある．

　また，窓ガラスの破損等により十分に空気の存在する状態では，室内での部分的な火災により過熱した天井や煙の層からの放射熱によって，室内全体が高温となり急速に延焼拡大して全面火災となることがある（**フラッシュオーバー**の発生）．

　その後，火災は最盛期となり，やがて燃焼物がなくなり，衰退していく．

● 2. 煙の制御

　木材やメタンのような炭化水素系の化合物が燃焼すると，十分に空気が存在していれば完全燃焼をして，二酸化炭素と水（高温では水蒸気となっている）が発生する．しかし，空気の供給が不十分な状態では，不完全燃焼となり熱分解により発生した炭素が酸素と結合せずにそのまま放出されて黒煙となる．同時に一酸化炭素や他の熱分解成分等も放出される．

　室内で発生した煙は，天井面に上昇・拡散し，発生量の増加に伴い降下してくる．また，階段室等の竪穴区画に流入すると垂直方向に上昇することとなる．

　このことから，火災により発生する煙を「**防煙**」，「**排煙**」により制御することが，避難安全上，消防活動上，極めて重要となる（**表 1・6**，**図 1・3**）．

表 1・6　防煙と排煙

防　煙	建物内を層間区画，竪穴区画，面積区画・異種用途区画による防火区画によって区切り，火炎の拡大及び煙の拡散を防ぐことである（遮煙する）．
排　煙	廊下等の避難経路に流入した煙の濃度を低下させるものであり，窓や排煙口による自然排煙等のほか，給気と排気（排煙）を行う給排気機械排煙方式等がある．

図 1・3　煙の流動・拡散

5　消火の原理

　消火とは，燃焼の 3 要素（可燃物，酸素，熱源）の一つ以上を取り除くことにより燃焼を止めることである．さらに，燃焼の「連鎖反応を抑制，遮断」することを加えて，消火の 4 要素という．

　消火方法については，**表 1・7** のように大別することができる．

表 1・7　消火方法

消火方法	消火原理	具体的な消火要領
除去消火	可燃物を除去する	・　ガス等の可燃物の供給を停止する ・　未燃の可燃物を除去する
窒息消火	酸素の供給を遮断する	・　二酸化炭素，窒素等の不活性ガスにより燃焼物を 　　おおう ・　不燃性の泡により燃焼物をおおう ・　乾燥砂等の不燃性の固体で燃焼物をおおう 　※　粉末消火剤（リン酸アンモニウム，炭酸水素ナ 　　　トリウム等）による消火が該当
冷却消火	熱源を除去する	・　水及び水系の消火液を放射して吸熱し，燃焼物温 　　度を発火点以下にする
希釈消火	発生する可燃性ガスの 濃度，空気中の酸素濃 度を下げる	・　可燃性の液体から発生する可燃性ガスを爆発下限 　　値未満にする ・　二酸化炭素等の不活性ガスを放射して，空気中の 　　酸素濃度を 15 ％以下にする（窒息消火の原理と 　　同様）
化学的消火	継続する燃焼反応を抑 える	・　燃焼（酸化反応）の連鎖反応を，ハロゲン化物の 　　負触媒作用により抑制する 　※　ハロゲン元素の消火効果の比較 　　　ヨウ素　＞　臭素　＞　塩素　＞　フッ素 　　　となり，原子量が大きくなると消火効果も大き 　　　くなる

1・2 消防関係法令及び建築基準法令に関する基礎知識

1 消防関係法令の概要

消防に関する法律として，消防の組織に関する「消防組織法」（昭和22年 法律第226号，以下本書では「消組法」）と消防の業務に関する「消防法」（昭和23年 法律第186号，以下本書では「法」）がある（**表1・8**）．

消組法では，

> 消防は，その施設及び人員を活用して，国民の生命，身体及び財産を火災から保護するとともに，水火災又は地震等の災害を防除し，及びこれらの災害による被害を軽減するほか，災害等による傷病者の搬送を適切に行うことを任務とする．

と消防の任務について規定している．

また，法では，

> 火災を予防し，警戒し及び鎮圧し，国民の生命，身体及び財産を火災から保護するとともに，火災又は地震等の災害による被害を軽減するほか，災害等による傷病者の搬送を適切に行い，もつて安寧秩序を保持し，社会公共の福祉の増進に資することを目的とする．

と規定されている．そして，予防業務については，危険物と消防用設備に区分され，それぞれ政令，規則（省令），告示に技術的な基準が規定されている．さらに，消防用設備等，及び指定数量未満の危険物等の規制に関して，各市町村においても火災予防条例等により基準を定めている．

2 法における用語の定義

法第2条において用語が定義されているが，このうち，**予防に関係する用語は表1・9**のように定義されている．

表 1・8　消防関係の法体系（略称は本書中の表記）

法律	政令	規則（省令）	告示
消防組織法（消組法）			
消防法（法）	消防法施行令（消令）	・消防法施行規則（消則） ・規格省令^{※1}	・基準告示^{※2}
	危険物の規制に関する政令（危令）	・危険物の規制に関する規則（危則） ・危険物の試験及び性状に関する省令（試験省令）	・危険物の規制に関する技術上の基準の細目を定める告示 ・消火設備基準告示^{※3}

※1　消火器の技術上の規格を定める省令等
※2　開放型散水ヘッドの基準等
※3　製造所等の不活性ガス消火設備の技術上の基準の細目を定める告示

表 1・9　予防に関係する用語

> **防火対象物**：山林又は舟車，舟きょ^{※1}若しくはふ頭に繋留された船舶，建築物（建基法 2 条第 1 号）その他の工作物若しくはこれらに属する物をいう．
> **消防対象物**：山林又は舟車，舟きょ若しくはふ頭に繋留された船舶，建築物（建基法 2 条第 1 号）その他の工作物又は物件をいう．
> **関係者**：防火対象物又は消防対象物の所有者，管理者又は占有者をいう．
> **関係のある場所**：防火対象物又は消防対象物のある場所をいう．
> **舟　車**：「船舶安全法」2 条第 1 項の規定を適用しない船舶^{※2}，端舟，はしけ，被曳航船その他の舟及び車両をいう．
> **危険物**：法別表第 1 の品名欄に掲げる物品で，同表に定める区分に応じ同表の性質欄に掲げる性状を有するものをいう．

※1　舟きょ：ドックをいう．
※2　船舶安全法 2 条を適用しない船舶：エンジンのある長さ 12 m 未満の船舶で，4 人以上の人の運送をしないもの等がある．

3　建築基準法令の概要

　「建築基準法」（昭和 25 年 法律第 201 号，以下本書では「建基法」）は，建築物の敷地，構造，設備及び用途に関する最低の基準を定めて，国民の生命，健康及び財産の保護を図り，もって公共の福祉の増進に資することを目的としている．

　建基法は，「建築物の敷地，構造及び建築設備」といった建築物の安全性の確保を定めた "単体規定"，「都市計画区域等における建築物の敷地，構造，建築設備及び用途」といった健全なまちづくりを定めた "集団規定" を主な内容としている．そして，「建築基準法施行令」（昭和 25 年 政令第 338 号，以下本書では「建基令」），「建築基準法施行規則」（昭和 25 年 建設省令第 40 号，以下本書では「建基則」），告示により細部の基準が定められている．

4 建基法における用語の定義

表1・10　防火に関係する用語

建築物：土地に定着する工作物のうち，屋根及び柱，若しくは壁を有するもの（これに類する構造のものを含む），これに附属する門，若しくは塀，観覧のための工作物又は地下若しくは高架の工作物内に設ける事務所，店舗，興行場，倉庫その他これらに類する施設（鉄道及び軌道の線路敷地内の運転保安に関する施設並びに跨線橋，プラットホームの上家，貯蔵槽その他これらに類する施設を除く）をいい，建築設備を含むものとする.

特殊建築物：学校（専修学校及び各種学校を含む），体育館，病院，劇場，観覧場，集会場，展示場，百貨店，市場，ダンスホール，遊技場，公衆浴場，旅館，共同住宅，寄宿舎，下宿，工場，倉庫，自動車車庫，危険物の貯蔵場，と畜場，火葬場，汚物処理場その他これらに類する用途に供する建築物をいう.

建築設備：建築物に設ける電気，ガス，給水，排水，換気，暖房，冷房，消火，排煙若しくは汚物処理の設備，又は煙突，昇降機若しくは避雷針をいう.

居　室：居住，執務，作業，集会，娯楽，その他これらに類する目的のために継続的に使用する室をいう.

主要構造部：壁，柱，床，はり，屋根又は階段をいい，建築物の構造上重要でない間仕切壁，間柱，附け柱，揚げ床，最下階の床，廻り舞台の床，小ばり，ひさし，局部的な小階段，屋外階段，その他これらに類する建築物の部分を除くものとする.

延焼のおそれのある部分：隣地境界線，道路中心線又は同一敷地内の2以上の建築物（延べ面積の合計が500 m² 以内の建築物は，1の建築物とみなす）相互の外壁間の中心線（ロにおいて「隣地境界線等」という）から，1階にあっては3 m 以下，2階以上にあっては5 m 以下の距離にある建築物の部分をいう.ただし，次のイ又はロのいずれかに該当する部分を除く.
- **イ**　防火上有効な公園，広場，川その他の空地又は水面，耐火構造の壁その他これらに類するものに面する部分
- **ロ**　建築物の外壁面と隣地境界線等との角度に応じて，当該建築物の周囲において発生する通常の火災時における火熱により燃焼するおそれのないものとして国土交通大臣が定める部分

耐火構造：壁，柱，床，その他の建築物の部分の構造のうち，耐火性能（通常の火災が終了するまでの間，当該火災による建築物の倒壊及び延焼を防止するために，当該建築物の部分に必要とされる性能をいう）に関して，建基令で定める技術的基準に適合する鉄筋コンクリート造，れんが造，その他の構造で，国土交通大臣が定めた構造方法を用いるもの，又は国土交通大臣の認定を受けたものをいう.

準耐火構造：壁，柱，床，その他の建築物の部分の構造のうち，準耐火性能（通常の火災による延焼を抑制するために，当該建築物の部分に必要とされる性能をいう.第9号の3，ロにおいて同じ）に関して建基令で定める技術的基準に適合するもので，国土交通大臣が定めた構造方法を用いるもの，又は国土交通大臣の認定を受けたものをいう.

防火構造：建築物の外壁，又は軒裏の構造のうち，防火性能（建築物の周囲において発生する通常の火災による延焼を抑制するために，当該外壁又は軒裏に必要とされる性能をいう）に関して，建基令で定める技術的基準に適合する鉄網モルタル塗，しっくい塗，その他の構造で，国土交通大臣が定めた構造方法を用いるもの，又は国土交通大臣の認定を受けたものをいう.

不燃材料：建築材料のうち，不燃性能（通常の火災時における火熱により燃焼しないこと，その他の政令で定める性能をいう）に関して，建基令で定める技術的基準に適合するもので，国土交通大臣が定めたもの，又は国土交通大臣の認定を受けたものをいう.

耐火建築物：次に掲げる基準に適合する建築物をいう.

イ その主要構造部が（1）又は（2）のいずれかに該当すること.

（1）耐火構造であること.

（2）次に掲げる性能（外壁以外の主要構造部にあっては，（i）に掲げる性能に限る）に関して，建基令で定める技術的基準に適合するものであること.

（i）当該建築物の構造，建築設備及び用途に応じて，屋内において発生が予測される火災による火熱に，当該火災が終了するまで耐えること.

（ii）当該建築物の周囲において発生する通常の火災による火熱に，当該火災が終了するまで耐えること.

ロ その外壁の開口部で延焼のおそれのある部分に，防火戸その他の建基令で定める防火設備（その構造が遮炎性能〔通常の火災時における火炎を有効に遮るために防火設備に必要とされる性能をいう〕に関して，建基令で定める技術的基準に適合するもので，国土交通大臣が定めた構造方法を用いるもの，又は国土交通大臣の認定を受けたものに限る）を有すること.

準耐火建築物：準耐火建築物 耐火建築物以外の建築物で，イ又はロのいずれかに該当し，外壁の開口部で延焼のおそれのある部分に耐火建築物の定義におけるロに規定する防火設備を有するものをいう.

イ 主要構造部を準耐火構造としたもの.

ロ イに掲げる建築物以外の建築物であって，イに掲げるものと同等の準耐火性能を有するものとして主要構造部の防火の措置その他の事項について政令で定める技術的基準に適合するもの.

敷　地：1の建築物，又は用途上不可分の関係にある2以上の建築物の，ある一団の土地をいう.

地　階：床が地盤面下にある階で，床面から地盤面までの高さがその階の天井の高さの1/3以上のものをいう.

構造耐力上主要な部分：基礎，基礎ぐい，壁，柱，小屋組，土台，斜材（筋かい，方づえ，火打材，その他これらに類するものをいう），床版，屋根版又は横架材（はり，けた，その他これらに類するものをいう）で，建築物の自重若しくは積載荷重，積雪荷重，風圧，土圧若しくは水圧，又は地震その他の震動若しくは衝撃を支えるものをいう.

耐水材料：れんが，石，人造石，コンクリート，アスファルト，陶磁器，ガラス，その他これらに類する耐水性の建築材料をいう.

準不燃材料：建築材料のうち，通常の火災による火熱が加えられた場合に，加熱開始後10分間，建基令108の2各号（建築物の外部の仕上げに用いるものにあっては，同条1及び2）に掲げる要件を満たしているものとして，国土交通大臣が定めたもの，又は国土交通大臣の認定を受けたものをいう.

難燃材料：建築材料のうち，通常の火災による火熱が加えられた場合に，加熱開始後5分間建基令**108条の2各号**（建築物の外部の仕上げに用いるものにあっては，同条1号及び2号）に掲げる要件を満たしているものとして，国土交通大臣が定めたもの，又は国土交通大臣の認定を受けたものをいう.

大規模の修繕：建築物の主要構造部の一種以上について行う過半の修繕をいう.

大規模の模様替：建築物の主要構造部の一種以上について行う過半の模様替をいう.

防火設備：防火戸，ドレンチャー，その他火炎を遮る設備をいう.「特定防火設備」「防火設備」の2種類がある.

特定防火設備：火災の拡大を防止するため，防火区画や防火壁の開口部，避難階段の出入口などに使用される.通常の火災による火熱が加えられた場合に，加熱開始後60分間，当該加熱面以外の面に火炎を出さないものとして，国土交通大臣が定めた構造方法を用いるもの，又は国土交通大臣の認定を受けたもの.

防火設備：開口部の延焼を防止するため，外壁の開口部や防火区画に使用される.通常の火災による火熱が加えられた場合に，加熱開始後20分間，当該加熱面以外の面に火炎を出さないものであるとされている.

地盤面：建築物が周囲の地面と接する位置の平均の高さにおける水平面をいい，その接する位置の高低差が 3 m を超える場合においては，その高低差 3 m 以内ごとの平均の高さにおける水平面をいう．

建築物の高さの算定方法：地盤面からの高さによる．

軒の高さの算定方法：地盤面から建築物の小屋組又はこれに代わる横架材を支持する壁，敷桁又は柱の上端までの高さによる．

階数の算定方法：昇降機塔，装飾塔，物見塔その他これらに類する建築物の屋上部分又は地階の倉庫，機械室その他これらに類する建築物の部分で，水平投影面積の合計がそれぞれ当該建築物の建築面積の 1/8 以下のものは，当該建築物の階数に算入しない．また，建築物の一部が吹抜きとなっている場合，建築物の敷地が斜面又は段地である場合その他建築物の部分によって階数を異にする場合においては，これらの階数のうち最大なものによる．

1·3 消防同意，消防用設備等又は特殊消防用設備等に関する基礎知識

1 建築確認と消防同意

▶ 1. 建築確認

　"建築確認"とは，建基法に基づき，「建築物などの建築計画が建築基準法令や建築基準関係規定に適合しているかどうかを着工前に審査する行政行為」である（図1·4）.

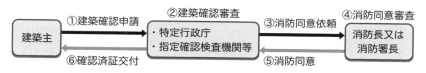

図1·4　建築確認申請と消防同意の関係フロー

　建築主は，

- **表1·11**①～③の建築物を建築しようとする場合（増築しようとする場合は，建築物が増築後において，同①～③に掲げる規模のものとなる場合を含む）
- これらの建築物の大規模の修繕若しくは大規模の模様替えをしようとする場合
- 同④の建築物を建築しようとする場合

は，当該工事に「着手する前」に，その計画が建築基準関係規定（建基法，並びにこれに基づく命令及び条例の規定，その他建築物の敷地，構造又は建築設備に関する法律，並びにこれに基づく命令及び条例の規定で政令で定めるもの）に適合するものであることについて，確認の申請書を提出して，建築主事の確認を受け，確認済証の交付を受けなければならない.

　また，

- 当該確認を受けた建築物の計画の変更（国土交通省令で定める軽微な変更を除く）をして，表1·11①～③までの建築物を建築しようとする場合（増築しようとする場合においては，建築物が増築後において同①～③までの規模のものとなる場合を含む）

- ・ これらの建築物の大規模の修繕若しくは大規模の模様替えをしようとする場合
- ・ 同④の建築物を建築しようとする場合

も，同様である．

　なお，防火地域及び準防火地域外において建築物を増築し，改築し，又は移転しようとする場合で，その増築，改築又は移転に係る部分の床面積の合計が10 m² 以内である場合は，建築確認を要しない．

表 1・11　確認申請が必要となる建築物

	建築物の種類	規　模　等
①	建基法別表第 1 （い）欄に掲げる用途に供する特殊建築物	その用途に供する部分の床面積の合計が 200 m² を超えるもの
②	木造の建築物	3 以上の階数を有し，又は延べ面積が 500 m²，高さが 13 m 若しくは軒の高さが 9 m を超えるもの
③	木造以外の建築物	2 以上の階数を有し，又は延べ面積が 200 m² を超えるもの
④	・ 都市計画区域若しくは準都市計画区域（都道府県知事が都道府県都市計画審議会の意見を聴いて指定する区域を除く）内における建築物 ・ **「景観法」74** ①の準景観地区（市町村長が指定する区域を除く）内における建築物 ・ 都道府県知事が関係市町村の意見を聴いて，その区域の全部若しくは一部について指定する区域内における建築物	

● 2.　確認申請の処理期間等

　建築主事は，確認の申請書を受理した場合は，
- ・ 表 1・11 ①～③までに係るものは，その受理した日から 35 日以内
- ・ 同表④に係るものはその受理した日から 7 日以内

に，申請に係る建築物の計画が建築基準関係規定に適合するかどうかを審査し，審査の結果に基づいて建築基準関係規定に適合することを確認したときは，当該申請者に確認済証を交付しなければならない．

　また，確認済証の交付を受けた後でなければ，建築物の建築，大規模の修繕又は大規模の模様替えの工事をすることができない（建基法 6）．

　※　建築主は工事が完了すると建築主事に対して完了検査の申請をし（建基法 7），検査済証の交付を受けた後でなければ，その建築物を使用できない（建基法 7 の 6）．

▶ 3. 消防同意

"消防同意" とは，法7条において，

> 建築物の新築，増築，改築，移転，修繕，模様替え，用途変更又は使用について，許可，認可又は確認の権限を有する行政庁，その委任を受けた者，又は指定確認検査機関が，その権限を行使する際に，事前に建築物の工事施工地又は所在地を管轄する消防長，又は消防署長の同意を得なければならない

ものである．

消防同意は，建築物の新築等の申請者（建築主等）に対して行うものではなく，表1・12の「消防同意を求める者」に対して行うものであり，行政機関内の内部行為である．

※ 同様のことは建基法93条に規定されている．

表1・12 消防同意の概要

消防同意を行う者	消防長又は消防署長（消防本部を置かない市町村は市町村長）
消防同意の対象	建築物のうち， ・ 「都市計画法」に基づく防火地域，準防火地域以外の区域内の住宅（一戸建て住宅で住宅の用途以外の用途に供する部分の床面積の合計が延べ面積の2分の1未満のもの，又は50 m² 以下のもの） ・ 建築設備（建築物に設ける電気，ガス，給排水，換気，冷暖房，消火，排煙等の設備又は煙突，昇降機若しくは避雷針をいう） を除くものである． 　なお，消防同意の対象は防火対象物ではないため，工作物は含まれない．
消防同意を求める者	① 確認を行う建築主事，許可を行う特定行政庁・都道府県知事等 ② 特定行政庁の委任を受けた者 ③ 指定確認検査機関
消防同意の要件	建築物の計画が法律，又はこれらに基づく命令，若しくは条例の規定で，建築物の防火に関するものに違反していないこと．
消防同意の時期及び期間	〔時期〕 建築物の工事着手前（計画段階） 〔期間〕 ① 3日以内　→　一般の建築物（建基法6①4）又は建築設備（建基法87の2） ② 7日以内　→　前①以外のもの なお，期間の算定については，消防同意を求められた当日は算定しない．

2 消防用設備等の設置・維持，特殊消防用設備等の適用除外

● 1. 消防用設備等の設置・維持

消令別表第1に掲げる防火対象物の関係者（所有者，管理者又は占有者）は，消防用設備等（消防の用に供する設備，消防用水，消火活動上必要な施設）について，消火，避難その他の消防の活動のために必要とされる性能を有するように，消令で定める技術上の基準に従って，設置し・維持しなければならない（法17①）.

表1・13　消防用設備等（消令7）

①消防の用に供する設備	消火設備	消火器，簡易消火器具（水バケツ，水槽，乾燥砂，膨張ひる石又は膨張真珠岩），屋内消火栓設備，スプリンクラー設備，水噴霧消火設備，泡消火設備，不活性ガス消火設備，ハロゲン化物消火設備，粉末消火設備，屋外消火栓設備，動力消防ポンプ設備
	警報設備	自動火災報知設備，ガス漏れ火災警報設備，漏電火災警報器，消防機関へ通報する火災報知設備，警鐘，携帯用拡声器，手動式サイレン，その他の非常警報器具，非常警報設備（非常ベル，自動式サイレン，放送設備）
	避難設備	すべり台，避難はしご，救助袋，緩降機，避難橋，その他の避難器具，誘導灯及び誘導標識
②消防用水		防火水槽又はこれに代わる貯水池，その他の用水
③消火活動上必要な施設		排煙設備，連結散水設備，連結送水管，非常コンセント設備，無線通信補助設備
④必要とされる防火安全性能を有する消防の用に供する設備等（消令29の4）		パッケージ型消火設備，共同住宅用スプリンクラー設備，特定小規模施設用自動火災報知設備，加圧防排煙設備，複合型居住施設用自動火災報知設備，特定駐車場用泡消火設備　等

また，防火対象物の関係者は通常用いられる消防用設備等（「消令7条～29条の3」の規定により設置し，及び維持しなければならない表1・13の①～③の消防用設備等）に代えて，必要とされる防火安全性能を有する消防の用に供する設備等（消防長又は消防署長が総務省令の規定に基づき，その防火安全性能（表1・14）が，当該防火対象物に通常用いられる消防用設備等の防火安全性能と同等以上であると認める消防の用に供する設備，消防用水又は消火活動上必要な施設）を用いることができる（消令29の4①）.

表 1・14　防火安全性能

- ・　火災の拡大を初期に抑制する性能
- ・　火災時に安全に避難することを支援する性能
- ・　消防隊による活動を支援する性能

● 2. 市町村の条例による附加規定と，消防長又は消防署長による特例適用

　法 17 条①項による消防用設備等の設置・維持基準は全国一律の基準であるが，市町村は，その地方の気候又は風土の特殊性により，法 17 条①項による消防用設備等の技術上の基準に関する政令，又はこれに基づく命令の規定のみによっては，防火の目的を十分に達することが困難であると認めるときは，条例で，これら政令，又は命令と異なる規定（附加規定）を設けることができる（法 17 ②）.

　なお，消防用設備等について，消防長又は消防署長が，防火対象物の位置，構造又は設備の状況から判断して，消令 8 条〜31 条（第 3 節）の規定による消防用設備等の基準によらなくとも，火災の発生又は延焼のおそれが著しく少なく，かつ，火災等の災害による被害を最小限度に止めることができると認めるときは，適用しないと規定されている（消令 32）.　これは，「特例適用」といわれている.

● 3. 特殊消防用設備等の適用除外

　法 17 条①項による政令・命令，又は同条②項による条例で定める技術上の基準に従って設置し，及び維持しなければならない消防用設備等に代えて設置することができる特殊消防設備その他の設備

を特殊消防用設備等という（法 17 ③）.

　当該関係者が特殊消防用設備等の設置及び維持に関する計画（設置等維持計画）に従って設置し，及び維持するものとして，総務大臣の認定を受けたものを用いる場合には，当該消防用設備等（それに代えて当該認定を受けた特殊消防用設備等が用いられるものに限る）については，法 17 条①項と②項の規定は，適用しない（法 17 ③）.

3 適用除外・遡及適用

▶ 1. 技術基準改正に伴う基準適用（不遡及, 遡及適用になる消防用設備等）

　消防用設備等の技術上の基準が改正になった場合，この改正された新基準の施行又は適用の際，現に存する防火対象物，又は，新築，増築，改築，移転，修繕若しくは模様替えの工事中の防火対象物については，新基準が適用になるのではなく，従前の基準が適用となること（**不遡及**）を原則とする（法17の2の5①）．

　ただし，**表1・15**の消防用設備等については，新基準が適用になる（**遡及適用**）．

表1・15　新基準が適用になる消防用設備等

① 消火器
② 避難器具
③ 簡易消火器具
④ 自動火災報知設備（消令別表第1の (1) 項～(4) 項，(5) 項イ，(6) 項，(9) 項イ，(16) 項イ，(16の2) 項～(17) 項に掲げる防火対象物に設けるものに限る）
⑤ ガス漏れ火災警報設備（消令別表第1の (1) 項～(4) 項，(5) 項イ，(6) 項，(9) 項イ，(16) 項イ，(16の2) 項，(16の3) 項に掲げる防火対象物に設けるものに限る）
⑥ 漏電火災警報器
⑦ 非常警報器具及び非常警報設備
⑧ 誘導灯及び誘導標識
⑨ 必要とされる防火安全性能を有する消防の用に供する設備等であって，①～⑧に掲げる消防用設備等に類するものとして消防庁長官が定めるもの

▶ 2. 遡及適用となる防火対象物

- 特定防火対象物（消令別表第1の (1) 項～(4) 項，(5) 項イ，(6) 項，(9) 項イ，(16) 項イ，(16の2) 項，(16の3) 項）
- 改正後の技術基準である新基準に適合しておらず，かつ，従前の規定（新基準に相当するもの）にも違反している防火対象物
- 新基準の施行又は適用の後に，床面積 1,000 m^2 以上又は延面積の 1/2 以上となる増築，改築，大規模修繕，模様替えの工事に着手している防火対象物
- 新基準の規定に適合するに至った防火対象物

4 用途変更の場合の特例

　防火対象物の用途が変更になった場合，消防用設備等の設置基準及び維持基準は，前記3項と同様に原則として，変更前の用途における技術上の基準を適用することとなる．また，本規定の適用除外となる消防用設備等も同様である．

　ただし，次の場合は，用途変更後の技術上の基準が適用になる．

① 用途変更前から消防用設備等に係る法令基準に適合しておらず，変更後の同法令基準に適合していない防火対象物の場合

② 用途変更後に，床面積 1,000 m² 以上又は延べ面積の 1/2 以上となる増築，改築，大規模修繕，模様替えの工事に着手している防火対象物の場合

③ 用途変更後に，法令基準に適合することとなった防火対象物の場合

④ 変更後の用途が「特定防火対象物」である防火対象物の場合

5 消防用設備等又は特殊消防用設備等の検査の概要

表 1・16 検査を受けなければならない防火対象物

区分	防火対象物の用途・規模等
1	① 消令別表第 1 　・(2) 項ニ 　・(5) 項イ 　・(6) 項イ(1)から(3)まで，及びロ に掲げる防火対象物
	② 消令別表第 1 　・(6) 項ハ（利用者を入居させ，又は宿泊させるものに限る） に掲げる防火対象物
	③ 消令別表第 1 　・(16) 項イ，（16 の 2）項及び（16 の 3）項に掲げる防火対象物（①又は②に掲げる防火対象物の用途に供される部分が存するものに限る）
2	消令別表第 1 　・(1) 項 　・(2) 項イからハまで 　・(3) 項 　・(4) 項 　・(6) 項イ(4)，ハ及びニ 　・(9) 項イ 　・(16) 項イ 　・(16 の 2) 項 　・(16 の 3) 項 の防火対象物（区分 1 ②，③に掲げるものを除く）で，延べ面積が 300 m² 以上のもの
3	消令別表第 1 　・(5) 項ロ 　・(7) 項 　・(8) 項 　・(9) 項ロ 　・(10) 項から（15）項まで 　・(16) 項ロ 　・(17) 項 　・(18) 項の防火対象物 で，延べ面積が 300 m² 以上のもののうち，消防長又は消防署長が火災予防上必要があると認めて指定するもの
4	区分 1 から 3 のほか，消令別表第 1 　・(1) 項から（4）項まで 　・(5) 項イ 　・(6) 項 　・(9) 項イ の用途に使用されている部分が，避難階以外の階に存する防火対象物で，当該避難階以外の階から避難階又は地上に直通する階段が 2（屋外階段，特別避難階段，又は消防庁長官が定める階段は 1）以上設けられていないもの

▶ 1. 防火対象物

消防用設備等又は特殊消防用設備等（「簡易消火用具」及び「非常警報器具」を除く）を設置した**防火対象物の関係者**は，消防長又は消防署長に届け出て，消防機関による検査を受けなければならない（**表1・16**）.

▶ 2. 届出期日等

防火対象物の関係者は，消防用設備等又は特殊消防用設備等の**設置工事が完了した日から4日以内**に消防用設備（特殊消防用設備等）設置届出書に必要な添付書類（関係図書，消防用設備等試験結果報告書等）を添付し，消防機関に届け出なければならない.

▶ 3. 消防検査

消防長又は消防署長は，届出があった場合は，遅滞なく設置された消防用設備等，又は特殊消防用設備等が法令基準に適合しているか検査をしなければならない.

なお，検査の結果，適合している場合は関係者に検査済証を交付する.

1·4 査察並びに違反処理，及び防炎規制に関する基礎知識

1 査察行政の基礎

▶ 1. 立入検査に係る根拠法令

　防火査察とは，法1条の火災を予防する目的を実現するために，立入検査を主体とする．立入検査権の法的根拠は，法4条，法4条の2，又は法16条の5である．

　指定数量以上の危険物を貯蔵し，又は取り扱っているすべての場所の査察については，法16条の5であり，これ以外の場所の査察については，法4条及び法4条の2であり，**表1・17**のとおりである．

　なお，法4条の2（消防団員による立入検査）については，2・1節にまとめた防火査察（1項2.，p.68）を参照すること．

▶ 2. 収容人員の算定方法

　防火対象物の収容人員は，防火対象物に出入りし，勤務し，居住する者の数であり，その算定方法は消令別表第1の各用途区分に応じて，消則1条の3に定められている．詳細は，2・3節1項2.（p.104）を参照．

　なお，算定上の共通事項は，次のとおりである（**表1・18**）．

① 従業員の人数
　ア　正社員，臨時社員等の別を問わず，平常時の最大勤務者数．ただし，短期間かつ臨時的に雇用される者については，従業員としては取り扱わない．
　イ　交替制の勤務体制をとっている場合は，1日のうちで勤務人員が最大となる時間帯における人数．ただし，交替時に重複する場合の人数は合計しない．
　ウ　職場内に指定された勤務用の机を有する外勤者は，従業員の人数に算定する．
② 収容人員を算定するにあたっての床面積の取扱い
　ア　廊下，階段及びトイレは，収容人員を算定する場合の床面積からは除く．
　イ　算定人員の計算では，小数点以下は切り捨てる．
③ "固定式のいす席"とは，「構造的に固定的されているもの，又は設置されて

いる場所が一定で固定的に使用されており，容易に移動ができないもの」である．

なお，次の固定されていないものは，"固定式のいす席" として取り扱う．

ア　ソファー等のいす席

イ　いす席相互を連結したいす席

※　消令別表第1 (16) 項及び (16の2) 項については，消令別表第1の各項ごとに算定した収容人員を合算して算定する．

表1・17　法4条と法16条の5との比較

事務の性質	法4条	法16条の5
	行政事務	自治事務
命令権者	消防長（消防本部を置かない市町村は，市町村長）又は消防署長	市町村長等（市町村長，都道府県知事又は総務大臣）
立入検査権，質問権の主体	消防職員（消防本部を置かない市町村は，当該消防事務に従事する職員又は常勤の消防団員）	消防職員（消防本部を置かない市町村は，当該都道府県知事から下命された消防事務に従事する職員）
立入検査の要件	火災予防のために必要があるとき	危険物の貯蔵又は取扱いに伴う火災の防止のため必要があるとき
立入検査の対象	あらゆる仕事場，工場若しくは公衆の出入りする場所，その他の関係のある場所（危険物貯蔵所等を除く） 注：個人の住居は，関係者の承諾を得た場合，又は火災発生のおそれが著しく大であるため，特に緊急の必要がある場合に限る．	指定数量以上の危険物を貯蔵し，若しくは取り扱っていると認められるすべての場所 注：消防吏員又は警察官は，危険物の移送に伴う火災の防止のため，特に必要があると認める場合には，走行中の移動タンク貯蔵所を停止させ，乗車している危険物取扱者に対し，危険物取扱者免状の提示を求めることができる．
時間的制限	なし	なし
事前通告	不要	不要
検査事項	防火対象物の位置，構造，設備，及び管理の状況等	当該場所の位置，構造，又は設備及び危険物の貯蔵，取扱い状況等
収去権	なし	あり （収去する場合は，検査又は試験のために必要な最小限度の数量に限られている）
資料提出命令権及び報告徴収権	あり 命令権者は，消防長又は消防署長（消防職員には，権限がない） ※　詳細は，2・1節にまとめた防火査察（1項2．，p.68）を参照	あり 命令権者は，市町村長等（市町村長，都道府県知事又は総務大臣）（消防職員には，権限がない）
共通事項	① 市町村長の定める証票を携帯し，関係のある者の請求があるときは，これを示さなければならない． ② 関係のある場所に立ち入る場合においては，関係者の業務をみだりに妨害してはならない． ③ 関係のある場所に立ち入って検査又は質問を行った場合に知り得た関係者の秘密をみだりにほかに漏らしてはならない．	

表 1・18 収容人員の算定例（各項①と②の合計数）

消令別表第 1 (3) 項〔飲食店等〕	① 従業員の数 ② 客席の部分ごとに，次により算定した数の合計数 ・ "固定式のいす席" は，「いす席の数」とする．なお，長いす式のいす席は，正面幅 0.5 m で除して得た数とする． ・ その他の部分については，当該部分の床面積を 3 m² で除して得た数
消令別表第 1 (4) 項〔物品販売店舗等〕	① 従業員の数 ② 主に従業員以外の者が使用する部分は，次により算定した数の合計数 ・飲食又は休憩に使用する部分は，当該部分の床面積を 3 m² で除して得た数とする． ・その他の部分については，当該部分の床面積を 4 m² で除して得た数
消令別表第 1 (12) 項，(13) 項，(14) 項〔工場，作業場，駐車場，倉庫等〕	従業員の数による．
消令別表第 1 (15) 項〔事務所等〕	① 従業員の数 ② 主に従業員以外の者が使用する部分は，当該部分の床面積を 3 m² で除して得た数とする．

2 違反処理の基礎

● 1. 違反処理に係る根拠法令

"違反処理"とは，「立入検査の目的を達成するために，行政指導（勧告，指示，通告，警告等）によるほか，法的措置として行政措置権（命令，許可の取消し，告発，代執行）を行使することにより，消防法令違反の是正若しくは出火危険，延焼拡大危険，人命危険の排除を図るための行政上の措置」であり，主な命令等は，**表 1・19** のとおりである．

なお，各命令の詳細については，2・1 節にまとめた防火査察（2 項，p.68）を参照すること．

表 1・19　主な命令等と根拠法令

命令種別	根拠法令
屋外における火災予防措置命令	法 3 条
防火対象物の火災予防措置命令	法 5 条
防火対象物の使用禁止，停止又は制限の命令	法 5 条の 2
消防吏員による防火対象物における火災予防，又は消防活動の障害除去のための措置命令	法 5 条の 3
防火管理者選任命令・防火管理業務適正執行命令	法 8 条③項，④項
統括防火管理者選任命令・統括防火管理業務適正執行命令	法 8 条の 2 ⑤項，⑥項
自衛消防組織の設置命令	法 8 条の 2 の 5 ③項
消防用設備等の設置維持命令	法 17 条の 4

消防吏員による防火対象物における火災予防，又は消防活動の障害除去のための措置命令（法5の3）

本命令は，防火対象物における火災の予防に危険であると認める行為の規制，火災予防上，危険であると認める物件や消火，避難，その他の消防の活動に支障となる状態を排除するための命令について規定したもので，表1・20のとおりである（消防吏員が迅速に命令を発することができるように，平成14年の改正により規定された）．

表1・20　消防吏員による防火対象物における火災予防措置命令

命令権者：消防長（消防本部を置かない市町村においては，市町村長），消防署長，その他の消防吏員
受命者：行為者，物件の所有者，管理者若しくは占有者で権原を有する者（特に緊急の必要があると認める場合においては，当該物件の所有者，管理者若しくは占有者，又は当該防火対象物の関係者）
命令の要件：防火対象物において火災の予防に危険であると認める行為者，又は火災の予防に危険であると認める物件，若しくは消火，避難，その他の消防の活動に支障になると認める物件が存する場合
命令の内容：法3条①項各号に掲げる必要な措置に限定されており，次のアからエのとおりである．
　　ア　火遊び，喫煙，たき火，火を使用する設備，若しくは器具（物件に限る），又はその使用に際し，火災の発生のおそれのある設備若しくは器具（物件に限る）の使用，その他これらに類する行為の禁止，停止若しくは制限，又はこれらの行為を行う場合の消火準備
　　イ　残火，取灰又は火粉の始末
　　ウ　危険物又は放置され，若しくはみだりに存置された燃焼のおそれのある物件の除去，その他の処理
　　エ　放置され，又はみだりに存置された物件（前ウの物件を除く）の整理又は除去
所有者，管理者若しくは占有者で権原を有する者が確知できないため，必要な措置をとるべきことを命ずることができない場合：
消防長又は消防署長（消防吏員は含まれない）は，所有者，管理者等で権原を有する者の負担において，当該消防職員に，当該物件について，法3条①項3号（除去，処理），4号（整理等）の命令内容の措置をとらせることができる．この場合，期限を定めてその措置を行うべき旨，及び期限までに行わないときは，当該消防職員がその措置を行う旨，緊急時を除き公告しなければならない．
　　なお，物件を除去させたときは，**当該物件を保管しなければならない**．
命令を発した場合の公示：
　　ア　消防機関は，当該防火対象物の出入りする人が見やすい場所に標識の設置，公報への掲載，その他市町村長が定める方法により**公示をしなければならない**．
　　イ　命令に係る防火対象物，又は当該防火対象物のある場所の所有者，管理者又は占有者は，**当該標識の設置を拒み，又は妨げてはならない**．
物件を保管した場合：「災害対策基本法」に準じ，**消防長又は消防署長（消防吏員は含まれない）**は，消防本部又は消防署に公示（保管した物件の所在した場所，除去した日時，物件の名称・種類・数量等，保管を始めた日時・保管場所）するとともに，保管物件一覧簿を備え付け，閲覧できるようにしなければならない．
　　なお，**公示期間（14日間）**満了後は，公報又は新聞に掲載する．
審査請求期間：当該命令を受けた日の翌日から起算して**30日**．

● 2. 行政手続法

　「行政手続法」は，行政機関が活動をするにあたり，守るべき共通のルールを定めることにより，行政運営における公正の確保と透明性の向上を図り，国民の権利利益の保護に資することを目的としたもので，申請に対する処分，不利益処分，行政指導，届出等の手続きについて定めたものである（表1・21）.

表1・21　「行政手続法」の主な用語の定義

処　分：行政庁の処分，その他公権力の行使にあたる行為.
不利益処分：行政庁が，法令に基づき，特定の者を名あて人として，直接に，これに義務を課し，又はその権利を制限する処分.
行政機関：法律の規定に基づき内閣に置かれる機関，地方公共団体の機関（議会を除く）等.
行政指導：行政機関がその任務又は所掌事務の範囲内において一定の行政目的を実現するため，特定の者に一定の作為，又は不作為を求める指導，勧告，助言，その他の行為であって処分に該当しないもの.
届　出：行政庁に対し一定の事項の通知をする行為であって，法令により直接に当該通知が義務づけられているもの.

（1）行政指導の一般原則

　行政指導に携わる者（行政指導者）は，当該行政機関の任務又は所掌事務の範囲を逸脱してはならないこと，及び，行政指導の内容が相手方の任意の協力によってのみ実現されるものであることに留意しなければならない.

　また，行政指導者は，その相手方が行政指導に従わなかったことを理由として，不利益な取扱いをしてはならない.

（2）申請に関連する行政指導

　申請の取下げ，又は内容の変更を求める行政指導にあっては，行政指導者は，申請者が「当該行政指導に従う意思がない旨を表明」したにもかかわらず，当該行政指導を継続すること等により，当該申請者の権利の行使を妨げるようなことをしてはならない.

（3）許認可等の権限に関連する行政指導

　許認可等をする権限，又は許認可等に基づく処分をする権限を有する行政機関が，「当該権限を行使することができない」場合，又は「行使する意思がない」場合においてする行政指導にあっては，行政指導者は，当該権限を行使しうる旨をことさらに示すことにより，相手方に当該行政指導に従うことを余儀なくさせるようなことをしてはならない.

(4) 行政指導の方式

- 行政指導者は，その相手方に対して，当該行政指導の趣旨及び内容，並びに責任者を明確に示さなければならない．
- 行政指導者は，当該行政指導をする際に，行政機関が許認可等をする権限，又は許認可等に基づく処分をする権限を行使しうる旨を示すときは，その相手方に対して，次に掲げる事項を示さなければならない．
  - 当該権限を行使しうる根拠となる法令の**条項**
  - 前条項に規定する**要件**
  - 当該権限の行使が前要件に適合する**理由**
- 行政指導が口頭でされた場合において，その相手方から根拠となる法令の条項，要件，理由等を記載した**書面の交付**を求められたときは，当該行政指導者は，**行政上特別の支障がない限り**，これを交付しなければならない．

  なお，次に掲げる行政指導については，書面による交付をしない．
  - 相手方に対し，その場において完了する行為を求めるもの
  - すでに文書，又は電磁的記録により，その相手方に通知されている事項と同一の内容を求めるもの

(5) 複数の者を対象とする行政指導

同一の行政目的を実現するため，「一定の条件に該当する複数の者」に対し，行政指導をしようとするときは，行政機関は，あらかじめ事案に応じ，行政指導指針を定め，かつ行政上特別の支障がない限り，これを公表しなければならない．

(6) 行政指導の中止等の求め

法令に違反する行為の是正を求める行政指導の相手方は，「当該行政指導が当該法律に規定する要件に適合しない」と思料するときは，当該行政指導をした行政機関に対し，その旨を申し出て，当該行政指導の中止，その他必要な措置をとることを求めることができる．

ただし，当該行政指導がその相手方について弁明，その他意見陳述のための手続きを経てされたものであるときは，この限りでない．

上記の"申し出"は，次に掲げる事項を記載した申出書を提出しなければならない．

- 申し出をする者の氏名又は名称，及び住所又は居所
- 当該行政指導の内容
- 当該行政指導がその根拠とする法律の条項
- 前条項に規定する要件

- 　当該行政指導が前要件に適合しないと思料する理由
- 　その他，参考となる事項

　なお，申し出を受けた行政機関は，必要な調査を行い，当該行政指導が当該法律に規定する要件に適合しないと認めるときは，当該行政指導の中止，その他必要な措置をとらなければならない．

(7) 処分等の求め

　何人も，法令に違反する事実がある場合において，その「是正のためにされるべき処分，又は行政指導がされていない」と思料するときは，当該処分をする権限を有する行政庁，又は当該行政指導をする権限を有する行政機関に対し，その旨を申し出て，当該処分又は行政指導をすることを求めることができる．

　この"申し出"は，次に掲げる事項を記載した申出書を提出してしなければならない．
- 　申し出をする者の氏名又は名称，及び住所又は居所
- 　法令に違反する事実の内容
- 　当該処分又は行政指導の内容
- 　当該処分又は行政指導の根拠となる法令の条項
- 　当該処分又は行政指導がされるべきであると思料する理由
- 　その他参考となる事項

　なお，申し出を受けた当該行政庁又は行政機関は，必要な調査を行い，その結果に基づき必要があると認めるときは，当該処分又は行政指導をしなければならない．

3 防炎規制の基礎

火災が発生した場合に被害が拡大することが予想される高層建築物，地下街，劇場，キャバレー，旅館，病院等において使用するカーテン，じゅうたん等に防炎性能を有するよう規定されたものである（法8の3）.

▶ 1. 防炎規制を受ける対象物

ア　高層建築物（高さ31mを超える建築物）

イ　地下街

ウ　消令別表第1 (1) 項から (4) 項, (5) 項イ, (6) 項, (9) 項イ, (12) 項ロ, (16の3) 項

エ　消令別表第1 (16) 項のうち，前ウの用途に供される部分

オ　工事中の建築物，その他工作物のうち，都市計画区域外の専用住宅以外の建築物，プラットホームの上屋，貯蔵層，化学工業製品製造装置等

▶ 2. 防炎規制の対象となる物品

ア　カーテン：幕の一種で，窓，出入口等の日よけ，目隠しや部屋の仕切り等に使用するもの.

イ　布製のブラインド：窓，出入口等の日よけ，目隠し等に使用するもの.

ウ　暗幕：映写室で使用するもののほか，キャバレー等において遮光のために使用するものも含む.

エ　じゅうたん等：じゅうたん（織りカーペット〔だん通を除く〕），毛せん（フェルトカーペット），タフテッドカーペット，ニッテッドカーペット，フックドラッグ，接着カーペット，ニードルパンチカーペット，ござ，人工芝，合成樹脂製床シート及び床敷物（毛皮製床敷物，毛製だん通等を除く）.

オ　展示用の合板：展示用パネル，掲示板，バックボード，仕切り用パネル等に使用される合板（壁の一部となっているもの，黒板に使用される合板は除く）.

カ　どん帳その他舞台において使用する幕：水引，袖幕，暗転幕，定式幕，映写スクリーン等

キ　舞台において使用する大道具用の合板：舞台装置のうち，建物，書割，樹木，岩石など，人物が手にとることのない飾り付けに使用されるもの.

ク　工事用シート：立ち上がっている状態で使用されるもの（コンクリートの養生，工事用機械等を覆うものは除く）.

カーテン

暗　幕

じゅうたん

3．防炎性能

　防炎性能とは，カーテンやじゅうたん等に火が燃え移っても，それ自身が火災を拡大させる原因とならない燃焼性の低いものである.

　防炎性能の基準は，防炎対象物品の種類等に応じて，残炎時間，残じん時間，炭化面積等が，消令及び消則に定められている.

　なお，詳細は，2・4節にまとめた防炎規制関係（1項2．，p.119）を参照すること.

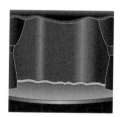

舞台において使用する幕

工事用シート

防火管理及び防火対象物の点検報告制度に関する基礎知識

1 防火管理制度

▶ 1. 防火管理

"防火管理"とは,「多数の者が出入りし,勤務し,又は居住する防火対象物において,火災の発生を未然に防止するとともに,火災が発生した場合に,その被害を最小限に止めるために,防火管理者を定め,必要な防火上の対策を事前に策定して実行するもの」である(法8,**表1・22**).

なお,管理権原者は,防火管理者を選任した場合,又は解任した場合は,遅滞なく消防長又は消防署長へ届け出なければならない.

> ※ 防火管理義務の有無は,防火対象物全体の規模,収容人員で決定するが,同一敷地内に存する同一管理権原の防火対象物については,収容人員をすべて合算して判断する(消令2).

防火管理者の資格,責務等については,2・3節にまとめた防火管理(1項3., 4., 5., pp.104–105)を参照すること.

▶ 2. 統括防火管理

"統括防火管理"は,「管理について権原が分かれている高層建築物,地下街,複合用途防火対象物等における一体的な防火管理をするために,各管理権原者がその相互間において,防火管理上の必要な事項を事前に協議するとともに,これらの防火対象物の全体について防火管理上,必要な業務を統括する防火管理者(統括防火管理者)を協議して定め,当該防火対象物の全体についての消防計画(全体の消防計画)の作成,消防計画に基づく消火,通報及び避難の訓練の実施,防火対象物の廊下,階段,避難口,その他の避難上必要な施設の管理,その他防火対象物の全体についての防火管理上,必要な業務を行うもの」である(法8の2).

なお,管理権原者は,統括防火管理者を選任した場合又は解任した場合は,遅滞なく消防長又は消防署長へ届け出なければならない.

> ※ 統括防火管理を行わなければならない防火対象物,防火管理者の資格,責務については,2・3節にまとめた防火管理(2項1., 2., 3., pp.110–111)を参照すること.

表 1・22　防火管理を行わなければならない防火対象物

収容人員が 10 人以上のもの	消令別表第 1 ・　(6) 項ロ ・　(16) 項イ ・　(16 の 2) 項 の防火対象物. なお, (16) 項イ及び (16 の 2) 項にあっては, その一部に (6) 項ロの用途部分を含むものに限る.
収容人員が 30 人以上のもの	消令別表第 1 ・　(1) 項から (4) 項まで ・　(5) 項イ ・　(6) 項イ・ハ・ニ ・　(9) 項イ ・　(16) 項イ ・　(16 の 2) 項 の防火対象物. なお, (16) 項イ及び (16 の 2) 項にあっては, その一部に (6) 項ロの用途部分を含むものを除く.
収容人員が 50 人以上のもの	・　消令別表第 1 (5) 項ロ, (7) 項, (8) 項, (9) 項ロ, (10) 項から (15) 項まで, (16) 項ロ, 及び (17) 項 ・　新築の工事中の建築物で, 外壁及び床, 又は屋根を有する部分が次の規模以上である建築物であって, 電気工事等の工事中のもの 　　ア　地階を除く階数が 11 以上で, かつ, 延べ面積が 10,000 m² 以上である建築物 　　イ　延べ面積が 50,000 m² 以上である建築物 　　ウ　地階の床面積の合計が 5,000 m² 以上である建築物 ・　建造中の旅客船で甲板数が 11 以上のうち, 進水後で, ぎ装中のもの

2 防火対象物の点検及び報告制度

防火対象物点検報告制度は，一定の防火対象物の管理について権原を有する者が**防火対象物点検資格者**（**表1·23**）に防火管理上必要な業務等について点検させ，その結果を消防長又は消防署長に報告することを義務づけたものである（法8の2の2）．

▶ 1. 防火対象物の点検及び報告を行わなければならない防火対象物

法8条①項により，防火管理者の選任義務のある消令別表第1

- ・ （1）項から（4）項まで
- ・ （5）項イ
- ・ （6）項
- ・ （9）項イ
- ・ （16）項イ
- ・ （16の2）項

の防火対象物（**特定用途防火対象物**）のうち，次のいずれかに該当するものである．

- ア 収容人員が300人以上の防火対象物
- イ **避難階以外の階に，消令別表第1（1）項から（4）項まで，（5）項イ，（6）項，（9）項イの用途に使用されている部分があり，避難階又は地上に直通する階段**（屋外階段，特別避難階段又は消防庁長官が定める階段を除く）**が1系統の防火対象物**

▶ 2. 防火対象物の点検基準，防火対象物の点検及び報告の特例

防火対象物の点検基準，防火対象物の点検及び報告の特例については，2·3節にまとめた防火管理（4項2., 3., 4., pp.115–118）を参照すること．

表 1・23　防火対象物における用語

防火対象物点検資格者： 火災予防に関する専門的知識及び消防防災分野における一定期間以上の実務経験を有する者で、点検に必要な知識及び技能を修得するため、消則 4 の 2 の 5 に規定する登録講習機関の講習を修了し、免状の交付を受けている者.

避難階以外の階：「1 階及び 2 階を除き、**避難上有効な開口部**を有しない壁で区画された部分がある場合は、その区画された部分とする」と限定されている.

避難上有効な開口部： 直径 1 m 以上の円が内接することができる開口部、又はその幅及び高さがそれぞれ 75 cm 以上、及び 1.2 m 以上の開口部で、次に適合するもの.
　① 床面から開口部の下端までの高さが 15 cm 以内
　② 開口部は、格子その他の容易に避難することを妨げる構造を有しないもの
　③ 開口部は、開口のため、常時良好な状態に維持されている

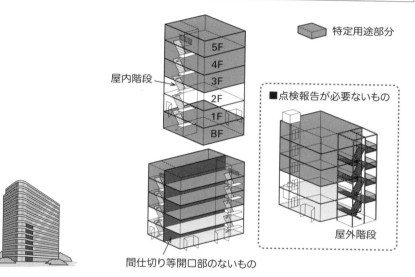

特定用途部分

屋内階段

■点検報告が必要ないもの

屋外階段

間仕切り等開口部のないもの

収容人員が 300 人以上

地階又は 3 階以上の階に特定用途があり、屋内階段 1 系統のみ

3　自衛消防組織

　防火管理の該当する防火対象物のうち、多数の人の出入りする大規模な対象物の管理権原者は、火災及び地震等の災害が発生した場合に初期の活動や応急対策を円滑に行い、防火対象物の利用者の安全を確保するために、自衛消防組織を設置しなければならない（法 8 の 5）.

　なお、管理権原者は、自衛消防組織を設置した場合又は変更した場合は、必要事項を遅滞なく、消防長又は消防署長へ届け出なければならない.

▶ 1. 自衛消防組織を設置しなければならない防火対象物

　防火管理の該当する防火対象物のうち，自衛消防組織を設置しなければならない防火対象物について，**表1·24**にまとめた.

▶ 2. 自衛消防組織の業務及び自衛消防組織の体制等

　自衛消防組織の業務及び自衛消防組織の体制等については，2·3節にまとめた防火管理（3項2.，3.，pp.113–114）を参照すること.

表1·24　自衛消防組織を設置しなければならない防火対象物

種　別	設置対象	
自衛消防組織設置防火対象物※1	次の「いずれか」に該当するもの. ア　地階を除く階数が **11 以上**で，延べ面積が **10,000 m² 以上**のもの イ　地階を除く階数が **5 以上 10 以下**で，延べ面積が **20,000 m² 以上**のもの ウ　地階を除く階数が **4 以下**で，延べ面積が **50,000 m² 以上**のもの	
消令別表第1（16）項に掲げる防火対象物※2	地階を除く階数が **11 以上**の防火対象物で，右欄に掲げるもの	・自衛消防組織設置防火対象物の用途に供される部分の全部，又は一部が **11 階以上**の階に存するもので，当該部分の床面積の合計が **10,000 m² 以上**のもの ・自衛消防組織設置防火対象物の用途に供される部分の全部が **10 階以下**の階に存し，かつ当該部分の全部，又は一部が **5 階以上 10 階以下**の階に存するもので，当該部分の床面積の合計が **20,000 m² 以上**のもの ・自衛消防組織設置防火対象物の用途に供される部分の全部が **4 階以下**の階に存するもので，当該部分の床面積の合計が **50,000 m² 以上**のもの
	地階を除く階数が **5 以上 10 以下**の防火対象物で，右欄に掲げるもの	・自衛消防組織設置防火対象物の用途に供される部分の全部，又は一部が **5 階以上**の階に存する防火対象物で，当該部分の床面積の合計が **20,000 m² 以上**のもの ・自衛消防組織設置防火対象物の用途に供される部分の全部が **4 階以下**の階に存する防火対象物で，当該部分の床面積の合計が **50,000 m² 以上**のもの
	地階を除く階数が **4 以下**の防火対象物で，自衛消防組織設置防火対象物の用途に供される部分の床面積の合計が **50,000 m² 以上**のもの	
消令別表第1（16の2）項に掲げる防火対象物で，延べ面積が **1,000 m² 以上**のもの		

※1　"自衛消防組織設置防火対象物" とは，「消令別表第1（1）項から（4）項まで，（5）項イ，（6）項から（12）項まで，（13）項イ，（15）項，及び（17）項に掲げる防火対象物」のこと.
※2　ただし，自衛消防組織設置防火対象物の用途に供される部分が存するものに限る.

1·6 火災調査に関する基礎知識

1 火災調査における消防長又は消防署長の権限と義務

▶ 1. 燃焼の定義

　消防長又は消防署長は，火災※の発生に際し，消火活動をするとともに，火災の原因調査，消火のために受けた損害の調査に着手しなければならない（法31，**表1·25**）.

　※　火災の定義については，1·1 節 4 項 1.（p.7）を参照.

表 1·25　火災調査における消防長又は消防署長の権限と義務（義務については，2·1 節 1 項（p.68）を参照）

権限	法 32 ① …	**関係のある者**に対する**質問**をすることができる.
	法 32 ① …	火災原因に関係があると認められる製品を製造，輸入した者に対する**資料提出**を命じ，若しくは**報告**を求める.
	法 32 ② …	関係のある**官公署**に対し，必要な事項の**通報**を求める.
	法 33 …	火災により破損され，又は破壊された**財産を調査**する（火災の原因及び損害の程度を決定するため）.
	法 34 …	**関係者**に対して必要な**資料の提出**を命じ，若しくは**報告**を求め，消防職員に関係のある場所に**立ち入り**，火災により破損され，又は破壊された財産の状況を**検査**させる.
	法 35 の 2 ① …	警察官が，**放火又は失火の犯罪の被疑者**を逮捕したときは，事件が検察官に送致されるまでは，その被疑者に対して**質問**をすることができる.
	法 35 の 2 ① …	警察官が，**放火又は失火の犯罪の証拠物**を押収したときは，事件が検察官に送致されるまでは，その証拠物について**調査**することができる.
義務	法 34 ②，（法 4 ① ただし書き）…	**個人の住居**に立ち入る場合は，関係者の**承諾**を得なければならない.
	法 34 ②，（法 4 ②）…	立ち入る場合に**証票を携帯**し，関係のある者から請求があるときは**提示**しなければならない.
	法 34 ②，（法 4 ③）…	立ち入る場合，関係者の**業務**をみだりに**妨害してはならない**.
	法 34 ②，（法 4 ④）…	立ち入って検査，質問により，**知りえた関係者の秘密**をみだりに**他に洩らしてはならない**.
	法 35 ② …	放火又は失火の犯罪があると認めるときは，直ちに所轄警察署へ通報するとともに必要な証拠を集め保全につとめなければならない.
	法 35 ② …	消防庁による放火又は失火の犯罪捜査の協力の勧告に従わなければならない.
	法 35 の 2 ② …	法 35 の 2 ①（上記「権限」欄の下二つ）において，警察官の捜査に支障を来すことになってはならない.
	法 35 の 4 …	放火又は失火の絶滅のため消防吏員と警察官は協力しなければならない.

2 警察との関係

▶ 放火又は失火の疑いがある場合の火災原因の調査，犯罪捜査協力

　放火又は失火の疑いがあるときは，その火災原因の調査の主たる責任と権限は，消防長又は消防署長にある（法35①）.

　したがって，消防長又は消防署長は，放火又は失火の犯罪があると認めるときは，直ちに所轄警察署に通報するとともに，必要な証拠を集めて，その保全に努めなければならない（法35②）.

　放火及び失火の絶滅の共同目的のために，消防吏員と警察官は，互いに協力しなければならない（法35の4②）.

　また，消防庁から，放火又は失火の犯罪捜査の協力の勧告があるときは，この勧告に従わなければならない（法35②，表1・26）.

※　警察官が犯罪（放火及び失火の犯罪を含む）を捜査し，被疑者（放火及び失火の犯罪の被疑者を含む）を逮捕するという責任は，消防機関の実施する火災の原因調査により，影響を受けるものではない（法35の4①）.

表1・26　都道府県知事及び消防庁長官の火災原因の調査

	火災原因の調査を行う場合	調査の内容
都道府県知事	消防本部を置かない市町村の区域において， ・　当該**市町村長**から**求めがあった場合** ・　特に必要があると認めた場合 （法35の3）	火災の原因調査（法31） 被害財産の調査（法33）
消防庁長官	・　**消防長**，又は，火災原因調査をする**都道府県知事**から**求めがあった場合** ・　特に必要があると認める場合 （法35の3の2）	

危険物の性質に関する基礎知識 （危険物の類別と品名）

　"危険物"とは，「法別表第1の品名欄に掲げる物品で，同表に定める区分に応じ，同表の性質欄に掲げる性状を有するもの」をいう（法2⑦）．

　同表の備考において，各類の試験方法が規定されており，また試験をすることなく，危険物とされる物品も規定されている．

　なお，法別表第1の「性質欄」に掲げる性状の2以上を含有する物品の属する品名は，危則1条の4で定められている

1　第一類（酸化性固体）

　"第一類危険物"とは，「固体であって，**酸化力の潜在的な危険性を判断するための危令で定める試験において危令で定める性状を示すもの**」，又は，「**衝撃に対する敏感性を判断するための危令で定める試験において，危令で定める性状を示すもの**」である．

> ・　塩素酸塩類，過塩素酸塩類，無機過酸化物，亜塩素酸塩類，臭素酸塩類，硝酸塩類，よう素酸塩類，過マンガン酸塩類，重クロム酸塩類
> ・　**その他のもので危令で定めるもの**（過よう素酸塩類，過よう素酸，クロム・鉛又はよう素の酸化物，亜硝酸塩類，次亜塩素酸塩類，塩素化イソシアヌル酸，ペルオキソ二硫酸塩類，ペルオキソほう酸塩類，炭酸ナトリウム過酸化水素付加物）
> ・　前各号に掲げるもののいずれかを含有するもの

2　第二類（可燃性固体）

　"第二類危険物"とは，「固体であって，**火炎による着火の危険性**を判断するための危令で定める試験において，危令で定める性状を示すもの」，又は，「**引火の危険性**を判断するための危令で定める試験において，危令で定める性状を示すもの」である．

- 硫化りん，赤りん，硫黄，鉄粉[※1]，金属粉[※2]，マグネシウム[※3]
- **その他のもので危令で定めるもの**（未制定）
- 前各号に掲げるもののいずれかを含有するもの
- 引火性固体（固形アルコールその他1気圧において引火点が40℃未満のもの）

※1　鉄の粉をいい，粒度等を勘案して危則で定めるものを除く．
※2　アルカリ金属，アルカリ土類金属，鉄及びマグネシウム以外の金属の粉をいい，粒度等を勘案して危則で定めるものを除く．
※3　マグネシウム及び第二類の項第八号の物品のうちマグネシウムを含有するものにあっては，形状等を勘案して危則で定めるものを除く．

3　第三類（自然発火性物質及び禁水性物質）

　"第三類危険物"とは，「固体又は液体であって，**空気中での発火の危険性**を判断するための危令で定める試験において，危令で定める性状を示すもの」，又は，「**水と接触して発火**し，若しくは**可燃性ガスを発生**する危険性を判断するための危令で定める試験において，危令で定める性状を示すもの」である．

- カリウム，ナトリウム，アルキルアルミニウム，アルキルリチウム，黄りん，アルカリ金属（カリウム及びナトリウムを除く），及びアルカリ土類金属，有機金属化合物（アルキルアルミニウム及びアルキルリチウムを除く），金属の水素化物，金属のりん化物，カルシウム又はアルミニウムの炭化物
- **その他のもので危令で定めるもの**（塩素化けい素化合物）
- 前各号に掲げるもののいずれかを含有するもの

4 第四類（引火性液体）

"第四類危険物"とは，「液体であって，引火の危険性を判断するための危令で定める試験において引火性を示すもの」である（**表1·27**）.

表1·27 第四類危険物

種別	該当するもの
特殊引火物	・ ジエチルエーテル，二硫化炭素 ・ 発火点が100℃以下のもの（1気圧） ・ 引火点が−20℃以下で沸点が40℃以下のもの（1気圧）
第一石油類	・ アセトン，ガソリン ・ 引火点が21℃未満のもの（1気圧）
アルコール類	1分子を構成する炭素の原子数が1個から3個までの飽和一価アルコール（変性アルコールを含む）をいい，組成等を勘案して危則で定めるものを除く.
第二石油類	・ 灯油，軽油 ・ 引火点が21℃以上70℃未満のもの（1気圧）をいい，塗料類その他の物品であって，組成を勘案して危則で定めるものを除く.
第三石油類	・ 重油，クレオソート油 ・ 引火点が70℃以上200℃未満のもの（1気圧）をいい，塗料類その他の物品であって組成を勘案して危則で定めるものを除く.
第四石油類	・ ギヤー油，シリンダー油 ・ 引火点が200℃以上250℃未満のもの（1気圧）をいい，塗料類その他の物品であって組成を勘案して危則で定めるものを除く.
動植物油類	動物の脂肉等，又は植物の種子，若しくは果肉から抽出したものであって，引火点が250℃未満（1気圧）のものをいい，危則で定めるところにより，貯蔵保管されているものを除く.

5 第五類（自己反応性物質）

"第五類危険物"とは、「固体又は液体であって、**爆発の危険性**を判断するための危令で定める試験において、危令で定める性状を示すもの」、又は、「**加熱分解の激しさを判断するための危令で定める試験において、危令で定める性状を示すもの**」である。

- ・　有機過酸化物、硝酸エステル類、ニトロ化合物、ニトロソ化合物、アゾ化合物、ヒドラジンの誘導体、ヒドロキシルアミン、ヒドロキシルアミン塩類
- ・　**その他のもので危令で定めるもの**（金属のアジ化物、硝酸グアニジン、1-アリルオキシ-2・3-エポキシプロパン、4-メチリデンオキセタン-2-オン）
- ・　前各号に掲げるもののいずれかを含有するもの（有機過酸化物を含有するもののうち、不活性の固体を含有するもので、危則で定めるものを除く）

6 第六類（酸化性液体）

"第六類危険物"とは、「液体であって、**酸化力の潜在的な危険性**を判断するための危令で定める試験において、危令で定める性状を示すもの」である。

- ・　過塩素酸、過酸化水素水、硝酸
- ・　**その他のもので危令で定めるもの**（ハロゲン間化合物）
- ・　前各号に掲げるもののいずれかを含有するもの

1 消防用設備等又は特殊消防用設備等の点検及び報告

「火災危険の高い，法17条①項に基づき消防用設備等又は特殊消防用設備等を設置している防火対象物」（消令別表第1（20）項に掲げる防火対象物を除く）の関係者は，消防用設備等又は特殊消防用設備等について，定期的に，当該防火対象物のうち，

- ・ 消令で定めるものにあっては，消防設備士又は消防設備点検資格者に点検させ
- ・ その他のものにあっては自ら点検

し，その結果を消防長又は消防署長に報告しなければならないとされている.

● 1. 点検の種類，期間等

これらの点検の種類，期間等を**表1·28**にまとめた.

消防用設備等又は特殊消防用設備等の点検期間は，消防用設備等又は特殊消防用設備等の種類ごとに，点検の内容及び方法，点検の期間が告示（「消防法施行規則の規定に基づき，消防用設備等又は特殊消防用設備等の種類及び点検内容に応じて行う点検の期間，点検の方法並びに点検の結果についての報告書の様式を定める件」（平成16年5月31日付 消防庁告示第9号））に定められているほか，特殊消防用設備等については，「設備等設置維持計画に定める期間」とされている.

表1·28　点検の種類，期間，内容等

点検の種類	点検の期間	点検の内容
機器点検	**6か月ごと**	点検基準※に従い，以下を確認する. ・ 非常電源又は動力消防ポンプの正常な作動 ・ 適正な配置，損傷等の有無のほか，外観から判別できる事項 ・ 機能について外観から，又は簡易な操作により判別できる事項
総合点検	**1年ごと**	消防用設備等の全部，又は一部を作動させるか，又は使用することにより，総合的な機能について，消防用設備等の種類に応じて定められた点検基準に従い確認する.

※ "点検基準"とは，「消防用設備等の種類に応じて告示で定める基準」のことをいう.

▶ 2. 消防設備士又は消防設備点検資格者に点検させなければならない防火対象物

消防設備士又は消防設備点検資格者に点検させなければならない防火対象物は，以下のとおりである．

- ア　消令別表第1 (1) 項から (4) 項まで，(5) 項イ，(6) 項，(9) 項イ，(16) 項イ，(16 の 2) 項，及び (16 の 3) に掲げる防火対象物で，延べ面積が 1,000 m² 以上のもの
- イ　前ア以外の防火対象物で，特定防火対象物以外の防火対象物で延べ面積が 1,000 m² 以上のもののうち，消防長又は消防署長が火災予防上，必要があると認めて指定するもの
- ウ　前ア，イのほか，特定用途に供される部分が避難階以外の階に存する防火対象物で，当該避難階以外の階から避難階，又は地上に直通する階段が 2（屋外階段等の場合は 1）以上，設けられていないもの

▶ 3. 点検結果の報告

防火対象物の関係者は，点検結果を維持台帳に記録するとともに，次のア，イに掲げる防火対象物の区分と期間ごとに，消防長又は消防署長に報告しなければならない．ただし，特殊消防用設備等にあっては，設備等設置維持計画に定める期間ごとに報告する．

- ア　消令別表第1 (1) 項から (4) 項まで，(5) 項イ，(6) 項，(9) 項イ，(16) 項イ，(16 の 2) 項，及び (16 の 3) 項に掲げる防火対象物は，1 年に 1 回
- イ　前ア以外の防火対象物は，3 年に 1 回

2　火を使用する設備・器具等に対する制限

　「火災の発生の危険が高い，火を使用する設備・器具，又はその使用に際し，火災の発生のおそれのある設備・器具」の位置，構造，管理，取扱い等に関する火災予防上必要な事項，及びその他，火の使用に関し，火災の予防のために必要な事項について，全国的に統一すべき**基本的な基準が消令で定められている**ほか，火を使用する設備・器具の種類や使用燃料等ごとに，構造や可燃物からの離隔距離について，具体的な内容が消則及び告示で定められている．

　これらに従い，**気候，風土等の地域特性を踏まえ，個々の市町村条例で定める**ことと規定されている（法9）．

　なお，火を使用する設備等の位置，構造及び管理に関する条例の基準，火を使用する器具等の取扱いに関する条例の基準，及び条例制定基準によらない対象火気設備等及び対象火気器具等については，2・4節にまとめた防炎規制関係（2項1.～4.，pp.121-124）を参照すること．

3　住宅用防災機器

　住宅用防災機器の設置については，住宅火災の死者数を減少させるために，**住宅の用途に供される防火対象物の関係者に対し，個々の市町村条例に定める基準に従って，住宅用防災機器の設置と維持が義務づけられている**．具体的には，平成16年の法改正により規定されている（法9の2）．

▶ 1.　住宅用防災機器の設置を要する防火対象物

　"住宅の用途に供される防火対象物"とは，「一般の戸建て住宅，併用住宅，長屋，共同住宅等」である．

　なお，併用住宅等，一部に**住宅以外の用途部分がある場合には，その部分を除く**ほか，共同住宅（消令別表第1（5）項ロ）では，消令等により自動火災報知設備が義務設置されている場合には，住宅用防災警報器の設置が免除されている．

▶ 2.　住宅用防災機器

　"住宅用防災機器"とは，「住宅における火災の発生を未然に，又は早期に感知し，及び報知する警報器又は火災報知設備」であり，次のものをいう．

- ・　住宅用防災警報器
- ・　住宅用防災報知設備

住宅用防災警報器

　なお，住宅用防災機器の技術上の規格については，「住宅用防災警報器及び住宅用防災報知設備に係る技術上の規格を定める省令」（平成17年1月25日付　総務省令第11号）で，住宅用防災警報器の構造，及び機能・付属装置・試験，感度（イオン化式・光電式・定温式）・表示・補助警報装置の火災警報，住宅用防災報知器の表示，基準の特例等が定められている．

● 3.　住宅用防災機器の設置及び維持に関する条例の基準

　住宅用防災機器の設置及び維持に関する条例の基準については，消令5条の7，及び「住宅用防災機器の設置及び維持に関する条例の制定に関する基準を定める省令」（平成16年11月26日付　総務省令第138号：「設置維持基準省令」という．以下同じ）に定められており，主な基準は**表1・29**のとおりである．

　ただし，設置義務のある部分に，**スプリンクラー設備又は自動火災報知設備を，消令に定める技術上の基準に基づき設置した場合**は，当該有効範囲内の住宅の部分については，住宅用防災警報器又は住宅用防災報知設備を設置しないことができる．

表1・29　住宅用防災警報器又は住宅用防災報知設備の感知器について

設置義務のある部分	設置の仕方
① 就寝の用に供する居室 ② 就寝の用に供する居室が存する階（避難階※を除く）から直下階に通ずる階段（屋外に設けられたものを除く）の上端 ③ 就寝の用に供する居室が存する階（避難階から数えた階が2以上である階に限る）から下方へ数えた階数が2である階に，直上階から通じる階段の下端 ④ 就寝の用に供する居室が存する階が避難階のみに存する場合に，居室が存する最上階（避難階から数えた階が2以上である階に限る）から直下階に通じる階段の上端 ⑤ 床面積が7 m² 以上の居室が5以上存する階（①から④までにより，住宅用防災警報器又は感知器が設置されている階を除く）の廊下等 　注）上記の②から⑤までに掲げる住宅の部分については，共同住宅の共用部分は除く．	天井又は壁の屋内に面する部分（天井がない場合は，屋根又は壁の屋内に面する部分）に，火災の発生を有効に感知することができるように設置する．

※　「避難階」とは，直接地上へ通ずる出入口のある階．

▶ 4. 適用除外に関する規定

また，市町村条例には，消防長，又は消防長が住宅の位置，構造又は設備等の状況から判断し，住宅における火災の発生，火災の拡大のおそれが少なく，火災の被害を最小限に止めることができると認めるときにおける，当該市町村条例の規定の除外に関する規定を定めることができるとされている．

▶ 5. 基準の特例

一方で，その地方の気候又は風土の特殊性により，消令5条の7，及び設置維持基準省令に定める基準では，住宅における火災予防の目的を達成できない場合には，その地域の実情に応じて，設置及び維持に関する条例を定めることができるとされている．

4 避難上必要な施設等の管理

学校，病院，工場，事業場，興行場，百貨店，旅館，飲食店，地下街，複合用途防火対象物等の，多数の者が出入りし，勤務し，居住する等，火災発生危険が高く，火災が発生した場合に，消火，延焼防止，避難が困難である一定の防火対象物の管理権原者は，廊下，階段，避難口，その他の避難上必要な施設について，避難の支障になる物件が放置され，又はみだりに存置されないように管理をするとともに，併せて，防火戸の閉鎖障害となる物件が放置され，又はみだりに存置されないように管理をしなければならない（法8の2の4）．

▶ 1. 避難上必要な施設等の管理を要する防火対象物

"避難上必要な施設等の管理を要する防火対象物"とは，「消令別表第1に掲げる防火対象物（(18)項から(20)項までに掲げるものを除く)」とされている．

● 2. 廊下，階段，避難口，その他の避難上必要な施設及び防火戸

"廊下，階段，避難口，その他の避難上必要な施設及び防火戸"とは，「防火対象物の利用者が屋内から屋外へ避難するまでの経路にある階段，廊下，避難口等」をいう．

ここで，"防火戸"は，「常時閉鎖又は火災発生時に閉鎖する扉であり，火災の拡大を防止するもの」である（**図1・5**）.

図1・5　防火戸の例

● 3. 避難の支障となる物件，又は閉鎖の支障となる物件

"避難の支障となる物件"，又は"閉鎖の支障となる物件"とは，いずれも，「避難又は閉鎖の障害となるもの」であり，例として古新聞，ビールケース，ダンボール箱，ロッカー等であり，建築物に固定してある工作物は含まれない（**図1・6**）.

図1・6　避難の支障となる物件，閉鎖の
　　　　支障となる物件の例

[査察並びに違反処理，及び防炎規制に関する基礎知識]

問題1

法4条及び法16条の5に規定されている立入検査の比較に関する記述のうち，**誤っているもの**はどれか.

		法4条	法16条の5
(1)	命令権者	消防長（消防本部を置かない市町村は，市町村長）又は消防署長	市町村長，都道府県知事又は総務大臣
(2)	立入検査権の主体	消防職員（消防本部を置かない市町村は，当該消防事務に従事する職員又は常勤の消防団員）	消防事務に従事する職員
(3)	立入検査の対象	あらゆる仕事場，工場若しくは公衆の出入りする場所その他の関係のある場所（危険物貯蔵所等を除く.）	指定数量以上の危険物を貯蔵し，若しくは取り扱っていると認められるすべての場所
(4)	収去権	あり	あり

解説

収去権は，法16条の5のみで，必要最小限度の数量の危険物，又は危険物の疑いのある物を収去することができるものであり，法4条の立入検査にはない.

【解答　(4)】

問題 2

行政指導に関する記述であるが，**誤っているもの**はどれか．

(1) 行政指導は，行政指導を行う行政機関の任務や所掌する事務の範囲内で行わなくてはならない．

(2) 行政指導は，処分のように法的拘束力はないため，相手方の自主的な協力を前提としたものである．

(3) その相手方が行政指導に従わなかったことを理由として，不利益な取扱いをしてはならない．

(4) 行政指導が口頭でされた場合において，その相手方から根拠となる法令の条項，要件，理由等を記載した書面の交付を求められたときは，交付することができる．

解説

その相手方から根拠となる法令の条項，要件，理由等を記載した書面の交付を求められたときは，**交付しなければならない**（「行政手続法」35 ③）．

【解答　(4)】

[防火管理及び防火対象物の点検報告制度に関する基礎知識]

問題 3

防火管理を行わなければならない防火対象物についての記述であるが，**誤っているもの**はどれか．

(1) 介護老人保健施設で収容人員 15 人

(2) 飲食店で収容人員 35 人

(3) 共同住宅で収容人員 45 人

(4) 新築工事中の建築物（延べ面積が 50,000 m² 以上で電気工事等の工事中のもの）で収容人員 80 人

解説

消令別表第 1 **(5) 項ロ**，(7) 項，(8) 項，(9) 項ロ，(10) 項から (15) 項まで，(16) 項ロ及び (17) 項の防火対象物は，**収容人員 50 人以上**で防火管理が必要となる．

【解答　(3)】

問題 4

　　防火対象物の点検及び報告を行わなければならない防火対象物の記述であるが**誤っているもの**はどれか.

（1）耐火造 3 階建ての飲食店ビルで，屋内階段 1 系統の収容人員 25 人

（2）耐火造 2 階建ての物品販売店舗で，収容人員が 500 人

（3）耐火造 7 階建てのホテルで，屋内階段 2 系統の収容人員 400 人

（4）耐火造 3 階建ての複合用途ビル（1 階：物品販売店舗，2，3 階：飲食店）で，屋内階段 1 系統の収容人員が 50 人

解説

　収容人員が 30 人未満であるので，**法第 8 条項に該当しない**ことから，防火対象物の点検及び報告の義務はない.

【解答　（1）】

［その他予防業務に必要な基礎知識］

問題 5

　　住宅用防災機器に関する記述であるが，**誤っているもの**はどれか.

（1）住宅用防災機器の設置を要する防火対象物とは，一般の戸建て住宅，併用住宅，長屋，共同住宅等である.

（2）住宅用防災警報器の感知器は，就寝の用に供する居室及び就寝の用に供する居室が存する階から直下階に通ずる階段の上端に設置すること.

（3）住宅用防災警報器の感知器は，火災の発生を有効に感知することができるように必ず天井に設置すること.

（4）住宅用防災警報器の設置義務のある部分に自動火災報知設備を消令に定める技術上の基準に基づき設置した場合は，当該有効範囲内の住宅の部分については，住宅用防災警報器を設置しないことができる.

解説

　住宅用防災警報器又は住宅用防災報知設備の感知器は，**天井又は壁の屋内に面する部分（天井がない場合は，屋根又は壁の屋内に面する部分）に，火災の発生を有効に感知することができるように設置する**.

【解答　（3）】

問題 6

消防用設備等の点検及び報告に関する記述であるが，**誤っているもの**はどれか．
(1) 消防用設備等の点検及び報告が必要な防火対象物は，法 17 条①項に基づき消防用設備等又は特殊消防用設備等を設置しているすべての防火対象物である．
(2) 点検は，機器点検と総合点検があり，機器点検は 6 か月ごと，総合点検は 1 年ごとに点検をする．
(3) 消令別表第 1 (1) 項から (4) 項まで，(5) 項イ，(6) 項，(9) 項イ，(16) 項イ，(16 の 2) 項及び (16 の 3) 項に掲げる防火対象物で延べ面積が 1,000 m² 以上のものは，消防設備士又は消防設備点検資格者に点検させなければならない．
(4) 防火対象物の関係者は，点検結果を，維持台帳に記録するとともに，消令別表第 1 (1) 項から (4) 項まで，(5) 項イ，(6) 項，(9) 項イ，(16) 項イ，(16 の 2) 項及び (16 の 3) 項に掲げる防火対象物は，1 年に 1 回，それ以外の防火対象物は，3 年に 1 回報告する．

解説

消令別表第 1 (20) 項に掲げる防火対象物を除くとされている．

【解答　(1)】

[法 17 条 2 項に関する基礎知識]

問題 7

次に示す消防法 17 条 2 項について，(　) に入る語句の組み合わせで，**正しいもの**はどれか．
(ア) は，その地方の気候又は (イ) の特殊性により，前項の消防設備等の技術上の基準に関する政令又はこれに基づく命令の規定のみによっては (ウ) の目的を十分に達し難いと認めるときは，(エ) で，同項の消防用設備等の技術上の基準に関して，当該政令又は命令の規定と異なる規定を設けることができる．
(1) ア：市町村長　イ：風土　ウ：防火　　　エ：規則
(2) ア：市町村　　イ：風土　ウ：火災予防　エ：規則
(3) ア：市町村長　イ：地勢　ウ：火災予防　エ：条例
(4) ア：市町村　　イ：風土　ウ：防火　　　エ：条例

解説

法 17 条 2 項の条文による．

【解答　(4)】

[消防同意，消防用設備等又は特殊消防用設備等に関する基礎知識]

問題 8

　以下は，消防同意に関する記述であるが，**誤っているもの**はどれか．
(1) 消防同意は，消防長又は消防署長が確認申請の建築主に対して行うものである．
(2) 消防同意の対象に工作物は含まれない．
(3) 消防同意の要件は，建築物の計画が法律又はこれらに基づく命令若しくは条例の規定で建築物の防火に関するものに違反していないことである．
(4) 消防同意の処理期間は，一般の建築物又は建築設備が3日以内，それ以外が7日以内とされており，期間内に通知をしなければならない．

解説

　消防同意は，建築物の新築等の申請者（建築主等）に対して行うものではなく，次の消防同意を求める者に対してのものであり，行政機関内の内部行為である．
　ア　確認を行う建築主事，許可を行う特定行政庁・都道府県知事等
　イ　特定行政庁の委任を受けた者
　ウ　指定確認検査機関

【解答　(1)】

[消防同意，消防用設備等又は特殊消防用設備等に関する基礎知識]

問題 9

　以下は，消防用設備又は特殊消防用設備等の設置届出に関する記述であるが，**誤っているもの**はどれか．
(1) 消防用設備等設置届出は，消防用設備等又は特殊消防用設備等（簡易消火用具及び非常警報器具を除く）を設置した場合に必要であり，検査を受けなければならない．
(2) 消防設備士は，消防用設備等又は特殊消防用設備等の設置工事が完了した日から4日以内に消防用設備等設置届出書に必要な添付書類を添付し，消防機関に届け出なければならない．
(3) 延べ面積 150 m² の旅館に設置した自動火災報知設備は，消防用設備等設置届出が必要である．
(4) 消防長又は消防署長は，届出があった場合は，遅滞なく設置された消防用設備等又は特殊消防用設備等が法令基準に適合しているか検査をしなければならない．

解説

届出者は，**防火対象物の関係者**である．

【解答　(2)】

問題 10

建基法で定義される用語について，**正しいもの**は次のうちどれか．

(1) 建築設備とは，建築物に設ける電気，ガス，給水，排水，換気，暖房，冷房，汚物処理の設備又は煙突，昇降機若しくは避雷針をいう．

(2) 居室とは，居住，執務，作業，集会，娯楽その他これらに類する目的のために継続的に使用する室をいう．

(3) 主要構造部とは，壁，柱，床，はり，屋根又は階段をいい，最下階の床，廻り舞台の床を含む．

(4) 延焼のおそれのある部分とは，隣地境界線，道路中心線又は同一敷地内の二以上の建築物（延べ面積の合計が 500 m² 以内の建築物は，一の建築物とみなす．）相互の外壁間の中心線から，1 階にあっては 5 m 以下，2 階以上にあっては 3 m 以下の距離にある建築物の部分をいう．

解説

いずれも建基法第 2 条に定義されている用語である．

建築設備には，消火設備と排煙設備も含まれる（建基法 2 ① 3）．また，主要構造部から，最下階の床，屋外階段は除かれる（建基法 2 ① 5）．

「延焼のおそれのある部分」とは，隣地境界線等から，建築物の 1 階にあっては 3 m 以下，2 階以上にあっては 5 m 以下の部分をいう（建基法 2 ① 6）．

【解答　(2)】

問題 11

消防用設備等について，各種類ごとに該当するものを列記したもののうち，**正しいもの**は次のどれか．

(1) 簡易消火用具：水バケツ，水槽，乾燥砂，膨張ひる石及び消石灰

(2) 警報設備：自動消火設備，漏電火災警報器，消防機関へ通報する火災報知設備，非常警報設備

(3) 避難設備：すべり台，避難はしご，救助袋，緩降機，非常用エレベーター

(4) 消火活動上必要な施設：排煙設備，連結散水設備，連結送水管，非常コンセント設備，無線通信補助設備

解説

(1) は「消石灰」が誤り．また，(2) は「自動消火設備」が誤り（正しくは，「自動火災報知設備」）．(3) は「非常用エレベーター」が誤り．　【解答　(4)】

［火災の原因調査］

問題 12

　消防長又は消防署長の行う火災の原因調査について，**正しいもの**は次のうちどれか．

（1）消防長又は消防署長は，消火活動が終了した後，速やかに火災の原因調査及び消火活動により生じた財産の損害調査に着手しなければならない．

（2）出火元が加入していた火災保険の保険会社の調査員は，消防長又は消防署長の承認を得なければ，火災によって損害を受けた財産の調査をすることができない．

（3）消防長又は消防署長は，火災の原因調査をするために，関係ある場所に立ち入って調査をする必要がある場合，当該立入調査を命ずることができるのは消防吏員に限られる．

（4）消防長又は消防署長は，警察官が放火の犯罪の被疑者を逮捕したときは，当該事件が検察官に送致されるまでは，火災の原因調査のため，被疑者に対して質問をすることができる．

解説

　火災の原因調査は，消火活動と同時に着手しなければならない（法 31）．また，火災の原因と損害の程度は，消防長，消防署長，のほかに関係保険会社の認めた代理人も調査することができる（法 33）．なお，保険会社の認めた代理人が当該建物等に立ち入ることについては，一般的に，保険契約者との約款や契約によることとなる．

　消防長又は消防署長が，立入検査を実施させる場合，その指揮監督下にある消防吏員を含む消防職員である（法 34）．なお，市町村が権限を行使する場合は，その消防事務に従事する職員又は常勤の消防団員とされている．

【解答　(4)】

問題 13

危険物について次に示す A～E の類，性質，品名について，**正しい組み合わせ**を選択したものは 1～4 のうちどれか．

A　第二類（可燃性固体）赤りん，第三類（自然発火性物質）黄りん

B　第二類（引火性固体）硫黄，第四類（引火性液体）二硫化炭素

C　第二類（可燃性固体）硫化りん，第三類（自然発火性物質及び禁水性物質）ナトリウム

D　第三類（自然発火性物質及び禁水性物質）アルキルリチウム，第四類（引火性液体）灯油

E　第三類（禁水性物質）カルシウム，第四類（引火性液体）アセトン

(1)　A　B

(2)　B　C

(3)　C　D

(4)　A　E

解説

Aは，法別表第 1 において，第三類の性質は「自然発火性物質及び禁水性物質」であるので誤り．

Bは，第二類の性質は「可燃性固体」であるので誤り．なお，「引火性固体」は，第二類の品名欄に掲げられており，固形アルコール，その他 1 気圧において「引火点が 40 ℃未満のもの」とされている．

また，Eは，第三類の性質は「自然発火性物質及び禁水性物質」であり，また，カルシウムは，第三類の品名欄の「アルカリ土類金属」に該当することから，消令で定める試験の結果により，危険物であるか否かが判定される．よって，誤り．

【解答　(3)】

[消火]

　消火に関する次の記述のうち，**誤っているもの**はどれか．

（1）窒息効果のある消火剤として，二酸化炭素，ハロゲン化物がある．

（2）冷却消火として，一般的には水が使用されるが，熱源から熱を奪い，消火するものであり，水には毒性がなく，かつ気化熱と比熱が小さいことが特徴である．

（3）除去消火には，ガスに起因する火災において，ガス器具の元栓を閉めて，ガスの供給を遮断することが含まれる．

（4）化学的消火には，酸化反応である燃焼の継続を抑制する負触媒消火方法があり，代表的な消火剤としてハロゲン化物が使われる．

解説

　「水による消火」は，燃焼状態の熱源の熱を除去するという冷却効果によるものであり，毒性がなく，**気化熱及び比熱が大きいこと**等が特徴である．

　水を噴霧状にすると，さらに冷却効果が大きくなり，気化して発生する水蒸気による窒息効果も併せて作用する．

　選択肢中の「**気化熱と比熱が小さいこと**」が誤りである．

【解答　（2）】

問題 15

固体，液体，気体についての燃焼の説明で，**誤っているもの**はどれか．

(1) ガソリンのような可燃性の液体は，液体自体が直接燃焼するのではなく，液体表面から発生する可燃性の蒸気が空気と混じった状態で燃焼する蒸発燃焼である．

(2) 可燃性の固体の燃焼は，固体の表面で直接酸素と結合する表面燃焼と，熱せられて固体自体の可燃性蒸気が発生して空気と混じった状態で燃焼する蒸発燃焼の2種類がある．

(3) 気体の燃焼は，予混合燃焼と拡散燃焼がありこれらは定常燃焼といわれ，また，容器内部での爆発的な燃焼を非定常燃焼という．

(4) 可燃性の固体の燃焼について，その分子中に多くの酸素原子を含有するものの燃焼は，その酸素が供給源となるので自己燃焼又は内部燃焼と呼ばれる．

解説

可燃性の固体の燃焼には，本問の選択肢の「**表面燃焼**（木炭，金属粉等の燃焼）」，「**蒸発燃焼**（硫黄，ナフタレンのように昇華して燃焼）」のほかに，木材，石炭等のように，加熱により分解して発生する可燃性ガスが空気と混合した状態で燃焼する「**分解燃焼**」の3種類がある．

なお，(4)の「自己燃焼（内部燃焼）」は，上記の分解燃焼に区分される．この代表的な物質として，法の「第五類危険物」に該当するニトロセルロース，過酸化ベンゾイル等の「有機過酸化物」がある．

【解答　(2)】

[燃焼に関する基礎知識]

問題 16

　燃焼についての説明のうち，**誤っているもの**はどれか．
（1）酸化されやすいものほど燃えやすい．
（2）燃焼熱が大きいものほど燃えやすい．
（3）熱伝導率が大きいものほど燃えやすい．
（4）酸素に触れる面積が大きいほど燃えやすい．

解説

　熱伝導率が小さい物質は，熱が逃げにくいため引火点や発火点に達しやすく，容易に燃焼する．また，**熱伝導率が大きい物質は**，熱が逃げやすく物質の温度が上がりにくいので燃焼しにくい．

【解答　(3)】

[消防用設備等に関する基礎知識]

問題 17

　次の防火対象物のうち，消防用設備等を設置した場合に**消防長又は消防署長に届け出て検査を受けなければならないもの**はどれか．
（1）消令別表第 1 （6）項ハ（利用者は通所のみ）で，平屋建てで延べ面積が 285 m² のもの
（2）消令別表第 1 （16）項イで 1 階に（4）項，2 階に（3）項ロが存し，階段は屋内階段が 1 か所のみの 2 階建てで延べ面積が 300 m² のもの
（3）消令別表第 1 （4）項で，建築面積が 280 m² の平屋建てのもの
（4）消令別表第 1 （6）項イ（4）で，2 階建てで延べ面積が 200 m² のもの

解説

　避難階以外の階が存しない特定一階段防火対象物であるが，**延べ面積が 300 m² 未満**の（16）項イであることから検査を受けなければならない（消令 35 ① 4）．

【解答　(2)】

問題 18

建築基準法に定める用語の定義について，**誤っているもの**はどれか．

(1) 床面積は，建築物の各階又はその一部で壁その他の区画の中心線で囲まれた部分の水平投影面積による．

(2) 建築物の高さは，地盤面からの高さとする．階段室，昇降機塔，装飾塔，物見塔その他これらに類する建築物の屋上部分の水平投影面積の合計が当該建築物の建築面積の 1/8 以内の場合においては，その部分の高さは，12m までは，当該建築物の高さに算入しない．

(3) 昇降機塔，装飾塔，物見塔その他これらに類する建築物の屋上部分又は地階の倉庫，機械室その他これらに類する建築物の部分で，水平投影面積の合計がそれぞれ当該建築物の建築面積の 1/8 以下のものは，当該建築物の階数に算入しない．

(4) 建築物の一部が吹抜きとなっている場合の階数は，建築物の敷地が斜面又は段地である場合その他建築物の部分によって階数を異にする場合においては，これらの階数のうち最小なものによる．

解説

階数の算定方法については，(4) の場合のように建築物の部分によって階数を異にする場合は，これらの階数のうち**最大なもの**によると規定されている（建基令 2 ① 8）．

【解答 (4)】

問題 19

行政手続法についての説明で**正しいもの**はどれか.

(1) 申請とは,法令に基づき,行政庁の許可,認可,免許その他の自己に対し何らかの利益を付与する処分を求める行為であって,当該行為に対して行政庁が諾否の応答をすべきこととされているものをいう.

(2) 不利益処分とは,行政庁が,法令に基づき,特定の者を名あて人として,直接に,これに義務を課し,又はその権利を制限する処分をいい,名あて人となるべき者の同意の下にすることとされている処分も含まれる.

(3) 届出とは,行政庁に対し一定の事項の通知をする行為（申請に該当するものを除く）であって,法令により直接に当該通知が義務付けられているものの他,任意のものも含まれる.

(4) 法令に違反する事実がある場合において,その是正のためにされるべき処分がされていないと思料するときは,当該処分に関係ある者に限り,当該処分をする権限を有する行政庁に対し,その旨を申し出て,当該処分をすることを求めることができる.

■**解説**

(2) 不利益処分については,名あて人となるべき者の同意の下にすることとされている処分は**除かれる**（行政手続法 2 条 4 号）.

(3) 届出とは,法令により直接に当該通知が**義務付けられているもの**という（行政手続法 2 条 7 号）.

(4) **何人も**処分,行政指導を求めることができる（行政手続法 36 条の 3）.

【解答　(1)】

問題 20

火災の調査について，次のうち**誤っているもの**はどれか.

(1) 消防長又は消防署長は，火災の原因である疑いがあると認められる製品を輸入した者に対して必要な資料の提出を命じることができる.

(2) 消防長又は消防署長は，火災の原因について関係のある官公署に対し必要な事項の通報を求めることができる.

(3) 消防庁長官は，消防長又は規定に基づき火災の原因の調査をする都道府県知事から求めがあった場合に限り，火災の原因の調査をすることができる.

(4) 消防長又は消防署長は，放火又は失火の犯罪があると認めるときは，直ちにこれを所轄警察署に通報するとともに必要な証拠を集めてその保全につとめなければならない.

解説

消防庁長官は，消防庁又は都道府県知事からの求めによるほか，特に**必要があると認めた場合に限り**火災の原因調査をすることができる（法35の3の2①）.

【解答　(3)】

[危険物の性質に関する基礎知識]

問題 21

危険物について法令で定める性質のうち**誤っているもの**はどれか.

(1) 第二類の可燃性固体とは，固体であって，火炎による着火の危険性を判断するための政令で定める試験において，政令で定める性状を示すもの又は引火の危険性を判断するための政令で定める試験において，引火性を示すものであることをいう.

(2) 第三類の自然発火性物質及び禁水性物質とは，固体又は液体であって，空気中での発火の危険性を判断するための政令で定める試験において，政令で定める性状を示すもの又は水と接触して発火する危険性を判断するための政令で定める試験において，政令で定める性状を示すものであることをいう.

(3) 第五類の自己反応性物質とは，固体又は液体であって，爆発の危険性を判断するための政令で定める試験において，政令で定める性状を示すもの又は加熱分解の激しさを判断するための政令で定める試験において，政令で定める性状を示すものであることをいう.

(4) 第六類の酸化性液体とは，液体であって，酸化力の潜在的な危険性を判断するための政令で定める試験において，政令で定める性状を示すものであることをいう.

解説

第三類の性質のうち，水との反応危険性は，**水と接触して発火し，若しくは可燃性ガスを発生する危険性**のことをいう. この危険性は政令で定める試験において，政令で定める性状を示すものをいう（**法別表 1 備考 8**）.

【解答 (2)】

2章

防火査察（専攻科目）

重要 Point

　防火査察（専攻科目）には，「関係法令の制度と概要」，「立入検査関係及び違反処理関係」，「防火管理及び防火対象物の点検報告制度関係」，「防炎規制関係及び火を使用する設備・器具等に対する制限関係」，「その他防火査察等に関する専門的知識」についての専門的な知識が試験範囲に含まれている．

- ● 関係法令の制度と概要：①屋外の火災予防措置命令（法3条），②消防職員の立入検査（法4条），③消防団員の立入検査（法4条の2），④防火対象物の火災予防措置命令（法5条），⑤防火対象物の使用禁止，停止又は制限の命令（法5条の2），⑥消防吏員による防火対象物における火災の予防又は消防活動の障害除去のための措置命令（法5条の3）
- ● 立入検査関係及び違反処理関係：①立入検査マニュアル（立入検査要領，小規模雑居ビル・量販店等・個室型店舗等の立入検査時の留意事項），②違反処理マニュアル（命令，警告，代執行，過料，聴聞，弁明，教示，不服申立て）
- ● 防火管理及び防火対象物の点検報告制度関係：①防火管理者の選任が必要な防火対象物，②統括防火管理者の選任が必要な防火対象物，③防火対象物の点検及び報告を必要とする防火対象物，④防火対象物の点検及び報告の特例
- ● 防炎規制関係及び火を使用する設備・器具等に対する制限関係：①防炎規制の対象となる防火対象物，②火を使用する設備等の位置，構造及び管理に関する条例の基準，③火を使用する器具等の取扱いに関する条例の基準

2·1　関係法令の制度と概要

1　立入検査に関する法令

▶ 1. 防火査察

　一般的に"防火査察"は,「法1条の火災を予防する目的を実現するために,消防職員等が法4条,法4条の2,及び法16条の5を根拠として,資料提出命令権,報告徴収権及び立入検査権を行使することにより,消防対象物の実態を把握するとともに,出火・延焼拡大・人命危険を排除し,火災発生時の消防活動を円滑にして,被害を最小限にするもの」である.

　立入検査から違反処理までの流れについては,**図2·1**のとおりである.

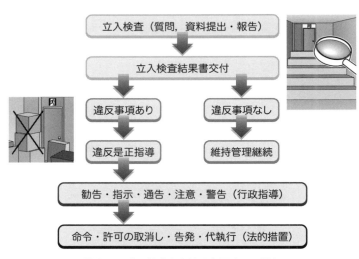

図2·1　立入検査から違反処理までの流れ

▶ 2. 消防職員,消防団員の立入検査

　消防職員又は消防団員の立入検査については,法4条及び法4条の2に規定されており,**表2·1**のとおりである.なお,法16条の5については,1·4節1項1.(p.24)を参照すること.

表2・1　消防職員及び消防団員の立入検査

	消防職員の立入検査 （法4条）	消防団員の立入検査 （法4条の2）
命令権者	消防長又は消防署長	
立入検査権，質問権の主体（執行者）	消防職員（消防本部を置かない市町村は，当該消防事務に従事する職員又は常勤の消防団員）	当該管轄区域内の消防団員（消防本部を置かない市町村においては，非常勤の消防団員）
立入検査の要件	火災予防のために必要があるとき	火災予防のため**特**に必要があるとき
立入検査の対象	あらゆる仕事場，工場若しくは公衆の出入りする場所，その他の関係のある場所 **なお，個人の住居は関係者の承諾を得た場合，又は火災発生のおそれが著しく大であるため，特に緊急の必要がある場合に限る．**	
時間的制限及び事前通告	時間的制限がないほか，事前通告の必要もない．	
資料提出命令権又は報告徴収権	① 権限を有する者は，命令権者と同様である（**消防職員には，権限がない**）． ② 権限行使の要件は，火災予防のために必要があるときである． ③ 提出させる資料，又は報告させる内容については，定めはない． ④ 命令の行使，又は報告徴収権の行使の形式については，特段の定めはなく，口頭でも文書でもよいとされている．	
遵守事項	① 市町村長の定める証票を携帯し，**関係のある者の請求があるときは**，これを示さなければならない． ② 関係のある場所に立ち入る場合においては，関係者の業務を**みだりに妨害してはならない．** ③ 関係のある場所に立ち入って検査，又は質問を行った場合に知りえた関係者の秘密を，**みだりに**他に洩らしてはならない． ※「**みだりに**」とは，「**正当な理由なく**」という意味である．	

2　違反処理に関する法令

"違反処理"とは，「立入検査の目的を達成するために，行政指導（勧告，警告等），法的措置として，行政措置権（命令，代執行，告発等）を行使し，消防法令違反の是正又は出火危険，延焼拡大危険，人命危険の排除を図るための行政上の措置」であり，主な命令は次のとおりである．

● 1. 屋外における火災予防措置命令（法3）

屋外における火災予防措置命令とは，屋外における火災予防上危険な行為，物件や消防活動上支障となる物件を排除するための命令について規定したもので，**表2・2**のとおりである．

表2・2　屋外における火災予防措置命令

命令権者	消防長（消防本部を置かない市町村においては，市町村長），消防署長，その他の消防吏員
命令の要件	いずれも「**屋外において**」が条件である. ア　火災の予防に危険であると認める行為，又は物件が存在する場合 イ　消火，避難，その他の消防の活動に支障になると認める物件が存在する場合
受命者	行為者又は物件の所有者，管理者，若しくは占有者で，権原を有する者
命令の内容	ア　火遊び，喫煙，たき火，火を使用する設備若しくは器具（物件に限る），又はその使用に際し，火災の発生のおそれのある設備若しくは器具（物件に限る）の使用，その他これらに類する**行為の禁止，停止若しくは制限，又はこれらの行為を行う場合の消火準備** イ　残火，取灰，又は火粉の**始末** ウ　危険物又は放置され，若しくはみだりに存置された燃焼のおそれのある物件の**除去，その他の処理** エ　放置され，又はみだりに存置された物件（前ウの物件を除く）の**整理又は除去**

火遊び　たき火

ガソリン、灯油

	〔所有者，管理者，若しくは占有者で権原を有する者が確知できないため，必要な措置をとるべきことを命ずることができない場合〕 **消防長又は消防署長（消防吏員は含まれない）**は，所有者，管理者等で権原を有する者の負担において，当該消防職員（消防本部を置かない市町村においては消防団員）に，当該物件について上記「命令の内容」ウ，エの措置をとらせることができる. 　なお，物件を除去させたときは，**当該物件を保管しなければならない**.
物件を保管した場合（公示）	「災害対策基本法」に準じて，**消防長又は消防署長（消防吏員は含まれない）**は，消防本部又は消防署に**公示（保管した物件の所在した場所，除去した日時，物件の名称・種類・形状・数量・保管を始めた日時・保管場所）**するとともに，保管物件一覧簿を備え付け，閲覧できるようにしなければならない. 　なお，**公示期間（14日間）**満了後は，公報・新聞紙に掲載する.
命令が履行されない場合（行政代執行）	**消防長又は消防署長（消防吏員は含まれない）**は，その措置を命ぜられた者がその措置を履行しないとき，履行しても十分でないとき，又はその措置の履行について期限が付されている場合にあっては履行しても当該期限までに完了する見込みがないときは，**行政代執行法**の定めるところに従い，**当該消防職員又は第三者にその措置をとらせることができる**.

2. 防火対象物の火災予防措置命令 (法5)

　"防火対象物の火災予防措置命令"は，**防火対象物**の位置，構造，設備，又は管理の状況について，

- ・ 火災予防上危険である場合
- ・ 消火，避難など消防活動に支障となる場合
- ・ 火災が発生したならば人命危険がある場合

に，改修，移転，工事の停止・中止などの命令について規定したもので，**表2・3**のとおりである．

表2・3　防火対象物の火災予防措置命令

命令権者	消防長（消防本部を置かない市町村においては，市町村長），消防署長
命令の要件	ア　防火対象物の位置，構造，設備又は管理の状況について，火災の予防に危険であると認める場合 イ　消火，避難，その他の消防の活動に支障になると認める場合 ウ　火災が発生したならば，人命に危険であると認める場合 エ　その他火災の予防上，必要があると認める場合
受命者	権原を有する関係者（**特に緊急の必要があると認める場合は，関係者，工事の請負人又は現場管理者**）
命令の内容	当該防火対象物の改修，移転，除去，工事の停止，又は中止，その他の必要な措置 ただし，建築物その他の工作物で，それが他の法令により建築，増築，改築又は移築の許可，又は認可を受け，その後，事情の変更していないものについては，この限りでない．
命令が履行されない場合（行政代執行）	その措置を命ぜられた者がその措置を履行しないとき，履行しても十分でないとき，又はその措置の履行について期限が付されている場合にあっては履行しても当該期限までに完了する見込みがないときは，**行政代執行法**の定めるところに従い，**当該消防職員又は第三者にその措置をとらせることができる**．
命令を発した場合の公示	ア　消防機関は，当該防火対象物の出入りする人が見やすい場所に標識の設置，公報への掲載，その他市町村長が定める方法により，**公示をしなければならない**． イ　命令に係る防火対象物，又は当該防火対象物のある場所の所有者，管理者又は占有者は，**当該標識の設置を拒み，又は妨げてはならない**．
審査請求期間	**当該命令を受けた日の翌日から起算して30日**

3. 防火対象物の使用禁止，停止，又は制限の命令 (法5の2)

　防火対象物の使用禁止，停止，又は制限の命令は，**防火対象物**の位置，構造，設備，又は管理の状況について，

- ・ 火災予防上，危険である場合
- ・ 消火，避難など，消防活動に支障となる場合
- ・ 火災が発生したならば人命危険がある場合

等に防火対象物の使用の禁止，停止，又は制限などの命令について規定したもの
で，**表2・4**のとおりである．

表2・4　防火対象物の使用禁止，停止又は制限の命令

命令権者	消防長（消防本部を置かない市町村においては，市町村長），又は消防署長
受命者	権原を有する関係者
命令の要件	防火対象物の位置，構造，設備，又は管理の状況等について，次の①又は②に該当する場合 ①次の規定により，必要な措置が命ぜられたにもかかわらず，その措置が履行されず，履行されても十分でなく，又はその措置の履行について期限が付されている場合にあっては，履行されても当該期限までに完了する見込みがないため，引き続き，火災の予防に危険であると認める場合，消火，避難，その他の消防の活動に支障になると認める場合，又は火災が発生したならば人命に危険であると認める場合 　ア　防火対象物の火災予防措置命令（法5①） 　イ　消防吏員による防火対象物における火災の予防，又は消防活動の障害除去のための措置命令（法5の3①） 　ウ　防火管理者選任命令（法8③） 　エ　防火管理業務適正執行命令（法8④） 　オ　統括防火管理者選任命令（法8の2⑤） 　カ　防火対象物全体の防火管理業務適正執行命令（法8の2⑥） 　キ　自衛消防組織設置命令（法8条の2の5③） 　ク　消防用設備等の設置維持命令（法17の4①） 　ケ　特殊消防用設備等の設置維持命令（法17の4②） ②前①アからケの規定による命令によっては，火災の予防の危険，消火，避難，その他の消防の活動の支障，又は火災が発生した場合における人命の危険を除去することができないと認める場合
命令の内容	当該防火対象物の使用の禁止，停止，又は制限
命令が履行されない場合（行政代執行）	その措置を命ぜられた者がその措置を履行しないとき，履行しても十分でないとき，又は，その措置の履行について期限が付されている場合にあっては履行しても当該期限までに完了する見込みがないときは，**行政代執行法**の定めるところに従い，**当該消防職員又は第三者にその措置をとらせることができる．**
命令を発した場合の公示	ア　消防機関は，当該防火対象物の出入りする人が見やすい場所に標識の設置，公報への掲載その他市町村長が定める方法により**公示をしなければならない．** イ　命令に係る防火対象物，又は当該防火対象物のある場所の所有者，管理者又は占有者は，**当該標識の設置を拒み，又は妨げてはならない．**
審査請求期間	**当該命令を受けた日の翌日から起算して30日**

▶ 4. 消防吏員による防火対象物における火災予防，又は消防活動の障害除去のための措置命令（法5の3）

1・4節2項1. のマスターpoint（p.28）を参照すること．

▶ 5. 防火管理者選任命令・防火管理業務適正執行命令（法8③，④）並びに統括防火管理者選任命令・統括防火管理業務適正執行命令（法8の2⑤，⑥）

"防火管理者選任命令・防火管理業務適正執行命令"，並びに"統括防火管理者選任命令・統括防火管理業務適正執行命令"は，「防火管理者又は統括防火管理者が選任されていない場合に選任すること，防火管理上必要な業務，又は防火対象物全体の防火管理上必要な業務が適正に行われていない場合に必要な措置を講ずること」などの命令について規定したもので，**表2・5**のとおりである．

表2・5　防火管理者又は統括防火管理者の選任命令等

命令権者	消防長（消防本部を置かない市町村においては，市町村長），又は消防署長
受命者	当該防火対象物の管理について権原を有するもの
命令の要件	防火管理者，又は統括防火管理者を選任すべき防火対象物で ア　防火管理者又は統括防火管理者が選任されていない場合 イ　防火管理者又は統括防火管理者が行うべき防火管理上必要な業務が法令の規定，又は消防計画に基づいて行われていない場合
命令の内容	ア　防火管理者又は統括防火管理者を選任すること イ　防火管理上必要な業務を法令の規定，又は消防計画に基づいて行うこと
命令を発した場合の公示	ア　消防機関は，当該防火対象物の出入りする人が見やすい場所に標識の設置，公報への掲載，その他市町村長が定める方法により，**公示をしなければならない**． イ　命令に係る防火対象物，又は当該防火対象物のある場所の所有者，管理者又は占有者は，**当該標識の設置を拒み，又は妨げてはならない**．

▶ 6. 自衛消防組織設置命令（法8の2の5）

"自衛消防組織設置命令"は，「自衛消防組織を置くべき防火対象物に置かれていない場合に，法令に定める用件を満たした自衛消防組織を置くことの命令」について規定したもので，**表2・6**のとおりである．

表 2·6　自衛消防組織の設置命令

命令権者	消防長（消防本部を置かない市町村においては，市町村長），又は消防署長
受命者	当該防火対象物の管理について権原を有するもの
命令の要件	自衛消防組織を置くべき防火対象物で，自衛消防組織が置かれていない場合
命令の内容	自衛消防組織を置くこと
命令を発した場合の公示	ア　消防機関は，当該防火対象物の出入りする人が見やすい場所に標識の設置，公報への掲載，その他市町村長が定める方法により**公示をしなければならない.** イ　命令に係る防火対象物，又は当該防火対象物のある場所の所有者，管理者又は占有者は，**当該標識の設置を拒み，又は妨げてはならない.**

● 7.　消防用設備等の設置維持命令（法17の4）

　"消防用設備等の設置維持命令"は，「法令に定める技術上の基準，又は設備等設置維持計画に適合していない消防用設備等，特殊消防用設備等の設置維持命令」について規定したもので，**表2·7**のとおりである.

表 2·7　消防用設備等の設置維持命令

命令権者	消防長（消防本部を置かない市町村においては，市町村長），又は消防署長
受命者	当該防火対象物の関係者で権原を有するもの
命令の要件	ア　消防用設備等が設備等技術基準に従って設置され，又は維持されていないと認めるとき イ　特殊消防用設備等が設備等設置維持計画に従って設置され，又は維持されていないと認めるとき
命令の内容	ア　当該設備等技術基準に従ってこれを設置すべきこと，又はその維持のため必要な措置 イ　当該設備等設置維持計画に従ってこれを設置すべきこと，又はその維持のため必要な措置
命令を発した場合の公示	ア　消防機関は，当該防火対象物の出入りする人が見やすい場所に標識の設置，公報への掲載，その他市町村長が定める方法により**公示をしなければならない.** イ　命令に係る防火対象物，又は当該防火対象物のある場所の所有者，管理者，又は占有者は，**当該標識の設置を拒み，又は妨げてはならない.**

● 8. 行政不服審査法

　"行政不服審査法"は，「消防機関の行う行政処分等に対する救済処置制度として，行政庁の違法又は不当な処分に関し，国民が簡易迅速かつ公正な手続の下で，広く行政庁に対する不服申立てをすることができるための制度」であり，国民の権利利益の救済を図るとともに，行政の適正な運営を確保することを目的としている．

　不服申立ての種類としては，**審査請求**が原則となり，法5条の4（不服申立期間）では，迅速な処理を図る必要があることから，

- ・　法5条①項（防火対象物の火災予防措置命令）
- ・　法5条の2①項（防火対象物の使用禁止，停止又は制限の命令）
- ・　法5条の3①項（消防吏員による防火対象物における火災予防又は消防活動の障害除去のための措置命令）

の**審査請求期間**を，「**命令を受けた日の翌日から起算して30日以内**」としている．

　また，法6条では，防火対象物に関する係争を迅速に解決するため，前記各命令に対する取消しの訴えやその命令についての審査請求等をした場合の裁決等について，**提訴期間の特例（30日）**を設けるとともに，命令が取り消された場合などに，その命令によって生じた損失を**市町村に補償させる**ことを規定している．

　なお，行政不服審査法の主な内容については以下のとおりである．

(1) 審査請求をすべき行政庁

　"審査請求"は，「処分庁に上級行政庁がある場合にできる」ものであり，消防関係については，処分庁が「消防吏員（消防長，消防署長を含む）」である場合には，最上級行政庁としての「市町村長」に対して，処分庁が「市町村長（消防本部を置かない市町村）」である場合には，当該市町村長に対して審査請求できるものである．

(2) 審査請求期間

　ア　処分についての審査請求は，**処分があったことを知った日の翌日から起算して3月**（当該処分について再調査の請求をしたときは，当該再調査の請求についての決定があったことを知った日の翌日から起算して1月）を経過したときは，することができない．ただし，正当な理由があるときは，この限りでない．

　イ　処分についての審査請求は，**処分があった日の翌日から起算して1年**を経過したときは，することができない．ただし，正当な理由があるとき

は，この限りでない．

ウ　審査請求書を郵便又は信書便等で提出した場合における審査請求期間の計算については，送付に要した日数は，算入しない．

(3) 誤った教示をした場合の救済

ア　審査請求をすることができる処分につき，処分庁が誤って，「審査請求をすべき行政庁でない行政庁」を，審査請求をすべき行政庁として教示した場合において，その教示された行政庁に書面で審査請求がされたときは，当該行政庁は，速やかに，審査請求書を「処分庁又は審査庁となるべき行政庁」に送付し，かつ，その旨を審査請求人に通知しなければならない．

イ　処分庁に審査請求書が送付されたときは，処分庁は，速やかに，これを審査庁となるべき行政庁に送付し，かつ，その旨を審査請求人に通知しなければならない．

ウ　前アの処分のうち，「再調査の請求をすることができない処分」につき，処分庁が誤って再調査の請求をすることができる旨を教示した場合において，当該処分庁に再調査の請求がされたときは，処分庁は，速やかに，再調査の請求書又は再調査の請求録取書を「審査庁となるべき行政庁」に送付し，かつ，その旨を再調査の請求人に通知しなければならない．

エ　「再調査の請求をすることができる処分」につき，処分庁が誤って審査請求をすることができる旨を教示しなかった場合において，当該処分庁に再調査の請求がされた場合であって，再調査の請求人から申立てがあったときは，処分庁は，速やかに，再調査の請求書又は再調査の請求録取書，及び関係書類その他の物件を「審査庁となるべき行政庁」に送付しなければならない．この場合において，その送付を受けた行政庁は，速やかに，その旨を再調査の請求人，及び当該再調査の請求に参加する者に通知しなければならない．

オ　審査請求書又は再調査の請求書，若しくは再調査の請求録取書が「審査庁となるべき行政庁」に送付されたときは，はじめから「審査庁となるべき行政庁」に審査請求がされたものとみなす．

2·2 立入検査関係及び違反処理関係

1 立入検査関係

▶ 1. 立入検査要領

立入検査は，的確かつ効率的に実施する必要があることから，総務省消防庁よりその処理要領が「立入検査標準マニュアル」として示されており，その主な内容は次のとおりである．

(1) 事前の準備

限られた時間において重点的，効率・効果的な立入検査を実施するため，防火対象物の状況や過去の指導経過等を事前に把握し，検査に必要な事項を検討しておくなどの事前の準備が必要であることから，図2·2のことについて事前に把握，検討する．

(a) 防火対象物の状況の把握

・防火対象物台帳等（防火対象物に関する情報をまとめたもの）から用途，規模等の確認
・届出書等※の提出状況等の確認 　　　　　　　　・法令の特例等適用並びに経過措置適用の確認
・建築同意時における指導事項の確認 　　　　　・型式失効と特例期間の確認
・法令の適用等（消令8，9等）の確認 　　　　　・過去の火災発生状況の確認
・建築物の増改築等，及び用途変更の経過の確認 　・関係行政機関からの提供情報の確認

※〔届出書等に該当する主なもの〕
・防火・防災管理者選任（解任）届出書 　　　　　・防火対象物点検結果報告書
・消防計画作成（変更）届出書 　　　　　　　　　・防火対象物点検報告特例認定申請書
・統括防火・防災管理者選任（解任）届出書 　　　・防火対象物使用開始届出書
・全体についての消防計画作成（変更）届出書 　　・防災管理点検結果報告書
・自衛消防組織設置（変更）届出書 　　　　　　　・防災管理点検報告特例認定申請書
・消防用設備等（特殊消防用設備等）設置届出書 　・自衛消防訓練通知書（訓練実施結果記録書含む）
・消防用設備等（特殊消防用設備等）点検結果報告書　など

〔重点的，効率・効果的な立入検査〕

管内の防火対象物の火災危険性や防火の取組状況に鑑み，法令遵守の状況が優良でない防火対象物や，万が一，火災が発生した場合の火災危険性が高いと考えられる防火対象物等，「火災予防上の対応の必要性が高い防火対象物」を重点的に立入検査することができるよう，実施体制，実施対象及び頻度，検査方法，検査項目などの立入検査の実施方針を規程等により明確化し，実施計画を策定して，効率・効果的な立入検査を実施する．

また，関係行政機関からの提供情報，過去の指導状況等を踏まえ，必要に応じて，連携体制を整備した関係行政機関との「合同立入検査」を実施する．

〔立入検査実施計画の策定〕

"立入検査"は，「火災予防のため，すべての防火対象物について，長期間，立入検査が未実施とならないように，定期的に実施する」ことが必要であるが，消防本部における組織，人員，予算等と，増大する消防行政需要を勘案すると，そのように立入検査を定期的に実施することが困難な場合がある．

また，特定用途とそれ以外の用途，法令の遵守が「適正である対象物」と「そうでない対象物」など，それぞれ危険性が異なる防火対象物について，画一的に立入検査を実施することは非効率的であることから，各消防本部・消防署においては，管内の防火対象物について，その危険実態に応じて立入検査の必要性を検討し，効率的に立入検査を実施していくことが必要である．

立入検査の必要性の検討にあたっては，その用途・規模・収容人員等による一般的火災危険性のほか，次に掲げる事項を考慮することが重要である．

・過去の立入検査指摘事項の改修状況や，点検結果報告等の自主管理の実施状況
・火災が発生した場合の人命危険や社会的影響の度合い
・気候風土等による予防行政需要の地域特性
・建築基準法令（建築構造，防火区画，階段）の適合状況
・その他，火災予防上の必要性等

これらにより，立入検査の優先順位を決定し，その検査方法や実施者等を定めるなど，「消防組織法」6条（市町村の消防責任）を踏まえて，消防本部の管内特性に応じた立入検査実施計画を年度等の単位で策定することが必要である．

図 2・2　立入検査における事前準備

（b）過去の指導状況等の把握

・　過去の立入検査における指摘状況等の確認
・　違反処理経過（処理区分と処理年月日）の確認

（c）検査項目及び要領等の検討

・　検査項目の検討
・　効率的な検査要領等の検討

（d）関係者に関する情報の確認

- ・　関係者（防火対象物の所有者，管理者又は占有者をいう（法2④）．以下同じ）
  の住所，氏名等の確認
- ・　立入検査の相手方の対応に関する情報の確認

（e）持参する資料等の準備

- ・　証票
- ・　防火対象物台帳や図面等
- ・　事情の変更に伴い必要となる各種届出用紙等・消防関係法令集などの資料等
- ・　通知書及び命令書（法3，5の3）
- ・　検査に必要な器具
- ・　その他必要な資料等

（2）事前の通知

　法令上は事前の通知を必要としないが，相手方の個人の生活，経済活動の自由等への関与の程度と火災予防上の必要性を比較し，事前に通知するかどうかを検討する．

〔必要と考えられる場合〕

- ・　すでに把握している違反事実の改修指導で，立入検査の相手方と面談する必要があるとき．
- ・　消防対象物の位置，構造等について正確な情報の入手，検査実施時の安全確保等の観点から，立入検査の相手方の立会いを求める必要があるとき．

〔不要と考えられる場合〕

　過去の違反状況等を勘案し，事前に通知しては効果的な立入検査が実施できないおそれがある次の場合は，事前の通知を実施しない．

　ただし，事前の通知を行わない抜き打ち検査を繰り返して関係者の営業活動等を阻害することのないよう配慮する．

- ・　階段部分への物件存置や自動火災報知設備のベル停止など，事前に通知すると，一時的に是正され，防火対象物の法令違反の実態が正確に把握できないおそれのあるとき．
- ・　法令違反があることの通報を受けて立入検査を行うとき．
- ・　事前の通知を行う相手方の特定が困難なとき．

(3) 防火対象物への立入り

(a) 立入検査の実施

> ・原則として日中又は営業時間内等に行う．

(b) 関係者の承諾

> 個人の住居に立ち入る場合は，日本国憲法第35条の「住居の不可侵」の関係から，関係者の承諾を得る．

(c) 証票の提示

> 関係のある者から請求のあったときは証票を提示する．

(d) 立入りを拒否等された場合の対応

> ・立入りを拒否等された場合は，拒否等する理由を確認する．
> ・立入りの必要性や目的について丁寧に説明するなど，相手方を説得する．
> ・説得しても拒否等された場合は，期日を改めて出向する．
> ・相手方からの暴行，脅迫などを受けた場合は，速やかに上司に連絡するなど適切に対応する．

(4) 検査の実施

(a) 検査実施前に行う打ち合わせの内容

> ・スケジュール等の説明，立会いの依頼
> ・事前準備において不明確であった事項等の確認
> ・営業許可証等から関係者に関する情報の確認
> ・防火対象物の実態の変化についての確認
> ・その他必要な事項の確認
> ・立入検査の効率化への配慮
>
> ※　事前通知なしの立入検査を行う場合は，打ち合わせを省略できる．

(b) 業務への配慮

> 検査等において，みだりに防火対象物の関係者等の業務を妨害しない．

（c）検査を拒否等された場合の対応

・防火対象物の一部分について検査を拒否等された場合は，拒否等する理由を確認する．
・検査の必要性や目的について丁寧に説明するなど，相手方を説得する．
・説得しても拒否等された場合は，期日を改めて出向する．

（d）写真撮影等による違反状況の記録

・カメラの場合，相手方の同意を得た後，違反箇所を撮影する．
・カメラがない場合や相手方に撮影を拒否された場合は，図面を作成するなどして，違反状況を記録しておく．

（e）質問に対する回答を拒否等された場合の対応

質問の必要性や目的について丁寧に説明するなど，回答してもらえるように関係者を説得する．

（f）検査等により知り得た防火対象物の情報の取扱い

検査等により知り得た防火対象物の情報は，みだりに他に洩らさない．

（g）消防法令以外の法令の防火に関する規定に違反しているおそれがある場合の対応

消防法令以外の法令（例：「建基法」）の防火に関する規定に違反しているおそれがあり，火災予防上，重大な危険が認められる事案を発見した場合は，当該法令の所管行政庁へ通知し，是正促進を要請する．

（h）不適正な点検を発見した場合の対応

点検結果報告と検査結果から，消防設備士が行った不適正な工事，整備又は点検の事実が確認できたときは，適切な対応を行う．

　　※　違反処理への移行：検査により覚知した不備事項に火災発生危険等の緊急性が認められる場合は，違反処理へ移行する．

(5) 資料提出命令・報告徴収

　防火対象物の構造等の実態把握や違反事実の特定などに資料や報告を必要とする場合は，**資料提出命令又は報告徴収**を行う．

〔資料提出命令又は報告徴収〕

　　法4条による資料提出命令権，及び報告徴収権は，消防対象物の実態把握，若しくは，違反事実の解明・立証など火災予防上，必要と認める場合，関係者の負担に考慮しつつ，消防長（消防本部を置かない市町村においては，市町村長）又は消防署長が主体となり，消防対象物の関係者に対し，権限を行使する．

　　なお，検査等において口頭などにより任意の資料提出，又は報告を求めて，相手方がこれに応じた場合は，本権限の行使は必要ない．

---

(6) 検査結果の通知
(a) 検査結果の通知

・検査の結果，判明した消防法令違反，及びその他の事項について，通知する．
・検査結果の通知は，原則として，文書（通知書）で行う．
・指摘事項に消防法令以外の法令の防火に関する規定の違反が含まれている場合は，所管行政庁にも当該内容を文書で通知する．

(b) 通知書の交付

・通知書は，検査終了後にその場で交付する場合は，名あて人，又は名あて人と相当の関係のある者に直接交付する．
・期日を改めて交付する場合は，再度出向するか，名あて人，又は名あて人と相当の関係のある者に出頭を求めて直接交付する．又は，普通郵便により名あて人へ送付する．

---

(7) 改修（計画）報告の指導

　　ア　原則として，文書により報告させる．

　　イ　通知書の受領者が名あて人の場合，改修（計画）報告書の作成要領，及び**期限内**に報告するよう指導する．

　　ウ　通知書の受領者が名あて人と相当の関係のある者の場合，上記と同様の事項を指導し，名あて人に伝えるように依頼する．

（8）その他

　ア　立入検査した結果等は，指導記録簿を作成し，記録する．

　イ　報告期限を過ぎて報告書が未提出の場合は，違反処理へ移行する．

● 2. 小規模雑居ビル立入検査時の留意事項

　小規模雑居ビルの立入検査の実施については，前記「1. 立入検査要領」によるが，小規模雑居ビルの火災危険性等の特徴を踏まえ，特に**表 2·8** に掲げる事項にも留意するものとする．

表 2·8　小規模雑居ビル

小規模雑居ビルの定義	次の「いずれにも」該当する防火対象物のこと． ア　3 階以上の階が，消令別表第 1 に掲げる（2）項，又は（3）項に掲げる用途に用いられている． イ　直通階段が一つのみ設けられている． ウ　統括防火管理者の選任を要する．
小規模雑居ビルにおける特徴	ア　過去の立入検査の結果，全般的に違反が多かったが，特に防火管理関係，消防用設備等の点検報告関係の違反が多い傾向がある． イ　テナント間の意思疎通がまったくない可能性がある． ウ　テナントの入れ替わりが頻繁に行われる． エ　床面積の小さなテナントが多い． オ　テナントごとに営業時間が異なり，なかには夜間のみのものがある． カ　エレベーターが設置されているものは，階段室に物件が存置，及び放置される傾向がある． キ　各テナントの従業員数は，防火管理業務を実施するには不足している傾向にある．
優先的に立入検査を実施すべき状況	次の状況のうち，複数のものが該当する場合は，優先的な立入検査の実施を検討する． ア　以下の法令に基づく届出又は報告がない． 　－　防火管理者選任（解任）届出書 　－　消防計画作成（変更）届出書 　－　統括防火管理者選任（解任）届出書 　－　全体についての消防計画作成（変更）届出書 　－　消防用設備等（特殊消防用設備等）点検結果報告書 　－　防火対象物定期点検結果報告書　　等 イ　消火訓練及び避難訓練を行う場合の，事前の通報が実施されていない． ウ　階段室への物件の存置，放置，及び防火戸の閉鎖障害等，法 8 の 2 の 4 の規定に違反しているとの指摘を受けている． エ　自動火災報知設備の設置及び維持の技術上の基準に違反しているとの指摘を受けている．

(1) 小規模雑居ビル立入検査時の着眼点

　小規模雑居ビルでは，避難経路である階段で，「火災発生時に避難の障害となる状況」が頻繁に認められる一方，防火管理が適切に実施されていないものが多く見られることから，立入検査を実施する際は，これらの障害の排除に努めるとともに，障害となる状況を発生させないために適切な防火管理の実施について，関係者に指導する必要がある．

　このような観点から，立入検査を実施する場合の着眼点は次のとおりである．

(a) 防火対象物の使用状況

用途変更及び関係者の変更がないか．

(b) 防火管理体制の確立状況

・管理権原ごとに防火管理者が選任され，届け出されているか．
　→　選任されている場合は，管理的又は監督的地位にある者が選任されているか．
・防火管理者選任義務対象ごとに消防計画が作成され，届け出されているか．
　→　作成している場合は，計画内容の実効性や変更すべき点がないか．
・各管理権原者の協議の上，統括防火管理者が選任され，届け出されているか．
　→　選任されている場合は，防火対象物全体についての必要な業務を適切に遂行するために権限が付与され，業務内容や防火対象物の位置，構造及び設備の状況等について，十分な知識を有している者が選任されているか．
・全体についての消防計画が作成され，届け出されているか．
　→　作成している場合は，計画内容の実効性や変更すべき点がないか．

(c) 点検の実施状況

・　消防用設備等の点検及び結果報告を実施しているか．
　→　点検を実施している場合は，不備事項があったか，その不備事項について改修したか．
・　防火対象物定期点検及び結果報告を実施しているか．
　→　点検を実施している場合は，点検結果で不備を指摘されているかどうか，不備事項について改善したか．

（d）自衛消防組織の確立状況

・消防計画に基づき，自衛消防の組織が編成されているか．
・従業員が自衛消防の組織における自らの任務について理解しているか．
・統括防火管理者が作成する全体についての消防計画又は防火管理者が作成する消防計画に基づく，消火，通報及び避難訓練が必要な回数実施されているか．
　→　訓練が実施されている場合は，その旨の通報がなされたか，実施した内容は防火対象物の実態に即したものか．

（e）防炎物品の使用状況

防炎対象物品に防炎物品（防炎表示）が使用されているか．

（f）避難施設等の維持管理状況

・階段や廊下等の避難経路となる部分に，可燃物や避難の障害となる物件の放置，存置，及び避難の障害となる施設の設置がないか．
・屋外階段が適正に維持，管理されているか．
・物件の存置による防火戸の閉鎖障害，又は開放障害がないか．
・防火戸の機能不良，破損，撤去がないか．
・非常用進入口や排煙設備である窓等の開口部が塞がれていないか．
・増築等に伴う竪穴区画や避難階段に関する不備がないか．

(g) 消防用設備等の維持管理状況

- ・消防用設備等が未設置，又は一部未設置となっていないか．
- ・消火器の設置場所が適切か，標識が見えるか．
- ・自動火災報知設備の電源が遮断されていないか，ベル（再鳴動機能付きのものを除く）が停止されていないか．
- ・自動火災報知設備の発信機や非常警報設備の周囲に，操作の障害となる物件がないか，表示灯が見えるか．
- ・自動火災報知設備の感知器の，未警戒区域や感知障害がないか．
- ・避難器具の設置場所が適切か．
- ・避難器具の操作障害，接近障害となる物件の存置等がないか．
- ・避難器具を設置する開口部の閉鎖，破損がないか．
- ・誘導灯の設置場所は適切か，誘導灯が見えるか．
- ・そのほかに，設置されている消防用設備等の操作障害となる物件の存置等がないか．

(h) 火気の取扱状況

- ・従業員に対する火気取扱いの監督や指導を行っているか．
- ・調理器具の周辺や排気ダクト内の清掃が実施されているか．

(i) 危険物の貯蔵，取扱状況

危険物の貯蔵，取扱いがあるか，貯蔵，取扱いがある場合は貯蔵場所や取扱状況について確認する．

(j) 工事中の防火管理状況

工事を実施している場合は，工事中の防火管理状況について，工事中の消防計画に基づき確認する．

(2) 関係者への指導要領等

　小規模雑居ビルの火災危険性，防火管理の実態等，表2・8に掲げる特徴を踏まえ，立入検査の実施に際しては，次の点に留意して関係者に対応する必要がある．

- ア　立入検査の実施時に，防火管理者講習の日程表等を持参するなど，資格取得の手続きについて考慮する．

- イ　避難施設等の管理状況や自動火災報知設備の受信機の電源遮断，音響停止など，「事前に通知すると関係者により一時的に是正され，法令違反の実態を正確に把握することが難しい」場合は，事前の通知を行わずに立入検査を実施する．

- ウ　テナント関係者に直接指導できるように，立入検査の実施時間帯について考慮する．

- エ　着眼点のそれぞれの項目について，立入検査の相手方に火災発生時の危険性等を説明する．

- オ　所有者や管理者に対し，入居するテナントの用途を把握するよう指導するとともに，立入検査時に用途確認を的確に行い，それぞれの用途に応じた指導を実施する．

- カ　消防法令違反に対する措置内容等（消防法令違反で命令を受けた場合は標識が設置されること，法5条の2①項の規定による命令に違反した場合は罰金（最高1億円）が科せられること等）を説明し，法令違反の自主的改善を関係者に対し，促す．

- キ　関係者に関する情報の把握について，立入検査時の質問や資料の提出などにより情報収集に努める．

- ク　関係者に対し法令違反を指摘したにもかかわらず，改修（計画）報告書を提出しないなど，法令違反を是正する意思が見られない場合，時機を失することなく違反処理へ移行する．

▶ 3. 量販店等の立入検査時の留意事項

　量販店等の立入検査の実施については，前記「1. 立入検査要領」(p.77) によるが，量販店等の火災危険性などの特徴を踏まえ，特に**表2·9**に掲げる事項にも留意する．

表2·9　量販店等

量販店等の定義	店内に商品が多量に山積みされている物品販売店舗．
量販店等における特徴	ア　商品が大量に陳列され，誘導灯・誘導標識の視認障害，階段・避難口等避難施設の避難障害，避難通路の幅員不足等，避難関係の防火管理面での消防法令違反が多い傾向がある． イ　商品が天井近くまで高く積み上げられていることがあり，物品に着火すると比較的短時間で炎が拡大し，消火・避難が困難になる可能性がある． ウ　物件存置等の避難障害の違反が，指摘によりいったん改善された場合でも，繰り返し違反行為が行われることがある． エ　商品の配置により死角となりやすい箇所が多く，放火（放火の疑い，及び不審火を含む）による火災の事例が多い．
重点的に立入検査を実施すべき状況	表2·8の「優先的に立入検査を実施すべき状況」のほか，繰り返し違反が発生するおそれのある量販店等については重点的な立入検査の実施を検討する．
量販店等立入検査時の留意点	前記「2. 小規模雑居ビル立入検査時の留意事項」の（1）(p.84)の着眼点のほか，量販店等においては，物品存置等の消防法令違反が多く，事前に通知すると一時的に是正されるものの繰り返し違反となる場合があること等から，立入検査にあたっては，必要に応じ，無通知，平服等によるなど効果的な方法により実施する．

［関係者への指導要領等］

　量販店等の火災危険性，防火管理の実態等，表2·9で挙げた特徴を踏まえ，立入検査の実施に際しては，次の点に留意して関係者に対応する必要がある.

(1) 防火管理の徹底

〔避難施設の管理の徹底〕

　階段，避難口，防火戸，避難通路等の避難施設については，適切に管理されない場合，火災の発生時に利用客等の円滑な避難に重大な支障を生じるおそれが大きいことから，次の事項について徹底させる.
- ・　火災予防条例で定められた必要な避難通路幅を確実に確保する.
- ・　避難の障害とならないよう，物件などを存置等しない.
- ・　防火戸が火災時に確実に閉鎖する状態にあることを確認する.

〔誘導灯及び誘導標識の視認障害防止の徹底〕

　誘導灯及び誘導標識については，視認できない場合，火災の発生時に利用客等の円滑な避難に重大な支障を生じるおそれが大きいことから，視認の障害となる物件等を撤去させる.

〔教育・訓練の徹底〕

　火災等の発生時に，消火や避難誘導などを適切に対応できるかどうかは実質的な訓練の実施によるところが大きいことから，次の事項について徹底させる.
- ・　年に2回以上，消火訓練及び避難訓練を実施する.
- ・　従業者全員が消火設備，避難器具，及び避難施設の位置を確認する.
- ・　従業者全員が消火器（自衛消防隊員にあっては消火器及び屋内消火栓設備）による消火ができるようにするとともに，避難誘導を確実にできるようにする. なお，訓練を実施する旨の通報があった場合，必要に応じ，訓練に立ち会うよう努める.

(2) 違反の是正

〔防火管理意識の啓発〕

　管理権原者，防火管理者等関係者に，量販店等の火災危険性や避難障害をはじめ
とした消防法令違反が重大な結果を引き起こすことを認識させ，自ら法令遵守の取
組を徹底するよう指導する．

〔本社指導〕

　全国的に事業を展開するなど，広範囲に複数の店舗を設けている法人に対して
は，法人組織全体の防火管理意識の高揚を図り，組織的・継続的な防火管理体制の
構築を図ることが有効であることから，関係する消防本部と連携し，本社に対し防
火管理指導を実施する．

〔繰り返し違反の是正〕

　関係者に対し，法令違反を指摘したにもかかわらず，改善（計画）報告書を提出
しないなど，法令違反を是正する意思がみられない場合は違反処理へ移行し，なお
も違反が是正されない場合や，違反を指摘すると改善するが繰り返し違反が行われ
る場合など悪質なもの，及び火災危険性が特に高いものについては，時機を失する
ことなく措置命令へ移行する．

(3) 放火火災防止対策の推進

- ・　商品の整理
- ・　巡回の強化
- ・　放火監視機器（監視カメラ等）の設置
- ・　放火火災防止対策強化中である旨の注意喚起表示の推進

等を指導するとともに，放火監視機器の設置指導にあたっては監視カメラのほかに
炎センサーの設置も有効と考えられることから，施設の実態を踏まえて「放火監視
センサーを用いた放火監視機器に係る技術上のガイドラインの策定について」（平
成17年4月11日付　消防予第72号，消防庁予防課長通知）を参考に適切に指導
する．

▶ 4．個室店舗立入検査時の留意事項

　個室型店舗等の立入検査の実施については，基本的に前記「1．立入検査要領」
(p.77）によるが，個室型店舗等の火災危険性等の特徴を踏まえ，特に**表2・10**に
示す事項にも留意する．

個室型店舗等の定義	消令別表第1（2）項ニに掲げる防火対象物の用途に供されているもの．
個室型店舗等における特徴	ア　店舗等の内部が個室や間仕切り等により細分化されていることから，個々の利用客が火災の発生に気づきにくく，従業者による避難誘導も困難となりやすい．
	イ　個室等が比較的狭い空間に密集した施設形態となっている場合が多いため，局所的に煙・熱が滞留しやすく，避難経路が絶たれやすい．
	ウ　深夜・早朝に利用客を滞在させる場合，実態として宿泊施設と同様に利用客が寝ている場合が多いことから，潜在的に逃げ遅れによる人命危険が大きい．
	エ　店舗スペースを可能な限り有効に活用する傾向が強いことから，階段・通路・避難口など避難施設の避難障害，狭あい・蛇行した避難通路の設定，非常用進入口や排煙設備となる窓等の開口部が塞がれているなどの傾向が強い．
	オ　他の事業形態の店舗等と比べ，店舗スペースや利用客の数に応じた従業員の数が少ない傾向にあり，自衛消防活動が困難となる．
	カ　物件存置等の避難障害の違反は，指摘によりいったん改善された場合でも，繰り返し違反行為が行われることがある．
	キ　多数の個室や間仕切り等により従業員の目が届きにくい箇所が多く，放火（放火の疑い，及び不審火を含む）による火災の事例が多い．
重点的に立入検査を実施すべき状況	表2・8の「優先的に立入検査を実施すべき状況」に同じ．
個室型店舗等立入検査時の留意点	前記「2．小規模雑居ビル立入検査時の留意事項」の（1）の着眼点のほか，個室型店舗等においては，従業員が少ないため，自衛消防組織の確立，特に消防訓練の実施を重点的に指導する．

2　違反処理関係

● 1．違反処理要領

　違反処理は，違反の覚知から始まり，違反の分類（罰則の性格・罰則の種別，違反処理基準の適用要件に該当など）をし，違反調査を実施して，警告，命令，告発，代執行などの行政指導や行政措置権を行使することにより，違反を是正するものであり，その処理要領は「違反処理標準マニュアル」（以下「違反マニュアル」）が総務省消防庁より示されており，主な内容は次のとおりである．

(1) 違反調査

違反調査の目的は、違反事実、違反者の氏名、違反発生場所、違反対象物の用途、規模、構造、収容人員、違反内容、適用法条などについて確認し、違反の全容を解明し、違反事実を特定することである（**表2·11**）.

違反調査には、法4条に定める「資料提出命令権、報告徴収権、及び立入検査権に基づく質問・検査による場合」と、法35条の13に定める「照会による場合」などがある.

表2·11　違反調査

調査内容 （命令要件の特定）	違反者、違反発生日時、違反発生場所、違反内容、その他命令要件の特定に必要な事項 （「違反マニュアル」7（3）命令要件一覧参照）
違反調査の方法	実況見分、写真撮影、物証・書証の収集
違反調査結果のまとめ	・　違反処理担当者が、当該違反の覚知から報告時までの調査結果をまとめ、全体像を把握し、警告・命令等の一次措置の検討のため、「違反調査報告書」により署長等へ報告する. ・　改修（計画）報告書の提出を待って措置することが適当でない事案、火災危険・人命危険があり緊急を要する事案については、調査結果を口頭で報告する.
違反処理の留保	当該違反の態様、危険性・緊急性、比例原則との均衡などを検討した結果、その時点では、**違反処理を留保する場合**もある. なお、留保した場合は、安全担保措置として、違反内容の危険性に対応した代替の消防用設備等を設置させるとともに防火管理上の安全対策措置を講じさせ、その事実を記録しておく

違反処理を留保する場合の例

- 都市計画等により、違反建物の取り壊し・移転等の工事が具体化している場合で、違反の程度と比較衡量して、留保が妥当な場合.
- 違反建物の所有権等の権利関係について係争中であり、違反処理の名あて人が特定できない場合で違反の程度と比較衡量して、留保が妥当な場合.
- その他社会通念上、違反処理を留保することが妥当な場合.

(2) 警告

警告とは，違反事実又は火災危険等が認められる事実について，防火対象物の関係者に対し，当該違反の是正又は火災危険等の排除を促し，これに従わない場合，命令，告発等の法的措置をもって対処することの意思表示である（**表2·12**）.

なお，警告は，命令の前段的措置として行うのが原則で，性質上，行政指導にあたることから，**警告自体には法的な強制力はない**.

表2·12　警　告

警告書の作成	警告の主体，警告の客体，警告内容，履行期限を記載する（「違反マニュアル」4（7）警告書の作成）.
警告の要件の確認	「違反マニュアル」の違反処理基準の適用要件を確認する.
警告書の交付	名あて人に直接交付※し，受領書を求める.
履行期限の到来	警告を行った後は，履行期限まで静観することなく，受命者の是正意思の後退，又は中断のないように終始一貫した追跡指導を行うとともに，履行期限が到来したら，確認調査（履行状況の確認）を実施する.

※　名あて人に直接交付できない場合は，下記のいずれかの方法による.
・　名あて人の住所，居所，営業所，又は事務所等において，名あて人が不在の場合は，名あて人と相当の関係のある者（名あて人の従業者若しくは配偶者，又は防火管理者等）が警告書の交付を受けることを拒まないときは，これらの者に警告書を交付することができる. この場合，交付した者に受領書を求める.
・　直接交付ができない場合で，名あて人に異議がないときは，就業場所にその書類を置いておくことで代えることができる. この場合，後日，名あて人から受領書を求める.
・　配達証明郵便（必要に応じて**配達証明付内容証明郵便**）により送達する.

(3) 命令

　「消防法」上の命令は，行政庁としての市町村長，消防長，又は消防署長など
の命令権者が，「消防法」上の命令規定に基づき，公権力の行使として，特定の
者（主として関係者）に対し，具体的な火災危険の排除や消防法令違反等の是正
について，義務を課す意思表示であり，通常，罰則の裏付けによって，間接的に
その履行を強制している（**表 2・13**）．

表 2・13　命　令

命令等の事前手続き（聴聞・弁明の機会の付与）	行政庁が法令に基づき，特定の者を名あて人として義務を課したり，権利を制限する不利益処分を行う場合には，「行政手続法」の適用を受け，処分を受ける者に対して聴聞，又は弁明の機会を与え，この手続きを経た後でなければ処分を行うことはできない． 命令は不利益処分に該当するが，「行政手続法」13②に掲げる場合には，不利益処分の内容により，聴聞（表 2・14）・弁明（表 2・15）の機会を要しないとする規定があり，違反是正の措置の中で行われる不利益処分の多くはこれに該当する．
命令の中止	聴聞，弁明の結果，「命令等を行うことが妥当でない」ことが判明した場合は，命令等を中止する．
	「命令等を行うことが妥当でない」：警察比例の原則に反した妥当性のない命令をいう．ここで，"警察比例の原則"とは，行政法学上の警察権の発動について，その手段・態様は「除去されるべき障害の大きさに比例しなければならず，選択可能な措置のうち，必要最小限度にとどまらなくてはならない」とする原則をいう．
命令書の作成	命令の主体，命令の客体，命令内容，命令（不利益処分）の理由，履行期限，教示，命令書の交付について，記載する． （「違反マニュアル」4，8 警告書の作成）
命令の要件の確認	「違反マニュアル」の命令要件一覧を確認する．
命令書の交付	・　名あて人に直接交付し，受領書を求める． 　　なお，口頭による場合は，原則として，事後に命令書を交付し，受領書を求める（この場合の命令書の日付は，当該命令を発動した日付とする）． ・　手交（手渡し）できない場合は，下記のいずれかの方法による． －　名あて人の住所，居所，営業所又は事務所等において名あて人が不在の場合は，名あて人と相当の関係のある者（名あて人の従業者若しくは配偶者，又は防火管理者等）が命令書の交付を受けることを拒まないときは，これらの者に命令書を交付することができる．この場合，交付した者に受領書を求める． －　直接交付ができない場合で，名あて人に異議がないときは，就業場所にその書類を置いておくことで代えることができる．この場合，後日，名あて人から受領書を求める． －　配達証明付き内容証明郵便により送達する．

表2·13（続き）

命令を行ったときの標識等による公示	〔公示が必要な命令〕 ・ 防火対象物の火災予防措置命令（法5①） ・ 防火対象物の使用の禁止，停止，又は制限命令（法5の2①） ・ 消防吏員による防火対象物における火災の予防，又は消防活動の障害除去のための措置命令（法5の3①） ・ 防火管理者選任命令（法8③） ・ 防火管理業務適正執行命令（法8④） ・ 統括防火管理者選任命令（法8の2⑤） ・ 防火対象物全体の防火管理業務適正執行命令（法8の2⑥） ・ 自衛消防組織設置命令（法8の2の5③） ・ 消防用設備等の設置維持命令（法17の4①） ・ 特殊消防用設備等の設置維持命令（法17の4②） など 〔公示の期間〕 命令を行ったときは，速やかに公示し，命令事項が履行されたとき等，命令が効力を失うまでの間，維持する必要がある． 〔公示の方法〕 公示の方法は，標識の設置，市町村公報への掲載，その他総務省令に基づき「市町村長が定める方法」によるものとし，標識は当該防火対象物に出入りする人々が見えやすい場所に設置する． 「市町村長の定める方法の例」： ・ 当該消防機関が属する市町村の事務所での掲示 ・ 当該消防本部及び消防署での掲示 ・ 当該消防本部又は当該消防本部が属する市町村のホームページへの掲載． 　※ ホームページに掲載する場合は，他の方法と併せて行う．
公示の撤去	命令事項の履行によって命令の効力が消滅した場合，又は一部の違反事項が是正され，又は代替措置等が講じられたことにより，火災危険の程度と命令内容が均衡を欠き，当該命令の効力を継続させることが不適切となった場合（命令を解除する場合）に公示の撤去を行う．
履行期限の到来	命令を行った後は，履行期限まで静観することなく，受命者の是正意思の後退，又は中断のないように終始一貫した追跡指導を行い，履行期限が到来したら，確認調査（是正状況の確認）を実施する．

2 章 防火査察（専攻科目）

表2·14 聴 聞

聴　聞：不利益処分を受ける者に，口頭による意見陳述や質問の機会などを与え，処分を受ける者と行政庁側のやりとりを経て，事実判断を行う手続きである．
聴聞の機会が付与される不利益処分（「行政手続法」13①1）：
・ 法8の2の3⑥に基づく特例認定の取消し
・ 法36①において準用する法8の2の3⑥に基づく特例認定の取消し
聴聞の事務手続き：
・ 聴聞主宰者の指定（「行政手続法」19）
　聴聞は，行政庁が指名する職員が主宰する．
・ 聴聞開催の通知（「行政手続法」15）
　聴聞を行うべき期日までに相当な期間をおいて，不利益処分の名あて人となるべき者に対し，「聴聞通知書」により通知する．
・ 当事者に対する対応（「行政手続法」16，17，18，20，21）
　当事者の権利である，陳述書，証拠書類等の提出，証拠資料の閲覧，代理人・参加人申請等に対する速やかな対応を行う．
・ 聴聞の実施（「行政手続法」20，22，23，25）
　当事者が正当な理由なく欠席した場合は，聴聞を行ったものとして処理できる．
・ 聴聞調書の作成（「行政手続法」24）
・ 報告書の作成（「行政手続法」24）
・ 処分の決定（「行政手続法」26）
　行政庁は，聴聞調書の内容と，報告書に記載された主宰者の意見を十分参酌した上，処分を決定する．

表2·15　弁　明

弁　明：不利益処分を受ける者に，原則として書面による意見陳述の機会を与え，処分についての判断を行う手続き（行政庁が認めた場合は口頭で行うこともできる）.

弁明の機会が付与される不利益処分（「**行政手続法**」**13①2**）：法5①，5の2①，5の3①，8④，8の2⑥，及び36①において，準用する法8④及び8の2⑥に基づく命令.

　　ただし，「行政手続法」13②1の規定により，適用除外となり，弁明手続きが実施されないことがある.

弁明の機会の付与の事務手続：
- 弁明の機会の付与の通知（「行政手続法」30）
  弁明書の提出期限までに相当な期間をおいて不利益処分の名あて人となるべき者に対し，「弁明の機会の付与通知書」により通知する.
- 弁明書の受理
  口頭による弁明の機会の付与が行われた場合は，弁明調書を作成する. なお，弁明調書は，署名及び押印を求める.
- 不利益処分の決定

※　弁明手続終了後，弁明の内容を十分に参酌して処分を決定する.
※　正当な理由なく弁明書が提出されなかった場合には，事務処理を進め処分を決定する.

(4) 告　発

　告発は，告訴権者（犯罪による被害者等）及び違反者（犯人）以外の第三者が，捜査機関（警察又は検察）に対し，違反事実（消防法令違反）を申告して，処罰を求める意思表示である（**表2·16**）.

表2・16　告　発

告発の検討	命令違反等の罰則規定に違反した事実があり，**告発をもって措置すべきと認められる事案**（表2・17）については，告発を前提とした違反調査を開始する．
告発のための違反調査の内容	・　違反事実の特定 　－　違反者の氏名，本籍，住所，職業，生年月日（法人の場合は，商号，本店所在地，代表者の職名・住所・氏名） 　－　違反発生日時 　－　違反発生場所 　－　違反対象物の用途，規模，構造等 　－　違反内容 　－　適用法条（両罰規定の適用の有無） 　－　指導経過 　－　共犯者の有無 　－　その他，違反事実の特定に必要な事項 ・　違反の情状の認定 　－　違反の目的，動機 　－　繰り返し違反の状況 　－　違法性の認識 　－　危険性の認識 　－　災害の発生状況 　－　業務経歴等 　－　その他違反の情状の認定に必要な事項 ・　社会，公共への影響
告発のための違反調査の方法	・違反者等からの違反事実にかかわる事情の聴取及び録取 ・違反事案にかかわる実況見分及び写真撮影 ・物証，書証の収集 ・その他
捜査機関との協議	・違反の立証内容などについて告発先と十分協議し，法的問題を検討しておく． ・初動調査の着手段階から必要な協議を進めることが望ましい． ・告発書の内容や添付書類（違反調査報告書，実況見分調書，質問調書等）の要否についてあらかじめ捜査機関と協議する．
告発書の作成	告発書に証拠資料（違反調査報告書，実況見分調書，質問調書等）を添付する．
告発書の提出	告発は，違反地を管轄する司法警察員又は検察官に告発書を提出することにより行う．

2

章

防火査察（専攻科目）

表2・17　告発をもって措置すべきと認められる事案

命令違反を前提とする罰則規定に関する事案		・　防火対象物使用禁止命令違反（法5の2①違反） ・　スプリンクラー設備設置命令違反（法17の4①違反） ・　自動火災報知設備設置命令違反（法17の4①違反） ・　その他命令違反の内容が重大なもの
規定違反に対する直接の罰則規定に関する事案	ア	立入検査の拒否（法4①違反）の繰り返し
	イ	防火対象物点検報告未報告（法8の2の2①違反）の繰り返し
	ウ	消防用設備等又は特殊消防用設備等点検報告未報告（法17の3の3）の繰り返し
	エ	無資格者による消防設備工事（法17の5第1号違反）
	オ	防災管理点検報告未報告（法36①において準用する法8の2の2①）の繰り返し
	カ	その他，違反内容が悪質なもの

※上記イ，ウ，オについては，
　・　たび重なる指導にかかわらず改善が見られない場合→「勧告」
　・　悪質性があり，火災発生時の人命危険が大である場合→「告発」
により対応する．

(5) 代執行

　代執行とは，法令又は行政処分に基づく作為義務（何かをしなければならない義務）のうち，「他人が代わって行うことのできる作為義務を，義務者が履行しない，あるいは履行遅滞や見込みがない」ときに，不履行状態を放置することが著しく公益に反すると認められ，かつ他人が代わって履行する以外にその履行を実現することが困難である場合に，行政庁自ら，又は第三者が義務者のなすべき行為を行い，これに要した費用を義務者から徴収することをいう（表2・18）．

「行政庁が自ら行う」，「第三者が行う」

・　「行政庁が自ら行う」とは，行政庁がその所属職員の手で行わしめるか，又は，所属職員に命じ，雇い入れられた人夫を非独立的な補助力として用い，それを指揮して行わしめることである．

・　「第三者が行う」とは，独立の地位にある土建業者などと請負契約を締結して，作業の完成を委託することである．

代執行の可否の確認	命令違反の内容等が，代執行の要件に該当するか否かを確認する． **〔法3①，法5①，及び法5の3①における命令違反の代執行要件〕** ア　次の「いずれか」の要件に該当するとき． 　・　措置を履行しないとき． 　・　履行しても十分でないとき． 　・　措置の履行について期限が付されている場合にあっては，履行しても当該期限までに完了する見込みがないとき． 上記以外の命令違反等の代執行要件は，アの要件に加えて，次の「すべて」の要件に該当するとき． イ　他の手段によってその履行を確保することが困難であること． ウ　その不履行を放置することが著しく公益に反すると認められること．
教　示	代執行の戒告，代執行令書による通知，及び代執行費用納付命令は行政庁の処分であるから，「行政不服審査法」に定める審査請求の対象となる．したがって，戒告書等には，審査請求ができる旨，並びに審査請求をすべき行政庁名，及び審査請求期間を教示しなければならない． 　・　**審査請求期間**は，戒告等の処分のあったことを知った日の**翌日から起算して60日以内**． 　・　これらの代執行に係る処分については，「取消訴訟の対象となる処分」であることから，**被告とすべき者**（市町村，事務組合等），及び**出訴期間（処分があったことを知った日の翌日から起算して6か月以内）**を教示しなければならない．
代執行の要否の検討	代執行要件に該当し，代執行が可能となったら，法令違反の程度や代執行を行うべき緊急性等を総合的に判断し，代執行の要否を決定する．
代執行の主体	代執行権を有する者は，具体的事案について義務の履行を強制しうる権限，すなわち命令権を有する行政庁である．ただし，「代執行権を有するのは消防長又は消防署長のみ」であるため，法3④，法5の3⑤に基づく代執行について，「消防吏員は命令権を有する行政庁ではあるが，代執行権は有していない」．
事前準備	・組織体制をつくる． ・代執行に伴う作業，警戒，経費等の計画を樹立し，タイムスケジュール等の企画調整を行う． ・関係行政機関・マスコミへの情報提供を行う． ・行政不服審査又は行政事件訴訟の提起に対する対応策の検討をする． ・命令違反に対する告発の検討をする．
戒　告	相当の履行期限を定め，その期限までに履行されないときは代執行を行う旨通知する．なお，文書によらない戒告は，要件を欠くものとして無効である（「行政代執行法」3）．
代執行令書による通知	「代執行令書」により，代執行を行う日時，代執行のために派遣する執行責任者の氏名，代執行のための費用の概算見積額を義務者に通知する（「行政代執行法」3）．
代執行の実行	・　執行責任者の指揮により，代執行を実行する． ・　執行責任者は，代執行権者が発行する「代執行執行責任者証」を携帯する． ・　捜査機関への告発後，代執行により消防法令違反が是正された場合は，速やかに当該捜査機関に連絡する（「行政代執行法」4）．
費用徴収	・　「代執行費用納付命令書」により，実際に要した費用の額，及びその納付期日を定め，義務者に納付を命ずる． ・　義務者が費用を納付しないときは，国税滞納処分の例（差押え）により，これを徴収する（「行政代執行法」5，6）．

2章
防火査察（専攻科目）

(6) 過料事件の通知

　過料とは，金銭罰の一種であり，刑罰である罰金及び科料と区別して科せられる．その性質から，（ア）**秩序罰としての過料**，（イ）**執行罰としての過料**，（ウ）**懲戒罰としての過料**に大別されるが，「法46条の2から46条の5までに規定する過料は，**秩序罰としての過料**」にあたる．

　なお，過料は刑罰ではないことから，故意・過失の有無などの刑法総則の適用はなく，また，科刑手続きについて，告発などの「刑事訴訟法」の適用もない．

　ただし，一般手続きとして「非訟事件手続法」の定めがある（「非訟事件手続法」161〜164条）．

　過料事件に該当する法令は，

・　法8条の2の3⑤項違反
　「防火対象物点検の特例認定を受けた防火対象物における管理権原者の変更届出違反」
・　法36条①項において準用する法8条の2の3⑤項違反
　「防災管理点検の特例認定を受けた防災管理対象物における管理権原者の変更届出違反」
・　法17条の2の3④項違反
　「特殊消防用設備等又は設備等設置維持計画の変更届出違反」

であり，これらの過料事件を覚知した場合の流れは**図2・3**のとおりである．

① 過料事件を地方裁判所に通知する.

管轄地方裁判所は，過料に処せられるべき者の住所地の地方裁判所である（「非訟事件手続法」161）.

② 通知の際には，違反事実を証する資料を添付する.

○ 通知は，郵送により行うものとする. 消防機関の通知により裁判所のその職権の発動（過料の裁判の実施）を促すためのものである.
　なお，通知に関しては，告発（「刑事訴訟法」239②）のような義務はない. また，違反後，3年を経過した場合は通知しないものとする.

○ **違反事実を証するために**，添付すべき資料は次のものである.

- ・特例認定防火対象物の管理権原者であったことを証する資料
  　（特例認定申請書，同認定通知書等）
- ・特例認定防火対象物の管理権原者に変更があったことを証する資料（賃貸契約書，譲渡証明書等）
- ・過料に処せられるべき者の住所地を証する資料
  　（住民票，法人の登記事項証明書など法人の所在地を確認できるもの）
- ・違反時点において特例認定防火対象物であったことを証する資料
  　（違反調査報告書，実況見分調書，立入検査結果通知書等）

図 2・3　過料事件を覚知した場合の流れ

● 2. 違反処理基準（「違反マニュアル」第2「違反処理基準」参照）

　違反処理基準は，違反処理を厳正公平に実施するために，違反者等に対する警告，命令，認定の取消しへの移行基準，及び履行期限の判断を具体的事例を挙げて示したものである（**表2・19**）．

　なお，適用要件への該当性や履行期限の設定等については，違反処理基準表を参考にしつつ，具体的な事例に応じ適切に判断するものである．

　また，立入検査で見つかった違反対象物のうち，火災が発生した場合の危険性や悪質性の高いものは，徹底的に改善させていく対応が必要である．その中でも特に人命危険の高い対象物には，使用停止命令を含めた厳格な措置を行い，命令・公示を行っていく必要があり，消防機関による防火対象物の違反是正における危険性・悪質性の判断基準については，以下のような事項を勘案し，判断していくものとする．

- ・　火災が発生した場合に，初期消火，避難等において特に重要である消防用設備等（屋内消火栓設備，スプリンクラー設備，又は自動火災報知設備）が設置，維持されていないもの．
- ・　建築構造等3項目（建築構造，防火区画，階段）への適合性のない対象物における消防法令の継続した同一事項の違反

適用要件			一次措置	適用要件	二次措置	適用要件	三次措置	事例／履行期限等
① 屋外における火災予防に危険な行為等	次の行為又は物件で火災の予防に危険であると認めるもの又は消火、避難その他の消防の活動に支障になると認めるもの	火遊び、喫煙、たき火、火を使用する設備若しくは器具（物件に限る）又はその使用に際し火災の発生のおそれのある設備若しくは器具（物件に限る）の使用その他これらに類する行為	禁止、停止若しくは制限又は消火の準備（法3）	—	—	—	—	【事例】 **（行為の禁止）** ○火花を発する行為を可燃性蒸気（ベーパー）が発生又は滞留している場所（塗装工場，自動車修理工場，ゴム工場等の屋外，新築工事中の建物の敷地内等）で行っているもの **（禁止，消火の準備）** ○工事現場などで，不燃シート等で建築物の木（造）部分を養生せずに火花を発する行為を行っているもの **（たき火の禁止）** ○たき火の炎が，木造家屋の壁体等に接し，その部分が炭化しているもの 注：たき火の禁止を命じる「炭化」の判断について 　ア　炭化部分の剥離，灰化し始めた状態 　イ　継続的なたき火による炭化 **（行為の禁止，消火の準備）** ○危険物又は可燃物の付近で花火をしているもの 【履行期限】 　原則，即時

2·3 防火管理及び防火対象物の点検報告制度関係

1 防火管理

　防火管理とは，多数の者が出入りし，勤務し，又は居住する防火対象物において，火災の発生を未然に防止するとともに，火災が発生した場合に，その被害を最小限に止めるために，防火管理者を定め，必要な防火上の対策を事前に策定して実行するものである（法8）．

　なお，管理権原者は，防火管理者を選任した場合，又は解任した場合は，遅滞なく消防長又は消防署長へ届け出なければならない．

▶ 1. 防火管理を行わなければならない防火対象物

　1·5節1項（p.34）を参照すること．

▶ 2. 収容人員の算定方法

　収容人員の算定方法については，1·4節1項2.（p.24）を参照のほか，政令別表第1各項の算定方法は，**表2·20**のとおりである．

▶ 3. 防火管理者の資格

　防火管理者に必要な資格は，防火管理上，必要な業務を適切に遂行することができる管理的，又は監督的地位にある者でなければならないほか，防火管理に関する知識及び技能を有していることが必要であり，防火対象物の区分に応じ，**表2·21**のとおり定められている．

▶ 4. 甲種防火管理者の再講習制度

　「甲種防火管理者の再講習制度」とは，「収容人員が300人以上」の消令別表第1（1）項から（4）項まで，（5）項イ，（6）項，（9）項イ，（16）項イ，並びに（16の2）項に掲げる防火対象物のうち，甲種防火管理者の選任が必要な事業所で防火管理者に選任されている者は，原則，次の受講期限で再講習の受講が必要となるものである．

　　・　新規講習又は再講習を修了してから，選任までの期間が4年を超える者は，選任された日から1年以内

- 新規講習又は再講習を修了してから，選任までの期間が4年以内の者は，講習を修了した以降における最初の4月1日から5年以内

● 5. 防火管理者の責務

「防火管理者の責務」は，管理権原者の指示を受け，当該防火対象物についての防火管理に係る消防計画を作成し，防火管理上，必要な業務を誠実に遂行しなければならないもので，主な業務は次のとおりである．

- **防火管理に係る消防計画**（次の「6. 防火管理に係る消防計画」参照）を作成し，消防署長等に届出をすること．
- 消火，通報及び避難の訓練を実施すること．なお，訓練を実施する際は，事前に消防機関に通報しなければならない．
  - ※ 消令別表第1（1）項から（4）項まで，（5）項イ，（6）項，（9）項イ，（16）項イ，又は（16の2）項に掲げる防火対象物の防火管理者は，**消火訓練及び避難訓練を年2回以上実施しなければならない**．
- 消防の用に供する設備，消防用水，又は消火活動上必要な施設の点検及び整備を実施し，必要に応じて，その結果を消防署長等に報告すること．
- 火気の使用又は取扱いに関する監督をすること．
- 避難又は防火上必要な構造及び設備（廊下，階段，避難口，防火戸，防火区画等）の維持管理をすること．
- 収容人員の管理をすること．
- その他，防火管理上必要な業務を行うこと．

表 2·20　政令別表第 1 各項の収容人員算定方法（消則 1 の 3）

消令別表第 1 の区分		算定方法
(1) 項 **(劇場，映画館，公会堂，集会場等)**		次に掲げる数を合算して算定する. ①従業者の数 ②客席の部分ごとに，次のイからハまでによって算定した数の合計数 　イ　固定式のいす席を設ける部分については，当該部分にあるいす席の数に対応する数. 　　この場合において，長いす式のいす席にあっては，当該いす席の正面幅を 0.4 m で除して得た数（1 未満は切り捨て）とする. 　ロ　立見席を設ける部分については，当該部分の床面積を 0.2 m² で除して得た数 　ハ　その他の部分については，当該部分の床面積を 0.5 m² で除して得た数
(2) 項 **(キャバレー，カフェー，カラオケボックス等)** (3) 項 **(待合，料理店，飲食店等)**	遊技場	次に掲げる数を合算して算定する. ①従業者の数 ②遊技のための機械器具を使用して，遊技を行うことができる者の数 ③観覧，飲食，又は休憩の用に供する固定式のいす席が設けられている場合は，当該いす席の数に対応する数. 　この場合において，長いす式のいす席にあっては，当該いす席の正面幅を 0.5 m で除して得た数（1 未満は切り捨て）とする.
	その他のもの	次に掲げる数を合算して算定する. ①従業者の数 ②客席の部分ごとに次のイ及びロによって算定した数の合計数 　イ　固定式のいす席を設ける部分については，当該部分にあるいす席の数に対応する数. この場合において，長いす式のいす席にあっては，当該いす席の正面幅を 0.5 m で除して得た数（1 未満は切り捨て）とする. 　ロ　その他の部分については，当該部分の床面積を 3 m² で除して得た数
(4) 項 **(物品販売店舗等)**		次に掲げる数を合算して算定する. ①従業者の数 ②主として従業者以外の者の使用に供する部分について，次のイ及びロによって算定した数の合計数 　イ　飲食又は休憩の用に供する部分については，当該部分の床面積を 3 m² で除して得た数 　ロ　その他の部分については，当該部分の床面積を 4 m² で除して得た数
(5) 項	イに掲げるもの **(旅館，ホテル等)**	次に掲げる数を合算して算定する. ①従業者の数 ②宿泊室ごとに次のイ及びロによって算定した数の合計数 　イ　洋式の宿泊室については，当該宿泊室にあるベッドの数に対応する数 　ロ　和式の宿泊室については，当該宿泊室の床面積を 6 m²（簡易宿所，及び主として団体客を宿泊させるものにあっては，3 m²）で除して得た数 ③集会，飲食又は休憩の用に供する部分について，次のイ及びロによって算定した数の合計数 　イ　固定式のいす席を設ける部分については，当該部分にあるいす席の数に対応する数. 　　この場合において，長いす式のいす席にあっては，当該いす席の正面幅を 0.5 m で除して得た数（1 未満は切り捨て）とする. 　ロ　その他の部分については，当該部分の床面積を 3 m² で除して得た数

	ロに掲げるもの **（共同住宅等）**	居住者の数により算定する．
(6) 項	イに掲げるもの **（病院，診療所等）**	次に掲げる数を合算して算定する． ①医師，歯科医師，助産師，薬剤師，看護師，その他の従業者の数 ②病室内にある病床の数 ③待合室の床面積の合計を 3 m² で除して得た数
	ロ及びハに掲げるもの **（社会福祉施設等）**	従業者の数と，老人，乳児，幼児，身体障害者，知的障害者，その他の要保護者の数とを合算して算定する．
	ニに掲げるもの **（幼稚園等）**	教職員の数と，幼児，児童，又は生徒の数とを合算して算定する．
(7) 項 **(小・中・高・大学校等)**		教職員の数と，児童，生徒，又は学生の数とを合算して算定する．
(8) 項 **(図書館，博物館等)**		従業者の数と，閲覧室，展示室，展覧室，会議室，又は休憩室の床面積の合計を 3 m² で除して得た数とを合算して算定する．
(9) 項 **(蒸気浴場，公衆浴場等)**		従業者の数と，浴場，脱衣場，マッサージ室，及び休憩の用に供する部分の床面積の合計を 3 m² で除して得た数とを合算して算定する．
(11) 項 **(神社，寺院，教会等)**		神職，僧侶，牧師，その他従業者の数と，礼拝，集会又は休憩の用に供する部分の床面積の合計を 3 m² で除して得た数とを合算して算定する．
(10) 項（停車場等） **(12) 項（工場，作業場等）** **(13) 項（駐車場等）** **(14) 項（倉庫等）**		従業者の数により算定する．
(15) 項 **(事務所等)**		従業者の数と，主として従業者以外の者の使用に供する部分の床面積を 3 m² で除して得た数とを合算して算定する．
(17) 項（文化財等）		床面積を 5 m² で除して得た数により算定する．
仮使用認定※を受けたもの		次に掲げる数を合算して算定する． ①仮使用認定を受けた部分については，当該仮使用認定を受けた部分の用途を，この表の上欄に掲げる防火対象物の区分とみなして，同表の下欄に定める方法により算定した数 ② その他の部分については，従業者の数
消令 1 の 2 ③ 2 に掲げる防火対象物（前項に掲げるものを除く）及び同項 3 に掲げる防火対象物		従業者の数により算定する．

※ 「仮使用認定」は，消令 1 の 2 ③ 2 に掲げる防火対象物であって建基法 7 の 6 ① 1 若しくは 2，又は建基法 18 ㉔ 1 若しくは 2 の規定による認定を受けたものをいう．
（注）消令別表第 1 (16) 項及び (16 の 2) 項に掲げる防火対象物の収容人員の算定方法は，同表各項の用途と同一の用途に供されている当該防火対象物の部分を，それぞれ一の防火対象物とみなして，収容人員を合算して算定する方法とする．

表2·21　防火管理者の資格

甲種防火対象物	次の「いずれか」に該当する者（「甲種防火管理者」） ①総務大臣の登録を受けたものが行う甲種防火対象物の防火管理に関する講習の課程を修了した者 ②「学校教育法」による大学，又は高等専門学校において，総務大臣の指定する防災に関する学科，又は課程を修めて卒業した者で，1年以上防火管理の実務経験を有するもの ③市町村の消防職員で，管理的又は監督的な職に1年以上あった者 ④前①から③までに掲げる者に準ずる者で，**規則で定めるところにより，「防火管理者として必要な学識経験を有すると認められる者」**
	「防火管理者として必要な学識経験を有すると認められる者」：次のいずれかに該当する者． ・「労働安全衛生法」に規定する安全管理者として選任された者． ・防火対象物点検資格者として，防火対象物の点検に関し，必要な知識及び技能を修得することができる講習の課程を修了し，免状の交付を受けている者． ・危険物保安監督者として選任された者で，甲種危険物取扱者免状の交付を受けているもの． ・「鉱山保安法」の規定により，保安管理者として選任された者． ・国若しくは都道府県の消防の事務に従事する職員で，1年以上，管理的又は監督的な職にあった者． ・警察官又はこれに準ずる警察職員で，3年以上，管理的又は監督的な職にあった者． ・建築主事又は一級建築士の資格を有する者で，1年以上，防火管理の実務経験を有するもの． ・市町村の消防団員で，3年以上，管理的又は監督的な職にあった者． ・前記に掲げる者に準ずるものとして，消防庁長官が定める者．
乙種防火対象物	次の「いずれか」に該当する者 ①総務大臣の登録を受けたものが行う乙種防火対象物の防火管理に関する講習（**表2·22**）の課程を修了した者（「乙種防火管理者」） ②甲種防火管理者

「甲種防火対象物」：「乙種防火対象物」以外の防火管理の必要な防火対象物
「乙種防火対象物」：防火管理の必要な防火対象物のうち，延べ面積が，消令別表第1（1）項から（4）項まで，（5）項イ，（6）項イ，ハ及びニ，（9）項イ，（16）項イ，並びに（16の2）項〔(16) 項イ及び（16の2）項に掲げる防火対象物にあっては，（6）項ロの用途に供される部分が存するものを除く〕に掲げる防火対象物にあっては300 m² 未満，その他の防火対象物にあっては500 m² 未満のもの．

表2·22　防火管理者の講習

講習名	講習時間	講習内容
甲種防火管理新規講習	概ね 10 時間	・防火管理の意義及び制度に関すること． ・火気の使用又は取扱いに関する監督に関すること． ・消防用設備等の点検及び整備，並びに避難又は防火上必要な構造，及び設備の維持管理に関すること． ・消火，通報，及び避難の訓練，その他防火管理上必要な訓練に関すること． ・防火管理上，必要な教育に関すること． ・消防計画の作成に関すること．
甲種防火管理再講習	概ね 2 時間	・過去5年間における防火管理に関する法令の改正の概要に関すること． ・火災事例等の研究に関すること．
乙種防火管理講習	概ね 5 時間	甲種防火管理新規講習に係る基礎的な知識及び技能．

▶ 6. 防火管理に係る消防計画

　防火管理者は，防火対象物の位置，構造，及び設備の状況，並びにその使用状況に応じ，次の区分に従い，次の各号に掲げる事項について，当該防火対象物の管理権原者の指示を受けて「防火管理に係る消防計画」を作成し，消防長又は消防署長に届け出なければならない（変更する場合も同様）．

① 　消令1条の2③項1号に掲げる防火対象物，及び同項2号に掲げる防火対象物（仮使用認定を受けたもの，又はその部分に限る）．
　（イ）自衛消防の組織に関すること．
　（ロ）防火対象物についての火災予防上の自主検査に関すること．
　（ハ）消防用設備等又は特殊消防用設備等（特殊消防用設備等）の点検及び整備に関すること．
　（ニ）避難通路，避難口，安全区画，防煙区画，その他の避難施設の維持管理及びその案内に関すること．
　（ホ）防火壁，内装，その他の防火上の構造の維持管理に関すること．
　（ヘ）定員の遵守，その他収容人員の適正化に関すること．
　（ト）防火管理上，必要な教育に関すること．
　（チ）消火，通報，及び避難の訓練，その他防火管理上，必要な訓練の定期的な実施に関すること．
　（リ）火災，地震，その他の災害が発生した場合における消火活動，通報連絡及び避難誘導に関すること．
　（ヌ）防火管理についての消防機関との連絡に関すること．
　（ル）増築，改築，移転，修繕，又は模様替えの工事中の防火対象物における防火管理者，又はその補助者の立会い，その他火気の使用又は取扱いの監督に関すること．
　（ヲ）その他防火対象物における防火管理に関し，必要な事項．
② 　消令1条の2③項2号に掲げる防火対象物（仮使用認定を受けたもの，又はその部分を除く），及び同項3に掲げる防火対象物．
　　・　消火器等の点検及び整備に関すること．
　　・　避難経路の維持管理，及びその案内に関すること．
　　・　火気の使用，又は取扱いの監督に関すること．
　　・　工事中に使用する危険物等の管理に関すること．
　　・　前号（イ）及び（ト）から（ヌ）までに掲げる事項．

- ・ その他防火対象物における防火管理に関し，必要な事項.

2 統括防火管理

▶ 1. 統括防火管理を行わなければならない防火対象物

　統括防火管理が義務付けられる防火対象物は，管理について権原が分かれているもののうち，次のいずれかに該当する防火対象物である.
　ア　高層建築物（高さ 31 m を超える建築物）
　イ　消令別表第 1（6）項ロ及び（16）項イの防火対象物（同表（16）項イにあっては，同表（6）項ロの用途に供される部分が存するものに限る）のうち，地階を除く階数が 3 以上で，かつ，収容人員が 10 人以上のもの.
　ウ　消令別表第 1（1）項から（4）項まで，（5）項イ，（6）項イ，ハ，及びニ，（9）項イ並びに（16）項イの防火対象物（同表（16）項イにあっては，同表（6）項ロの用途に供される部分が存するものを除く）のうち，地階を除く階数が 3 以上で，かつ，収容人員が 30 人以上のもの.
　エ　消令別表第 1（16）項ロのうち，地階を除く階数が 5 以上で，かつ，収容人員が 50 人以上のもの.
　オ　消令別表第 1（16 の 2）項〔地下街〕のうち，消防長若しくは消防署長が指定するもの.
　カ　消令別表第 1（16 の 3）項〔準地下街〕

▶ 2. 統括防火管理者の資格

　統括防火管理者は，防火管理者の資格を有する者で，当該防火対象物の全体についての防火管理上，必要な業務を適切に遂行するために，防火対象物全体の管理権原者から，
　ア　防火管理上，必要な権限が付与されている.
　イ　防火管理上，必要な業務の内容について説明を受け，当該内容について十分な知識を有している.
　ウ　当該防火対象物の全体の位置，構造及び設備の状況等について説明を受け，当該事項について十分な知識を有している.
等の要件が必要である.
　なお，消令 4 条のとおり，防火対象物の区分に応じた防火管理者の資格が必要

である（**表 2·23**）.

表 2·23　防火対象物の区分ごとの必要な資格

・　高層建築物 ・　前記 1. でイ，ウ，エ，カに掲げる防火対象物 ・　地下街 　※　いずれも乙種防火管理者の資格が必要な防火対象物を除く.	甲種防火管理者
①　高層建築物で，次に掲げるもの. 　・　消令別表第 1 （1）項から（4）項まで，（5）項イ，（6）項イ，ハ及びニ，（9）項イ，並びに（16）項イに掲げる防火対象物（同表（16）項イに掲げる防火対象物にあっては，同表（6）項ロに掲げる防火対象物の用途に供される部分が存するものを除く）で，延べ面積が 300 m² 未満のもの. 　・　消令別表第 1 （5）項ロ，（7）項，（8）項，（9）項ロ，（10）項から（15）項まで，（16）項ロ及び（17）項に掲げる防火対象物で，延べ面積が 500 m² 未満のもの. ②　前記 1. でウに掲げる防火対象物で，延べ面積が 300 m² 未満のもの. ③　前記 1. でエに掲げる防火対象物で，延べ面積が 500 m² 未満のもの. ④　前記 1. でカに掲げる防火対象物（消令別表第 1 （6）項ロに掲げる防火対象物の用途に供される部分が存するものを除く）で，延べ面積が 300 m² 未満のもの. ⑤　地下街（消令別表第 1 （6）項ロに掲げる防火対象物の用途に供される部分が存するものを除く）で，延べ面積が 300 m² 未満のもの.	乙種防火管理者

▶ 3. 統括防火管理者の責務

統括防火管理者の責務は，管理権原者の指示を受け防火対象物の全体の消防計画を作成し，防火管理上必要な業務を，必要に応じ，管理権原者に指示を求め，誠実に遂行しなければならないものであり，主な業務は次のとおりである.

・　防火対象物の**全体の消防計画を作成**（次項参照）し，所轄消防長又は消防署長に届け出る.

・　防火対象物の全体の消防計画に基づいて，消火，通報及び避難の訓練を実施する.

・　廊下，階段，避難口，その他の避難上必要な施設を管理する.

・　その他防火対象物の全体についての防火管理上，必要な業務を行う.

● 4. 防火対象物全体の消防計画

　統括防火管理者は，防火対象物の位置，構造，及び設備の状況，並びにその使用状況に応じ，次の事項について，防火対象物の全体についての防火管理に係る消防計画を作成し，当該防火対象物の管理権原者の確認を受けて，所轄消防長又は消防署長に届け出なければならない（変更するときも同様）．

- ・　防火対象物の管理について，権原を有する者の当該権原の範囲に関すること．
- ・　防火対象物の全体についての防火管理上，必要な業務の一部が当該防火対象物の関係者，及び関係者に雇用されている者（当該防火対象物の部分の関係者及び関係者に雇用されている者を含む）以外の者に委託されている防火対象物にあっては，当該防火対象物の全体についての防火管理上，必要な業務の受託者の氏名及び住所，並びに当該受託者の行う防火対象物の全体についての防火管理上，必要な業務の範囲及び方法に関すること．
- ・　防火対象物の全体についての消防計画に基づく消火，通報及び避難の訓練，その他防火対象物の全体についての防火管理上，必要な訓練の定期的な実施に関すること．
- ・　廊下，階段，避難口，安全区画，防煙区画，その他の避難施設の維持管理及びその案内に関すること．
- ・　火災，地震，その他の災害が発生した場合における消火活動，通報連絡及び避難誘導に関すること．
- ・　火災の際の消防隊に対する当該防火対象物の構造，その他必要な情報の提供及び消防隊の誘導に関すること．
- ・　前各号に掲げるもののほか，防火対象物の全体についての防火管理に関し必要な事項．

3 自衛消防組織

● 1. 自衛消防組織を設置しなければならない防火対象物

1・5節3項（p.37）を参照すること.

● 2. 自衛消防組織の業務

　管理権原者は，火災発生時の初期消火活動，消防機関への通報，避難誘導その他の火災被害の軽減のため，防火管理者に，消防計画に次のとおり自衛消防組織の業務に関する事項を定めさせなければならないとされている.

　ア　火災の初期の段階における消火活動，消防機関への通報，在館者が避難する際の誘導，その他の火災の被害の軽減のために必要な業務として，自衛消防組織が行う業務に係る活動要領に関すること.

　イ　自衛消防組織の要員に対する教育及び訓練に関すること.

　ウ　その他自衛消防組織の業務に関し，必要な事項.

　エ　管理権原者が共同して自衛消防組織を置く場合は，前ア，イ，ウに加えて，次の事項について，定めなければならない.

　　①　自衛消防組織に関する協議会の設置及び運営に関すること.

　　②　自衛消防組織の統括管理者の選任に関すること.

　　③　自衛消防組織が業務を行う防火対象物の範囲に関すること.

　　④　その他自衛消防組織の運営に関し，必要な事項

● 3. 自衛消防組織の体制

　自衛消防組織には，統括管理者及び自衛消防組織の業務ごとに一定の自衛消防要員を置かなければならない（**表2・24**）.

表 2·24　統括管理者及び自衛消防組織

統括管理者	自衛消防組織を統括する者とし，次の各号のいずれかに掲げる者を充てなければならない． ① 都道府県知事，消防本部及び消防署を置く市町村の消防長，又は総務大臣の登録を受けた講習機関が行う，**自衛消防組織の業務に関する講習**（表 2·25）の課程を修了した者 ② 前①に掲げる者に準ずる者で，総務省令で定めるところにより，統括管理者として必要な学識経験を有すると認められる者で，次のとおりである． 　・ 市町村の消防職員で，1 年以上管理的又は監督的な職にあった者 　・ 市町村の消防団員で，3 年以上管理的又は監督的な職にあった者 　・ 前記に掲げる者に準ずるものとして消防庁長官が定める者
自衛消防組織の要員等	自衛消防組織には，次の各号に定める業務について，統括する班長を含め 2 人以上の要員を置かなければならない． ① 火災の初期の段階における消火活動に関する業務 ② 情報の収集及び伝達，並びに消防用設備等，その他の設備の監視に関する業務 ③ 在館者が避難する際の誘導に関する業務 ④ 在館者の救出及び救護に関する業務

表 2·25　自衛消防組織の業務に関する講習

講習名	講習時間	講習内容
自衛消防業務新規講習	概ね12 時間	・ 防火管理及び防災管理に関する一般知識に関すること． ・ 自衛消防組織，並びに，その統括管理者及び要員の役割と責任に関すること． ・ 防災設備等に関する知識とその取扱い訓練に関すること． ・ 自衛消防組織の統括管理者，及び要員の災害時における対応に係る総合訓練に関すること．
自衛消防業務再講習	概ね4 時間	・ 防火管理，防災管理及び消防用設備等に関する制度改正の概要に関すること． ・ 災害事例の研究に関すること． ・ 自衛消防組織の統括管理者及び要員の災害時における対応に係る総合訓練に関すること．

4 防火対象物の点検及び報告

● 1. 防火対象物の点検及び報告を行わなければならない防火対象物

1・5節2項（p.36）を参照すること.

● 2. 防火対象物の点検基準

次の防火管理の状況，消防用設備の設置等，火災予防上必要な事項について1年に1回点検を実施し，その結果を消防長又は消防署長に報告しなければならない.

ただし，法17条の3の3の規定による消防用設備等，又は特殊消防用設備等の点検，及び報告の対象となる事項については，報告の必要はない.

- ・ 消防長又は消防署長に防火管理者選任（解任），及び消防計画の届出がされていること.
- ・ 自衛消防組織を置かなければならない防火対象物は，届出がされていること.
- ・ 消防計画に定められた事項が適切に行われていること.
- ・ 管理について権原が分かれている防火対象物については，統括防火管理者の選任及び届出，並びに防火対象物の全体の消防計画の作成及び届出がされていること.
- ・ 避難通路，避難口及び防火戸等が適切に管理されていること.
- ・ 防炎対象物品の使用を要するものに，防炎性能を有する旨の表示が付されていること.
- ・ 圧縮アセチレンガス，液化石油ガス等，火災予防又は消火活動上，重大な支障を生ずるおそれのある物質を貯蔵し，又は取り扱う場合には，その届出がなされていること.
- ・ 消防用設備等が法令に従って設置されているとともに，必要な届出がされ，消防長又は消防署長の検査を受けていること.
- ・ 市町村が定める火災予防条例の基準に適合していること.

● 3. 防火対象物点検の表示

（1）表示の要件

以下のとおり，防火対象物点検の該当となる防火対象物が，各号に掲げる要件

を満たしている場合に表示をすることができる.

　ア　防火対象物の点検を1年に1回行っていること.

　イ　防火対象物の点検基準に適合していること.

(2) 表示の方法

　表示は，定められた様式「**防火基準点検済証**」（**図2・4**）によるものとし，防火対象物の見やすい箇所に付するものとする.

　なお，基準に適合していない場合の表示，及び，紛らわしい表示を禁止している.

　また，消防長又は消防署長は，点検基準に適合していない防火対象物で表示が付されているもの，又は定められた表示と紛らわしい表示が付されているものについて，当該防火対象物の関係者で権原を有する者に対し，当該表示を除去し，又はこれに消印を付するべきことを命ずることができる.

(3) 表示の内容

　表示の内容は，

- ・　点検を行った日から起算して1年後の年月日
- ・　権原を有する者の氏名
- ・　点検を行った防火対象物点検資格者の氏名，その他消防庁長官が定める事項

である.

図2・4　点検済の表示（消則別表1）

▶ 4. 防火対象物の点検及び報告の特例

　防火対象物点検が義務付けられている防火対象物のうち，管理を開始してから3年間以上継続して防火管理上，必要な事項について遵守している場合，管理権原者から，消防長又は消防署長に，特例の申請ができる．

　そして，消防機関の検査を受け，この特例の認定がされると，認定証（**図2・5**）が通知され，以後3年間の点検及び報告義務が免除される（**表2・26**）．

　ただし，法17条の3の3に基づく消防用設備等，又は特殊消防用設備等の点検報告は免除されない．

　特例の申請から認定までの流れは，**図2・6**のとおりである．

図2・5　特例認定の表示（消則別表1の2）

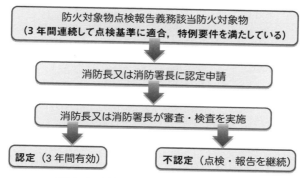

図2・6　特例の申請から認定までの流れ

表 2・26　防火対象物の点検及び報告の特例

認定の要件	ア	防火対象物の管理を開始した日から 3 年が経過していること.
	イ	過去 3 年以内において, ・法 5 条（防火対象物の火災予防措置命令） ・法 5 条の 2（防火対象物の使用禁止等の命令） ・法 5 条の 3（防火対象物における火災予防又は消防活動の障害除去のための措置命令） ・法 8 条（防火管理者選任命令・防火管理業務適正執行命令） ・法 8 条の 2 の 5（自衛消防組織設置命令） ・法 17 条の 4（消防用設備等・特殊消防用設備等の設置維持命令） の規定による命令を受けたことがなく, 又は受けるべき事由が現にないこと.
	ウ	過去 3 年以内において, 認定の取消しを受けたことがなく, 又は受けるべき事由が現にないこと.
	エ	過去 3 年以内において, 防火対象物の点検・報告を怠ったことがなく, 又は虚偽の報告を行ったことがないこと.
	オ	過去 3 年以内において, 防火対象物の点検の結果, 点検対象事項が点検基準に適合していないと認められたことがないこと.
	カ	当該防火対象物について, 消防法令の遵守の状況が優良なものとして**「消則で定める基準」**に適合するものであると認められること.
認定の表示		表示は, 定められた様式**「防火優良認定証」**によるものとし, **防火対象物の見やすい箇所**に付する. なお, **基準に適合していない場合の表示, 及び紛らわしい表示は禁止**. また, 消防長又は消防署長は, 点検基準に適合していない防火対象物で表示が付されているもの, 又は定められた表示と紛らわしい表示が付されているものについて, 当該防火対象物の関係者で権原を有する者に対し, 当該表示を除去し, 又はこれに消印を付するべきことを命ずることができる.
表示の内容		・　**認定の効力が失われる日** ・　**権原を有する者の氏名** ・　**認定を行った消防長又は消防署長の属する消防本部, 又は消防署の名称**
認定の失効		特例の認定を受けた防火対象物が効力を失う場合の失効要件については, 次のとおりである. ・　認定を受けてから 3 年が経過したとき. ・　認定を受けている防火対象物の管理権原者に変更があったとき※. ※　**管理権原者に変更があった場合は, 消防長又は消防署長に届出をしなければならない.**
認定の取消し		次の「いずれか」に該当するときは, 当該認定を取り消さなければならない. ・　偽り, その他不正な手段により, 当該認定を受けたことが判明したとき. ・　消防法令違反により, 命令を受けたとき. ・　「認定の要件」欄のカに該当しなくなったとき

「消則で定める基準」：消防長又は消防署長の検査において, 次の要件を満たしていること.
- 防火対象物の点検基準に適合している.
- 前記に掲げるもののほか, 消防用設備等又は特殊消防用設備等が, 設備等技術基準又は設備等設置維持計画に従って設置され, 又は維持されている.
- 消防用設備等又は特殊消防用設備等の点検, 及び報告を遵守している.
- その他法, 又は法に基づく命令に規定する事項に関し, 市町村長が定める基準に適合している.

建物全体が, 特例の認定を受けた場合は, 「防火優良認定証」を表示することができるが, 基準に適合していない場合の表示, 及び紛らわしい表示は禁止されている.

2·4 防炎規制関係，及び火を使用する設備器具等に対する制限関係等

1 防炎規制関係

▶ 1. 防炎規制の対象となる防火対象物及び防炎対象物品

　防炎規制の対象となる防火対象物及び防炎対象物品については，1·4節3項（p.32）を参照すること.

▶ 2. 防炎性能

　防炎性能とは，カーテンやじゅうたん等に火が燃え移っても，それ自身が火災を拡大させる原因とならない燃焼性の低いものである.

[防炎性能の基準]

　防災対象物品の防炎性能の基準は，消令4条の3に定められており，**表2·27**のとおりである.

表2·27　防炎性能の基準（○は「満たす必要がある」ことを示す）

炎を接した場合に溶融する性状の物品（じゅうたん等を除く）	じゅうたん等	その他の物品	基準となるもの	基準の範囲
○	○	○	**残炎時間**：着炎後バーナーを取り去ってから炎を上げて燃える状態がやむまでの経過時間	**20秒を超えない範囲内**
○		○	**残じん時間**：着炎後バーナーを取り去ってから炎を上げずに燃える状態がやむまでの経過時間	**30秒を超えない範囲内**
○		○	**炭化面積**：着炎後燃える状態がやむまでの時間内において炭化する面積	**50 cm² を超えない範囲内**
○	○		**炭化長**：着炎後燃える状態がやむまでの時間内において炭化する長さ	**20 cm を超えない範囲内**
○			**接炎回数**：溶融し尽くすまでに必要な炎を接する回数	**3回以上**

※　物品の残炎時間，残じん時間，炭化面積，及び炭化長に係る技術上の基準，及び燃焼試験装置，燃料，試験体，測定方法などの詳細は，消則に定められている.

(1) 防炎表示を付する者及び方法等

　防炎対象物品等には，次のとおり消則で定めるところにより，防炎性能を有する物品にするための防炎加工処理の資格をもった人（企業）等が，消令及び消則に定められた基準で，防炎処理又は加工し，試験に適合した場合に，防炎性能を有するものである旨の表示を附することができる.

　　①　防炎表示を付する者は，消防庁長官の登録を受けた者であること.
　　②　防炎表示は，消則に定められた様式（**図2・7**）により行うこと.
　　③　防炎表示は，縫付，貼付，下げ札等の方法により，防炎物品ごとに，見やすい箇所に行うこと.

(2) 同一の表示及び紛らわしい表示の禁止

　一般の消費者が見誤らないように，基準に定められた表示等を附する場合を除いては，これと同一の表示，又はこれと紛らわしい表示を附することを禁じている.

(3) 防炎物品の販売

　防炎対象物品又はその材料は，防炎表示等が附されているものでなければ，防炎物品として販売又は販売の目的で陳列してはならない.

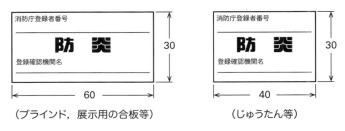

図2・7　消則に定められた防炎表示の様式例

(4) 販売によらない方法で防炎物品が使用者に渡る場合

　防炎物品を使用しなければならない防火対象物の関係者が，防炎性能を有しない防炎対象物品を購入した場合に，クリーニング業者等に委託して防炎性能を有する処理をさせるなど，販売によらない方法で防炎物品が使用者に渡る場合に，表示の義務付けがされている.

　なお，表示の内容は，見やすいところに，①「防炎処理品」又は「防炎作成品」の文字，②処理又は作製した者の氏名，又は名称，③処理又は作製した年月である.

2 火を使用する設備，器具等に対する制限関係

火を使用する設備，器具等の規制は，法9条で

> 火災の予防のために必要な事項は，消令で定める基準に従い市町村条例でこれを定める．

とされており，消令5条及び消令5条の2に，「対象火気設備等の位置，構造及び管理並びに対象火気器具等の取扱いに関する条例の制定に関する基準」（条例制定基準）が定められている．

その他，本規制の対象となる火気設備，器具等（対象火気設備等又は対象火気器具等），及び，火災の予防のために必要な事項の詳細については，「対象火気設備等の位置，構造及び管理並びに対象火気器具等の取扱いに関する条例の制定に関する基準を定める省令（平成14年 総務省令 第24号：「火気規則」という．以下同じ）に定められており，主なものは以下のとおりである．

1. 火を使用する設備等の位置，構造及び管理に関する基準

「対象火気設備等」として，火気規則3に対象火気設備等の種類が示されており，**表2·28**のものが該当する．また，対象火気設備等の条例制定基準は**表2·29**にまとめてある．

表2·28　対象火気設備等

火を使用する設備	炉，ふろがま，温風暖房機，厨房設備，ボイラー，ストーブ，乾燥設備，サウナ設備，簡易湯沸設備，給湯湯沸設備，燃料電池発電設備，ヒートポンプ冷暖房機  厨房設備　　　　　サウナ設備
その使用に際し火災の発生のおそれのある設備	火花を生ずる設備（グラビア印刷機，ゴムスプレッダー，起毛機，反毛機），放電加工機，変電設備，内燃機関を原動力とする発電設備，蓄電池設備，ネオン管灯設備，舞台装置等の電気設備，急速充電設備

注）"設備"とは，「使用形態上，容易に移動できないもの」をいう．

表 2·29 対象火気設備等の条例制定基準

		基準の内容
共通事項	①	火気規則で定める場合（不燃材料で有効に仕上げをした建築物等）を除き， ・建築物，工作物及び可燃物までの間に ・対象火気設備等の種類ごとに ・火気規則で定める火災予防上，安全な距離を保つ位置 に設ける．
	②	振動又は衝撃により，可燃物が落下し，又は接触するおそれがなく，かつ，可燃性の蒸気（ガソリン等）若しくは可燃性のガス（都市ガス，プロパンガス等）が発生し，又は滞留するおそれのない位置に設ける．
	③	屋内に設ける場合は， ・金属で造られた床上又は台上に設ける場合に対象火気設備等の床面の通気を図り，直接熱が伝わらない措置が講じられた場合 ・又は対象火気設備等が簡易湯沸設備又は燃料電池発電設備である場合 を除き，**金属以外の不燃性の床等の上**に設ける．
	④	消費熱量 350 kW 以上の対象火気設備等を屋内に設ける場合は，周囲に有効な空間を保有し，外部に熱が伝わらない措置を講じた場合を除き，不燃材料で造った壁，柱，床及び天井で区画され，窓，扉等は「防火戸」とした室に設ける．
	⑤	必要な点検及び整備を行い，その周囲の整理及び清掃に努める等，適切な管理を行う．
種類ごとの構造等	①	その使用に際し，火災の発生のおそれのある部分は，不燃材料で造る等，防火上有効な措置を講じる．（例：炉・ふろがま等の風道などは不燃材料）
	②	表面温度が過度に上昇しない構造とする．
	③	振動又は衝撃により，容易に転倒し，落下し，破損し，又はき裂を生じず，かつその配線，配管等の接続部が容易にゆるまないように，ねじ接続，フランジ接続，溶接等とする．
	④	燃料タンク及び配管は，燃料の洩れを防止し，かつ，異物を除去するよう，水抜きができる構造等とする．
	⑤	風道，燃料タンク等は，通気管，通気口の先端から雨水などが浸入しない構造等とする．
	⑥	内部の温度又は蒸気圧が過度に上昇した場合，又は使用に際し異常が生じた場合において安全を確保するために，立消え防止装置等を設ける．

● 2. 火を使用する器具等の取扱いに関する条例の基準

　火気規則 18 条に "対象火気器具等の種類" として,「気体燃料・液体燃料・固体燃料を使用する器具, 及び電気を熱源とする器具」としており, 表 2・30 の器具等が該当する. また, 対象火気器具等の条例制定基準は表 2・31 にまとめてある.

表 2・30　対象火気器具等

火を使用する器具	コンロ, こたつ, 移動式ストーブ, 調理用器具等
	石油ストーブ　　　ガスコンロ
その使用に際し火災の発生のおそれのある器具	電磁誘導過熱式調理器, 電子レンジ等
	IH クッキングヒーター　　　電子レンジ

注)"器具" とは, 使用形態上, 移動して使用できるものをいう.

表2・31　対象火気器具等の条例制定基準

基準の内容
共通事項	① 火気規則で定める場合（不燃材料で有効に仕上げをした建築物等）を除き， 　・建築物，工作物及び可燃物までの間に 　・対象火気器具等の種類ごとに 　・火気規則で定める火災予防上，安全な距離を保つ位置 　に設ける． ② 振動又は衝撃により，容易に可燃物が落下し，又は接触するおそれがなく，かつ，可燃性の蒸気（ガソリン等）又は可燃性のガス（都市ガス，プロパンガス等）が滞留するおそれのない場所で使用する． ③ 振動又は衝撃により，容易に転倒し，又は落下するおそれのない状態で使用する． ④ 屋内で使用する場合にあっては，金属以外のもので造られた不燃性の床，台等の上で使用する． ⑤ その周囲の整理及び清掃に努める等，適切な管理を行う． ⑥ 祭礼，縁日，花火大会，展示会その他の多数の者の集合する催しに際して使用する場合は，**消火器の準備**をした上で使用する．

▶ 3. 条例制定基準によらない対象火気設備等及び対象火気器具等

　その機能，構造等により，条例制定基準によることが適当で‥‥ないと認める場合には，その種類や燃料ごとに火気規則 17 条で特例を定めることができる．

▶ 4. その他

ア　市町村条例の規定は，火災の予防に貢献する「合理的なもの」であることが明らかなものでなければならない．

イ　消防長又は消防署長は，火を使用する設備・器具等の位置，構造及び管理，又は火を使用する器具等の取扱い，並びに周囲の状況から判断して，「安全性が確保できる」と認める場合，又は「火災予防上支障がない」と認める場合における当該市町村条例の規定の「適用の除外に関する規定」を定める．

ウ　市町村は，その地方の気候又は風土の特殊性により，条例制定基準又は火気規則に従って定められた市町村条例の規定によっては，火災の予防の目的を十分に達しがたいと認める場合には，「当該条例制定基準に従わない」ことができる．

[火災予防措置命令に関する基礎知識]

問題 1

法3条の屋外の火災予防措置命令に関する記述であるが，**誤っているもの**はどれか．

(1) 消防長，消防署長その他の消防吏員は，屋外において火災の予防に危険であると認める行為者又は火災の予防に危険であると認める物件若しくは消火，避難その他の消防の活動に支障になると認める物件の所有者等で権原を有する者に対して，必要な措置をとるべきことを命ずることができる．

(2) 命令の内容は，（ア）火遊び，喫煙，たき火，火を使用する設備若しくは器具又はその使用に際し火災の発生のおそれのある設備若しくは器具の使用その他これらに類する行為の禁止，停止若しくは制限又はこれらの行為を行う場合の消火準備，（イ）残火，取灰又は火粉の始末，（ウ）危険物又は放置され，若しくはみだりに存置された燃焼のおそれのある物件の除去その他の処理，（エ）放置され，又はみだりに存置された物件の整理又は除去である．

(3) 消防長又は消防署長は，火災の予防に危険であると認める物件又は消火，避難その他の消防の活動に支障になると認める物件の所有者，管理者等を確知することができないため，これらの者に対し，必要な措置をとるべきことを命ずることができないときは，それらの者の負担において，当該消防職員に，当該物件について必要な措置をとらせることができる．この場合において物件を除去させた場合は，当該物件を保管しなければならない．

(4) 消防長又は消防署長が除去した物件を保管した場合は，当該物件の占有者，所有者等に対し，通知をしなければならない．

解説

物件を保管した場合は，当該物件を返還するために，**通知**ではなく，**公示をしなければならない**．

【解答 (4)】

［立入検査に関する基礎知識］

問題2

　法4条（消防職員）及び法4条の2（消防団員）に規定されている立入検査に関する記述であるが，**誤っているもの**はどれか．

(1) 消防職員は，消防長又は消防署長の命令により，あらゆる仕事場，工場，公衆の出入りする場所その他の関係のある場所に時間の制限なく立入検査を実施することができる．

(2) 消防職員（常勤の消防団員含む）が立入検査を実施する場合の要件は，火災予防のために必要があるときである．

(3) 立入検査実施時は，市町村長が定める証票を携帯し，関係者に必ずこれを示さなければならない．

(4) 個人の住居への立入検査は，関係者の承諾を得た場合又は火災発生のおそれが著しく大であるため，特に緊急の必要がある場合に限られる．

解説

　従前は，場所により日の出から日没まで，又は営業時間内などとされていたが，平成14年の法改正時に，**立入検査の時間制限及び事前通告の規定が廃止**された．

　また，従前は，立入検査実施時には，「証票を関係者に示さなければならない」とされていたが，平成14年の法改正時に，**「関係者から請求があるときには，示さなければならない」** とされた．

【解答　(3)】

問題 3

法5条に規定されている防火対象物の火災予防措置命令に関する記述であるが，**誤っているもの**はどれか.

(1) 命令権者は，消防長又は消防署長であり，受命者は，権原を有する関係者である.

(2) 命令の要件は，（ア）防火対象物の位置，構造，設備又は管理の状況について，火災の予防に危険であると認める場合，（イ）消火，避難その他の消防の活動に支障になると認める場合，（ウ）火災が発生したならば人命に危険であると認める場合，（エ）その他火災の予防上必要があると認める場合である.

(3) 命令が履行されない場合は，行政代執行法の定めるところに従い，当該消防職員又は第三者にその措置をとらせることができる.

(4) 命令を発した場合には，当該防火対象物の出入りする人が見やすい場所に標識の設置，公報への掲載等，公示をすることができる.

解説

特に緊急の必要があると認める場合は，関係者，工事の請負人，又は現場管理者に対しても命令できる.

また，当該防火対象物の出入りする人が見やすい場所に，標識の設置，公報への掲載，その他市町村長が定める方法により**公示をしなければならない**.

【解答 (4)】

[防火対象物における火災予防等の措置命令に関する基礎知識]

問題 4

法 5 条の 3 に規定されている防火対象物における火災予防等の措置命令に関する記述であるが，**誤っているもの**はどれか．

(1) 命令権者は，消防長，消防署長であり，受命者は，行為者又は物件の所有者，管理者若しくは占有者で権原を有する者である．

(2) 命令の要件は，防火対象物において火災の予防に危険であると認める行為者又は火災の予防に危険であると認める物件若しくは消火，避難その他の消防の活動に支障になると認める物件が存する場合である．

(3) 命令の内容は，法 3 条①各号に掲げる必要な措置に限定されている．

(4) 受命者が確知できないため，必要な措置を命ずることができない場合に，消防長，消防署長は，所有者，管理者等で権原を有する者の負担において，当該消防職員に，当該物件について，除去，処理，整理等の命令内容の措置をとらせることができる．

解説

本条は，平成 13 年の新宿歌舞伎町雑居ビル火災を契機として，消防吏員が迅速に命令を発せられるよう，平成 14 年の法改正時に，命令権者に**消防吏員を含む**ものとされた．

【解答 (1)】

[防火管理者に関する基礎知識]

問題 5

防火管理者に関する記述であるが，**誤っているもの**はどれか．

(1) 防火管理者に必要な資格は，防火管理上必要な業務を適切に遂行することができる管理的又は監督的地位にある者を基本とするが，小規模のテナントなどは，従業員でもよい．

(2) 市町村の消防職員で，管理的又は監督的な職に 1 年以上あった者は，防火管理者の資格を有する．

(3) 防火管理者の責務は，管理権原者の指示を受け，当該防火対象物についての防火管理に係る消防計画を作成し，防火管理上必要な業務を誠実に遂行しなければならないものである．

(4) 防火管理上必要な業務は，消防計画を作成し，消防署長等に届出をすることや消火，通報及び避難の訓練を実施することなどである．

解説

小規模のテナントであっても，管理的又は監督的地位にある者でなければならない．

【解答　(1)】

[防火管理者の業務に関する基礎知識]

問題 6

防火管理者の業務に関する記述であるが，**誤っているもの**はどれか．

(1) 消火，通報及び避難の訓練を実施すること．

なお，訓練を実施する際は，事前に消防機関に通報しなければならない．

(2) 避難又は防火上必要な構造及び設備（廊下，階段，避難口，防火戸，防火区画等）の維持管理をすること．

(3) 防火管理に係る消防計画を作成し，消防署長等に届出をすること．

(4) 火を使用する設備等の点検・整備並びに火気の使用又は取扱いに関する監督をすること．

解説

防火管理者の主な業務に，**火を使用する設備等の点検・整備**は含まれていない．

【解答　(4)】

問題 7

　統括防火管理者を選任しなければならない防火対象物（管理について権原が分かれているもの）に関する記述であるが，**誤っているもの**はどれか.
(1) 高層建築物（高さ 31 m を超える建築物）
(2) 消令別表第 1 （6）項ロ及び（16）項イの防火対象物（同表（16）項イにあっては，同表（6）項ロの用途に供される部分が存するものに限る）のうち，地階を除く階数が 3 以上で，かつ，収容人員が 30 人以上のもの
(3) 消令別表第 1 （16）項ロのうち，地階を除く階数が 5 以上で，かつ，収容人員が 50 人以上のもの
(4) 消令別表第 1 （16の2）項（消防長若しくは消防署長が指定するもの）

解説

収容人員は **10 人以上**のものである.

【解答　(2)】

問題 8

　防火対象物の点検基準に関する記述であるが，**誤っているもの**はどれか.
(1) 消防用設備等が法令に従って設置されているとともに，必要な届出がされ，消防長又は消防署長の検査を受けていること.
(2) 避難通路，避難口及び防火戸等が適切に管理されていること.
(3) 火を使用する設備又は火を使用する器具が法令に従って設置されているとともに，届出がされ，消防長又は消防署長の検査を受けていること.
(4) 市町村が定める火災予防条例の基準に適合していること.

解説

火を使用する設備又は**火を使用する器具**に関しては，防火対象物の**点検基準**にはない.

【解答　(3)】

[防火対象物の点検及び報告の特例認定要件に関する基礎知識]

問題 9

　防火対象物の点検及び報告の特例認定要件に関する記述であるが，**誤っているもの**はどれか．

（1）防火対象物の管理を開始した日から 3 年が経過していること．

（2）過去 3 年以内において，警告又は命令を受けたことがなく，又は受けるべき事由が現にないこと．

（3）過去 3 年以内において，認定の取消しを受けたことがなく，又は受けるべき事由が現にないこと．

（4）過去 3 年以内において，防火対象物の点検・報告を怠ったことがなく，又は虚偽の報告を行ったことがないこと．

解説

警告は要件になく，**命令のみ**である．

【解答　（2）】

[特例認定の取消しに関する基礎知識]

問題 10

　防火対象物の点検及び報告の特例認定の取消しに関する記述であるが，**誤っているもの**はどれか．

（1）偽りその他不正な手段により当該認定を受けたことが判明したとき．

（2）消防法令違反により，命令を受けたとき．

（3）火災を発生させたとき．

（4）認定要件に該当しなくなったとき．

解説

特例認定の取消しの条件には，**火災の発生**はない．

【解答　（3）】

[防炎規制に関する基礎知識]

問題 11

防炎規制に関する記述であるが，**誤っているもの**はどれか．

(1) 高さ 31 m 以上の高層建築物，地下街，消令別表第 1 （1）項から（4）項，（5）項イ，（9）項イ，（12）項ロ，（16 の 3）項は，防炎規制の対象である．

(2) 防炎対象物品は，カーテン，布製のブラインド，暗幕，じゅうたん等である．

(3) 防炎性能とは，カーテンやじゅうたん等に火が燃え移っても，それ自身が火災を拡大させる原因とならない燃焼性の低いものである．

(4) 基準に定められた表示等を附する場合を除いては，紛らわしい表示を附することを禁じている．

解説

防炎規制の対象となる防火対象物は以下のとおりである．

ア　高層建築物（**高さ 31 m を超える**建築物）

イ　地下街

ウ　消令別表第 1 （1）項から（4）項，（5）項イ，（6）項，（9）項イ，（12）項ロ，（16 の 3）項

エ　（16）項のうち，前ウの用途に供される部分

オ　工事中の建築物その他工作物のうち，都市計画区域外の専用住宅以外の建築物，プラットホームの上屋，貯蔵層，化学工業製品製造装置等

【解答　(1)】

[対象火気設備等に関する基礎知識]

問題 12

火を使用する設備等（以下「対象火気設備等」という）の規制に関する記述であるが，**誤っているもの**はどれか．

(1) 対象火気設備等の周囲は，各設備の種類ごとに定められている火災予防上安全な距離を保つこと．

(2) 対象火気設備等を屋内に設ける場合は，難燃性又は不燃性の床等の上に設けること．

(3) 多量の火気を使用する対象火気設備等を屋内に設ける場合にあっては，外部への延焼を防止するための措置が講じられた室に設けること．

(4) 対象火気設備等は，ねじ接続，フランジ接続，溶接等により，振動又は衝撃にも容易に転倒，落下，破損，又はき裂を生じない構造とすること．

解説

屋内に設ける場合にあっては，**難燃性**ではなく，**不燃性の床**等（金属以外のもので造られた床，台又は土間）の上に設けることとなっている.

【解答 (2)】

[小規模雑居ビル立入検査に関する基礎知識]

問題 13

小規模雑居ビル立入検査時の着眼点についての記載であるが，**誤っているもの**はどれか.
（1）防火対象物の用途変更及び関係者の変更がないか.
（2）各階ごとに防火管理者が選任され，届出されているか.
　　選任されている場合は，管理的又は監督的地位にある者が選任されているか.
（3）消防用設備等の点検及び結果報告を実施しているか.
　　点検を実施している場合は，不備事項があったか，その不備事項について改修したか.
（4）階段や廊下等の避難経路となる部分に可燃物や避難の障害となる物件の放置，存置及び避難の障害となる施設の設置がないか.

解説

防火管理者の選任は，**各階ごと**ではなく，**管理権原ごと**に必要である.

なお，小規模雑居ビルでは，防火管理が適切に実施されていないことが多いことから，管理権原ごとに防火管理者の選任及び消防計画の作成について指導する必要がある.

【解答 (2)】

問題 14

立入検査要領に関する記述であるが，**誤っているもの**はどれか.

(1) 立入検査は，限られた時間において重点的，効率・効果的に実施するため，防火対象物の状況や過去の指導経過等を事前に把握し，検査に必要な事項を検討しておくなどの事前の準備が必要である.

(2) 立入検査は，原則として日中又は営業時間内等に行うものとし，検査において，みだりに防火対象物の関係者の業務を妨害しない.

(3) 法令上は事前の通知を必要としないが，法令違反があることの通報を受けて立入検査を実施する場合は，事前に通知して効率的に実施する.

(4) 立入りを拒否された場合は，拒否する理由を確認するとともに，立入りの必要性や目的について丁寧に説明し，相手方を説得する.

解説

法令違反があることの通報を受けた場合は，**事前の通知は必要ない**.

事前に通知するか，しないかの判断例は，以下のとおりである.

〔必要と考えられる場合〕
- ・ すでに把握している違反事実の改修指導で，立入検査の相手方と面談する必要があるとき.
- ・ 消防対象物の位置，構造等について正確な情報の入手，検査実施時の安全確保等の観点から，立入検査の相手方の立会いを求める必要があるとき.

〔不要と考えられる場合〕

過去の違反状況等を勘案し，事前に通知しては効果的な立入検査が実施できないおそれがある次の場合は，事前の通知を実施しない.
- ・ 階段部分への物件存置や自動火災報知設備のベル停止など，事前に通知すると，一時的に是正され，防火対象物の法令違反の実態が正確に把握できないおそれのあるとき.
- ・ 法令違反があることの通報を受けて立入検査を行うとき.

ただし，事前の通知を行わない抜き打ち検査の繰り返しにより，関係者の営業活動等を阻害してしまうといったことのないよう配慮する.

【解答 (3)】

問題15

　量販店等立入検査時の留意事項についての記載であるが，**誤っているもの**はどれか．

(1)　商品が大量に陳列され，誘導灯の視認障害，階段・避難口等避難施設の避難障害，避難通路の幅員不足等，避難関係の防火管理面での消防法令違反が多い傾向がある．

(2)　立入検査にあたっては，必要に応じ，無通知，平服等によるなど効果的な方法により実施すること．

(3)　階段，避難口，避難通路等の避難施設が適切に管理されない場合，火災の発生時に利用客等の円滑な避難に重大な支障を生じるおそれが大きいことから，「（ア）避難通路幅を確実に確保すること．（イ）避難障害となる物件等を存置等しないこと．（ウ）防火戸が火災時に確実に閉鎖する状態にあること．」などを徹底させること．

(4)　違反是正にあたり，全国的に複数の店舗を設けている法人に対しては，法人組織全体の組織的・継続的な防火管理体制の構築を図ることが有効であるので，単独でも本社指導を実施すること．

解説

本社指導は，**関係する消防本部と連携して**実施すること．

【解答　(4)】

問題 16

　個室型店舗等立入検査時の留意事項についての記述であるが，**誤っているもの**はどれか．
(1) 店舗等の内部が個室や間仕切り等により細分化されていることから，利用客が火災の発生に気づきにくく，従業者による避難誘導も困難となりやすい．
(2) 店舗スペースを可能な限り有効に活用する傾向が強いことから，階段，通路，避難口等避難施設の避難障害，狭あい・蛇行した避難通路の設定，非常用進入口や排煙設備となる窓等の開口部が塞がれている等の傾向が強い．
(3) 多数の個室や間仕切り等により従業員の目が届きにくい箇所が多いが，放火による火災の事例は少ない．
(4) 従業員数が少ないため，自衛消防組織の確立，特に消防訓練の実施を重点的に指導する必要がある

解説

　放火（放火の疑い及び不審火を含む）による火災の事例が**多い**．

【解答　(3)】

[違反処理を留保する場合に関する基礎知識]

問題 17

　違反処理を留保する場合の例に関する記述であるが，**誤っているもの**はどれか．
(1) 違反建物の所有権等の権利関係について係争中であり，違反処理の名あて人が特定できない場合で違反の程度と比較衡量して，留保が妥当な場合は留保する．
(2) 社会通念上違反処理を留保することが妥当な場合は留保する．
(3) 複数の違反事項がなく，火災発生の危険が低いと判断される場合は留保する．
(4) 都市計画等により，違反建物の取り壊し・移転等の工事が具体化している場合で，違反の程度と比較衡量して，留保が妥当な場合は留保する．

解説

　違反事案は，一つでも違反処理基準に該当する場合は，違反処理をする．また，火災危険が低いだけでは，留保の条件にはならない．

【解答　(3)】

[消防法の命令に関する主体，客体等に関する基礎知識]

問題18

法の命令に関する主体，客体等の組み合わせのうち，**誤っているもの**はどれか．

	命令条文	主体（命令権者）	客体（受命者）	命令を発した場合の公示義務
(1)	法3条	消防長（消防本部を置かない市町村においては，市町村長），消防署長その他の消防吏員	行為者又は物件の所有者，管理者若しくは占有者で権原を有する者	あり
(2)	法5条	消防長（消防本部を置かない市町村においては，市町村長）又は消防署長	権原を有する関係者（特に緊急の必要があると認める場合は，関係者，工事の請負人又は現場管理者）	あり
(3)	法8条③項	消防長（消防本部を置かない市町村においては，市町村長）又は消防署長	当該防火対象物の関係者で権原を有するもの	あり
(4)	法17条の4	消防長（消防本部を置かない市町村においては，市町村長）又は消防署長	当該防火対象物の関係者で権原を有するもの	あり

解説

　物件を除去し，その物件を保管した場合は，公示をする必要があるが，**命令に対する公示の必要はない**．

【解答　(1)】

問題 19

　聴聞，弁明に関する記述であるが，**誤っているもの**はどれか.
(1) 行政庁が法令に基づき，特定の者を名あて人として義務を課したり，権利を制限する不利益処分を行う場合には，行政手続法の適用を受け，処分を受ける者に対して聴聞又は弁明の機会を与え，この手続きを経た後でなければ処分を行うことはできない.
(2) 聴聞は，不利益処分を受ける者に，文書による意見陳述や質問の機会などを与え，処分を受ける者と行政庁側のやりとりを経て，事実判断を行う手続きである.
(3) 聴聞を行うべき期日又は弁明書の提出期限までに相当な期間をおいて，不利益処分の名あて人となるべき者に対し，「聴聞通知書」又は「弁明の機会の付与通知書」により通知する.
(4) 弁明は，不利益処分を受ける者に，原則として書面による意見陳述の機会を与え，処分についての判断を行う手続きである.

解説

口頭による意見陳述や質問の機会などを与えるものである.

【解答　(2)】

[過料に関する基礎知識]

問題 20

　過料に関する記述であるが，**誤っているもの**はどれか.
(1) 過料は，金銭罰の一種であり，刑罰である罰金及び科料と区別して科せられる.
(2) 過料は，秩序罰としての過料，執行罰としての過料，懲戒罰としての過料に大別されるが，法 46 条の 2 から 46 条の 5 までに規定する過料は，執行罰としての過料にあたる.
(3) 過料は，刑罰ではないから，故意・過失の有無などの刑法総則の適用はない.
(4) 管轄地方裁判所は，過料に処せられるべき者の住所地の地方裁判所である.

解説

　法 46 条の 2 から 46 条の 5 までに規定する過料は，**秩序罰**としての過料にあたる.

【解答　(2)】

問題 21

命令を行ったときの標識等による公示に関する記述であるが，**誤っているもの**はどれか．

(1) 公示が必要な命令には，防火対象物の火災予防措置命令（法 5 ①），防火管理者選任命令（法 8 ③），消防用設備等の設置維持命令（法 17 の 4 ①）等がある．

(2) 命令を行ったときは，速やかに公示し，命令事項が履行されたとき等，命令が効力を失うまでの間，維持する必要がある．

(3) 命令事項の履行によって命令の効力が消滅した場合，又は一部の違反事項が是正され，又は代替措置等が講じられたことにより，火災危険の程度と命令内容が均衡を欠き，当該命令の効力を継続させることが不適切となった場合に公示の撤去を行う．

(4) 公示の方法は，標識の設置，市町村公報への掲載その他市町村長が定める方法によるものとし，標識は防火対象物の各階の出入口に設置する．

解説

標識は防火対象物に**出入りする人々が見えやすい場所**に設置する．

【解答 (4)】

問題 22

行政不服審査法に関する記述であるが，**誤っているもの**はどれか．

(1) 審査請求は，処分庁に上級行政庁がある場合にできるものであり，消防関係については，処分庁が「消防吏員（消防長，消防署長を含む．）」である場合には，最上級行政庁としての「市町村長」に対して，処分庁が「市町村長（消防本部を置かない市町村）」である場合には，当該市町村長に対して審査請求できるものである．

(2) 処分についての審査請求は，処分があったことを知った日の翌日から起算して３月（当該処分について再調査の請求をしたときは，当該再調査の請求についての決定があったことを知った日の翌日から起算して１月）を経過したときは，正当な理由がある場合を除き，することができない．

(3) 処分庁が誤って審査請求をすべき行政庁でない行政庁を審査請求をすべき行政庁として教示した場合に，その教示された行政庁に書面で審査請求がされたときは，当該行政庁は，速やかに，審査請求書を処分庁又は審査庁となるべき行政庁に送付し，かつ，その旨を審査請求人に通知しなければならない．

(4) 法５条の４では，迅速な処理を図る必要があることから，法５条①，法５条の２①，法５条の３①の審査請求期間は，命令を受けた日の翌日から起算して60 日以内としている．

解説

審査請求期間は，命令を受けた日の翌日から起算して**30 日以内**としている．

【解答 (4)】

問題 23

代執行に関する記述であるが，**誤っているもの**はどれか．

(1) 代執行とは，行政処分に基づく作為義務のうち，他人が代わって行うことのできる作為義務を義務者が履行しない又は履行遅滞や見込みがないときに，不履行状態を放置することが著しく公益に反すると認められ，かつ他人が代わって履行する以外にその履行を実現することが困難である場合に，行政庁自ら又は第三者が義務者のなすべき行為を行い，これに要した費用を義務者から徴収することをいう．

(2) 法３条①命令違反の代執行要件は，（ア）措置を履行しない場合，（イ）履行しても十分でない場合，（ウ）履行しても当該期限までに完了する見込みがない場合，（エ）他の手段によってその履行を確保することが困難であることのいずれかである．

(3) 代執行に係る処分については，取消訴訟の対象となる処分であることから，被告とすべき者及び出訴期間を教示しなければならない．

(4) 代執行の戒告，代執行令書による通知及び代執行費用納付命令は行政庁の処分であり，行政不服審査法に定める審査請求の対象となることから，戒告書等には，審査請求ができる旨並び審査請求をすべき行政庁名及び審査請求期間を教示しなければならない．

解説

「**（エ）他の手段によってその履行を確保することが困難であること**」は，法３条①項，法５条①項及び法５条の３①項命令違反**以外**の代執行要件である．

【解答　(2)】

問題 24

消防用設備等の設置維持命令について，次のうち**誤っているもの**はどれか．

(1) 消防長又は消防署長は，命令をした場合においては，標識の他，公報への掲載その他消防署長又は消防長が定める方法により，その旨を公示しなければならない．

(2) 命令をした場合の標識は，命令に係る防火対象物又は当該防火対象物のある場所に設置することができる．

(3) 消防長又は消防署長は，法 17 条①項の防火対象物における消防用設備等が設備等技術基準に従って設置されていないと認めるときは，当該防火対象物の関係者で権原を有する者に対し，当該設備等技術基準に従ってこれを設置すべきことを命ずることができる．

(4) 消防長又は消防署長は，法 17 条①項の防火対象物における消防用設備等が設備等技術基準に従って維持されていないと認めるときは，当該防火対象物の関係者で権原を有する者に対し，その維持のため必要な措置をなすべきことを命ずることができる．

解説

公示の方法は消防署長又は消防長が定めるのではなく，**市町村長の定め**による（法 17 の 4 ③により法 5 ③準用（消則 1））．

【解答 (1)】

問題 25

防火管理について**正しいもの**は次のうちどれか.

(1) 同一敷地内に管理について権原を有する者が同一の者である消防法施行令別表第一に掲げる防火対象物が二以上あるときは,一の防火対象物とみなして,それぞれの収容人員をすべて合算するとともに,用途については収容人員の最大である防火対象物の用途として防火管理の義務を判断する.

(2) 収容人員が 300 人以上の特定用途の防火対象物において選任されている防火管理者で,甲種防火管理新規講習を受講している者は,甲種防火管理再講習の受講対象となる.

(3) 階数が地上 12 階,延べ面積 10,500 m² となる竣工予定の建築物の新築工事中において,柱及び床を有する部分の工事人等従業者の収容人員が 50 人以上となると甲種防火対象物として防火管理の義務が生じる.

(4) 甲板数が 11 以上の建造中の旅客船(船舶安全法に規定する旅客船)については,進水前のぎ装中において作業者等従業者の収容人員 50 人以上となると甲種防火対象物として防火管理の義務が生じる.

解説

(1) 同一敷地内の同一管理権原の防火対象物については,収容人員を合算するとともに,**用途については一の防火対象物として判断する**こととなる(消令 2).

(3) 新築工事中の建築物については,外壁及び床又は屋根を有する部分が,**地階を除く階数が 11 以上で,かつ,延べ面積が 10,000 m² 以上である電気工事等の工事中のもの**である(消令 1 の 2 ③ 2,消則 1 の 2).

(4) 建造中の旅客船については,**進水後であってぎ装中のもの**である(消令 1 の 2 ③ 2,消則 1 の 2).

【解答 (2)】

消防用設備等（専攻科目）

　消防用設備等（専攻科目）には，「消防用設備等の技術上の基準関係」，「消防設備士及び消防設備点検資格者関係」，「その他消防同意，消防用設備等に関する専門的知識」についての専門的な知識が試験範囲に含まれている．

▶ 消防同意，消防用設備等並びに特殊消防用設備等関係法令の制度と概要：①建築確認申請制度，②消防同意制度（共通科目 1・3 節 1 項を参照），③防火区画（面積区画，竪穴区画，高層区画，異種用途区画等），④用途地域（防火地域，準防火地域），⑤非常用エレベーター，⑥避難階段（屋外，屋内，特別）

▶ 消防用設備等の技術上の基準関係：①屋内消火栓設備，②スプリンクラー設備，③不活性ガス消火設備，④パッケージ型消火（自動含む）設備，⑤自動火災報知設備，⑥避難設備，⑦誘導灯，⑧連結送水管，⑨必要とされる防火安全性能を有する消防の用に供する設備等に関する基準，⑩消防用設備等の技術上の基準等の適用除外
　注）消防用設備等の技術上の基準については，消則まで確認しておく必要がある．

▶ 消防設備士及び消防設備点検資格者関係：①消防設備士の免状（種類，交付），②消防設備士でなければ行ってはならない工事又は整備

▶ その他の専門的知識：①検定対象機械器具，②型式承認・失効，③消防用設備等又は特殊消防用設備等の点検及び報告（共通科目 1・8 節 1 項を参照）

3·1 消防用設備等の技術上の基準関係

1 消火設備

　"消火設備"とは、「火災が発生した場合に、水、消火薬剤、消火用ガス等を使用して消火を行う設備、器具等」をいい、

- ・　消火器
- ・　簡易消火用具
- ・　屋内消火栓設備
- ・　スプリンクラー設備
- ・　水噴霧消火設備
- ・　泡消火設備
- ・　不活性ガス消火設備
- ・　ハロゲン化物消火設備
- ・　粉末消火設備
- ・　屋外消火栓設備
- ・　動力消防ポンプ設備

がある.

● 1. 消火器具（消令 10）

　"消火器具（消火器又は簡易消火用具)"は、「火災発生時の初期段階の消火を目的とした人が操作するもの」である.

　なお、消火の能力単位及び消火剤の量により、大型とその他に分けられている.

（1）消火器具の設置及び維持に関する技術上の基準等

　ア　防火対象物の用途、構造若しくは規模、又は消火器具の種類若しくは性能に応じ、消令別表第2において、「その消火に適応するもの」とされる消火器具を、その能力単位の数値の合計数が、当該防火対象物又はその部分の延べ面積又は床面積を表3·1の表に定める面積で除して得た数以上の数値となるように設けなければならない.

表 3・1　消火器具の必要能力単位

消令別表第 1（用途）	必要能力単位（**1 未満は切上げ**）	
(1) 項イ (2) 項 (16 の 2) 項 (16 の 3) 項 (17) 項	（一般） （耐火構造）	面積÷50 m² 面積÷100 m²
(1) 項ロ (3) 項～(6) 項 (9) 項 (12) 項～(14) 項	（一般） （耐火構造）	面積÷100 m² 面積÷200 m²
(7) 項 (8) 項 (10) 項 (11) 項 (15) 項	（一般） （耐火構造）	面積÷200 m² 面積÷400 m²

その他の用途（付加設置）	必要能力単位（**1 未満は切上げ**）
電気設備がある場合	消火器個数 ≧電気設備がある場所の床面積÷100 m²
多量の火気使用場所がある場合	能力単位数 ≧火気使用場所部分の床面積÷25 m²
少量危険物[※1]がある場合	能力単位数 ≧少量危険物数量÷危険物の指定数量
指定可燃物[※2]がある場合	能力単位数 ≧指定可燃物の数量 ÷（指定可燃物の単位数量×50 倍）

※ 1　**少量危険物**：危令 1 の 11 に規定する指定数量の 1/5 以上で指定数量未満の危険物（消令 10 ① 4）
※ 2　**指定可燃物**：わら製品，木毛その他の物品で火災が発生した場合にその拡大が速やかであり，又は消火の活動が著しく困難となるものとして危令別表 4 の品名欄に掲げる物品で，同表の数量欄に定める数量以上のもの（法 9 の 4，消令 10 ① 4）

　ただし，二酸化炭素又はハロゲン化物（ブロモトリフルオロメタンを除く）を放射する消火器は，消令別表第 1（16 の 2）項及び（16 の 3）項に掲げる防火対象物，並びに**地階，無窓階その他の場所**（次頁の**マスター-point** 参照）に設置してはならない．

イ 消火器具は，通行又は避難に支障がなく，かつ，使用に際して容易に持ち出すことができる箇所に設置する．

ウ 消火器具は，床面からの高さが 1.5 m 以下の箇所に設ける．

エ 消火器具は，防火対象物の階ごとに，防火対象物の各部分から，それぞれ一の消火器具に至る歩行距離が 20 m 以下となるように配置しなければならない．

オ 指定可燃物を，危令別表第 4 で定める数量の 500 倍以上貯蔵し，又は取り扱うものには，その消火に適応するものとされる大型消火器を，防火対象物の階ごとに，指定可燃物を貯蔵し，又は取り扱う場所の各部分から一の大型消火器に至る歩行距離が 30 m 以下となるように配置しなければならない．

カ 消火器具は，水，その他消火剤が凍結し，変質し，又は噴出するおそれが少ない箇所に設ける．

キ 消火器には，地震による震動等による転倒を防止するための適当な措置を講じる．

ク 消火器具を設置した箇所には，「消火器」，「消火バケツ」等の標識を見や

すい位置に設ける.

　ケ　車両に係る消火器具の設置及び維持に関する技術上の基準は，それぞれ**鉄道営業法**，**軌道法**，**道路運送車両法**等に定めるところによる.

(2) 緩和基準

消火器の設置個数の減少については，

- 屋内消火栓設備
- スプリンクラー設備
- 水噴霧消火設備
- 泡消火設備
- 不活性ガス消火設備
- ハロゲン化物消火設備
- 粉末消火設備

を技術上の基準に従い設置した場合は，能力単位の数値の合計数の**3分の1**まで，大型消火器を設置した場合は，同じく**2分の1**まで，それぞれ減少した数値とすることができる.

　ただし，防火対象物の 11 階以上の部分に設置するものには，適用しない.

▶ 2. 屋内消火栓設備（消令11）

"屋内消火栓設備"は，「初期消火，及び延焼拡大防止を図るために，手動で起動装置を操作し，加圧送水装置（ポンプ）を起動させ，人がホースにより消火するもの」で，「加圧送水装置，起動装置，配管，屋内消火栓箱，ホース，管そう，水源等から構成」されている．

(1) 屋内消火栓設備の設置及び維持に関する技術上の基準

屋内消火栓設備の設置及び維持に関する技術上の基準については，**表3·2**にまとめている．

表3·2 屋内消火栓設備の設置及び維持に関する技術上の基準

	防火対象物用途又はその部分	設置及び技術上の基準
①	ア 消令11①2及び消令11①6（**(12)項イ（工場又は作業場），又は(14)項（倉庫）に掲げる防火対象物に係るものに限る）** イ 消令11①5（指定可燃物を750倍以上貯蔵，又は取り扱う建築物等）	**（1号消火栓）** ・屋内消火栓は，防火対象物の**階ごと**に，その階の各部分から一のホース接続口までの**水平距離が25 m 以下**となるように設ける． ・屋内消火栓設備の**消防用ホースの長さ**は，当該屋内消火栓設備の「ホース接続口からの**水平距離が25 m**の範囲内の当該階の，各部分に有効に放水することができる長さ」とする． ・**水源**は，その水量が「屋内消火栓の設置個数が最も多い階における当該設置個数（当該設置個数が2を超えるときは，「2」とする）に**2.6 m³ を乗じた量以上の量**」となるように設ける． ・屋内消火栓設備は，いずれの階においても，当該階のすべての屋内消火栓（設置個数が2を超えるときは，「2個」の屋内消火栓とする）を同時に使用した場合に，それぞれのノズルの先端において，**放水圧力が0.17 MPa 以上で，かつ，放水量が130 ℓ 毎分以上**の性能のものとする． ・**加圧送水装置**は，点検に便利で，かつ，火災等の災害による被害を受けるおそれが少ない箇所に設ける． ・**非常電源**を附置する．

②	前①以外のもの	前記の基準（1号消火栓），又は次のイ若しくはロに掲げる基準

○イの基準（2号消火栓）
・屋内消火栓は，防火対象物の**階ごとに**，その階の各部分から一のホース接続口までの**水平距離が15 m以下**となるように設ける．
・屋内消火栓設備の**消防用ホースの長さ**は，当該屋内消火栓設備の「ホース接続口からの**水平距離が15 m**の範囲内の当該階の，各部分に有効に放水することができる長さ」とする．
・屋内消火栓設備の消防用ホースの構造は，**1人で操作することができるもの**として，消則で定める基準に適合するものとする．
・**水源**は，その水量が「屋内消火栓の設置個数が最も多い階における当該設置個数（当該設置個数が2を超えるときは「2」とする）に，**1.2 m³を乗じた量以上の量**」となるように設ける．
・屋内消火栓設備は，いずれの階においても，当該階のすべての屋内消火栓（設置個数が2を超えるときは，「2」個とする）を同時に使用した場合に，それぞれのノズルの先端において，**放水圧力が0.25 MPa以上で，かつ，放水量が60 ℓ毎分以上**の性能のものとする．
・**加圧送水装置**は，点検に便利で，かつ，火災等の災害による被害を受けるおそれが少ない箇所に設ける．
・**非常電源**を附置する．

○ロの基準（広範囲型2号消火栓）
・屋内消火栓は，防火対象物の**階ごとに**，その階の各部分から一のホース接続口までの**水平距離が25 m以下**となるように設ける．
・屋内消火栓設備の**消防用ホースの長さ**は，当該屋内消火栓設備の「ホース接続口からの**水平距離が25 m**の範囲内の当該階の各部分に有効に放水することができる長さ」とする．
・屋内消火栓設備の消防用ホースの構造は，**1人で操作することができるもの**として，消則で定める基準に適合するものとする．
・**水源**は，その水量が「屋内消火栓の設置個数が最も多い階における当該設置個数（当該設置個数が2を超えるときは「2」とする）に**1.6 m³を乗じた量以上の量**」となるように設ける．
・屋内消火栓設備は，いずれの階においても，当該階のすべての屋内消火栓（設置個数が2を超えるときは「2」個とする）を同時に使用した場合に，それぞれのノズルの先端において，**放水圧力が0.17 MPa以上で，かつ，放水量が80 ℓ毎分以上**の性能のものとする．
・**加圧送水装置**は，点検に便利で，かつ，火災等の災害による被害を受けるおそれが少ない箇所に設ける．
・**非常電源**を附置する．

(2) 緩和基準

屋内消火栓設備の設置が必要な防火対象物，又はその部分に

- ・ スプリンクラー設備
- ・ 水噴霧消火設備
- ・ 泡消火設備
- ・ 不活性ガス消火設備
- ・ ハロゲン化物消火設備
- ・ 粉末消火設備
- ・ 屋外消火栓設備
- ・ 動力消防ポンプ設備

を，技術上の基準に従い設置した場合は，**当該設備の有効範囲内の部分（屋外消火栓設備及び動力消防ポンプ設備は，1 階及び 2 階の部分に限る）について，屋内消火栓設備を設置しないことができる．**

▶ 3. スプリンクラー設備（消令 12）

"スプリンクラー設備"は，「延焼拡大防止を図るため，周囲温度が一定の温度となった場合に自動的にヘッドから放水されるものや，手動で開放弁を操作して放水するもの等により消火するもの」で，加圧送水装置，流水検知装置，自動警報装置，スプリンクラーヘッド，水源，配管等によって構成されている．

※スプリンクラー設備に関する，消則 12 条の 2～消則 15 条については，過去に出題されていることから，必ず確認しておくこと．

(1) スプリンクラー設備に関する技術上の基準

(a) スプリンクラーヘッドの設置場所

スプリンクラーヘッドは，

- ・ 消令別表第 1（1）項は舞台部
- ・ 指定可燃物は，貯蔵し，又は取り扱う部分
- ・ その他の防火対象物（ラック式倉庫を除く）は**消則で定める部分**（p.154のマスター point 参照）

に，それぞれ設ける．

なお，スプリンクラー設備を設置することを要しない構造（消則 12 の 2），スプリンクラー設備を設置することを要しない階の部分等（消則 13 ①，②）については，確認しておくこと．

（b）スプリンクラーヘッドの設置要件

スプリンクラーヘッドは，**表 3·3** に従って設ける．

表 3·3　スプリンクラーヘッドの設置要件

	設置対象	設置要件
イ	消令 12 ① 各号※1 に掲げる防火対象物	スプリンクラー設備の設置及び維持に関する技術上の基準に掲げる部分の天井，又は小屋裏に，当該天井又は小屋裏の各部分から，一のスプリンクラーヘッドまでの水平距離が，**表 3·4** の左欄に掲げる防火対象物又はその部分ごとに，同表の右欄に定める距離となるように，消則 13 の 2 で定める種別（標準型ヘッド等）のスプリンクラーヘッドを設ける．
	消令 12 ① 各号に掲げる防火対象物の部分※2	
ロ	消令 12 ① 3，消令 12 ① 4，消令 12 ① 8 及び消令 12 ① 10～12 までに掲げる防火対象物又はその部分※3 のうち，「可燃物が大量に存し，消火が困難と認められる部分」※4 で，床面から天井までの高さが 6 m を超える部分，及びその他の部分で，床面から天井までの高さが 10 m を超える部分	放水型スプリンクラーヘッド等を設ける．
ハ	消令 12 ① 1，消令 12 ① 5～7，及び消令 12 ① 9 に掲げる防火対象物	基準面積，天井までの高さにより，閉鎖型ヘッド（小区画ヘッド），標準型ヘッド，開放型ヘッド，放水型ヘッド等を設ける．

※ 1：ただし，消令 12 ① 1，消令 12 ① 5～7，消令 12 ① 9 を除く．
※ 2：以下を除く．
　　・本表ロに規定する部分
　　・消令別表第 1（5）項若しくは（6）項に掲げる防火対象物，消令別表第 1（16）項に掲げる防火対象物の，消令別表第 1（5）項若しくは（6）項に掲げる防火対象物の用途に供される部分であって，小区画型ヘッド等が設けられている部分がある場合には，当該スプリンクラーヘッドが設けられている部分
※ 3：消令別表第 1（1）項に掲げる防火対象物の舞台部を除く．
※ 4：消令別表第 1（4）項の「防火対象物及び指定可燃物を貯蔵し，又は取り扱う部分」等.

表 3・4　スプリンクラーヘッドまでの水平距離に係る設置要件

防火対象物又はその部分		距　離
消令 12 ① 2〜4，及び消令 12 ① 10〜12 に掲げる防火対象物，又はその部分（消令別表第 1（1）項に掲げる防火対象物の舞台部に限る）		1.7 m 以下
消令 12 ① 8 に掲げる防火対象物		1.7 m 以下（高感度型ヘッドは，当該スプリンクラーヘッドの性能に応じ，消則 13 の 2 ③で定める距離以下）
消令 12 ① 3，消令 12 ① 4，及び消令 12 ① 10〜12 までに掲げる防火対象物，又はその部分（消令別表第 1（1）項に掲げる防火対象物の舞台部を除く）	耐火建築物以外の建築物	2.1 m 以下（高感度型ヘッドは，当該スプリンクラーヘッドの性能に応じ，消則 13 の 2 ③で定める距離以下）
	耐火建築物	2.3 m 以下（高感度型ヘッドは，当該スプリンクラーヘッドの性能に応じ，消則 13 の 2 ③で定める距離以下）

高感度型ヘッド：火災を早期に感知し，かつ，広範囲に散水することができるスプリンクラーヘッドとして消則 13 条の 2 ②項で定めるスプリンクラーヘッドのこと.

規則で定める部分（消則 13 ③）とは

“規則で定める部分”（消則 13 ③）は，「次のイからカ以外の部分」とする.

　イ　階段，浴室，便所その他これらに類する場所
　　　※　上記の「階段」は，消令別表第 1（2）項，（4）項，及び（16 の 2）項に掲げる防火対象物並びに同表（16）項イに掲げる防火対象物のうち，同表（2）項及び（4）項に掲げる防火対象物の用途に供される部分に設けられるものは，建基令 123 条に規定する避難階段，又は特別避難階段に限る.
　ロ　通信機器室，電子計算機器室，電子顕微鏡室，その他これらに類する室
　ハ　エレベーターの機械室，機械換気設備の機械室，その他これらに類する室
　ニ　発電機，変圧器，その他これらに類する電気設備が設置されている場所
　ホ　エレベーターの昇降路，リネンシュート，パイプダクト，その他これらに類する部分
　ヘ　直接外気に開放されている廊下，その他外部の気流が流通する場所
　ト　手術室，分娩室，内視鏡検査室，人工血液透析室，麻酔室，重症患者集中治療看護室，その他これらに類する室
　チ　レントゲン室等放射線源を使用し，貯蔵し，又は廃棄する室
　リ　消令別表第 1（1）項に掲げる防火対象物，並びに同表（16）項イ，及び（16 の 3）項に掲げる防火対象物のうち，同表（1）項の用途に供される部分（固定式のいす席を設ける部分に限る）で，スプリンクラーヘッドの取付面（スプリンクラーヘッドを取り付ける天井の室内

に面する部分，又は上階の床，若しくは屋根の下面をいう）の高さが8 m 以上である場所

ヌ　消令別表第 1（6）項イ（1）及び（2），並びにロに掲げる防火対象物，並びに同表（16）項イ，（16 の 2）項及び（16 の 3）項に掲げる防火対象物のうち，同表（6）項イ（1）若しくは（2），又はロの用途に供される部分（当該防火対象物，又はその部分の基準面積が 1,000 m² 未満のものに限る）の廊下（前へに掲げるものを除く），収納設備（その床面積が 2 m² 未満であるものに限る），脱衣所，その他これらに類する場所

ル　消令別表第 1（16）項イに掲げる防火対象物で，同表（10）項に掲げる防火対象物の用途に供される部分のうち，乗降場並びにこれに通ずる階段及び通路

ヲ　消令別表第 1（16 の 3）項に掲げる防火対象物の地下道で，通行の用に供される部分

ワ　主要構造部を耐火構造とした消令 12 条①項 3 号及び消令 12 条①項11 号の防火対象物（消令別表第 1（2）項，（4）項及び（16）項イに掲げるものに限る），消令 12 条①項 4 号及び消令 12 条①項 10 号の防火対象物，並びに消令 12 条①項 12 号の防火対象物（消令別表第 1（16）項ロに掲げるものに限る）の階（地階又は無窓階を除く）の部分（消令別表第 1（5）項ロに掲げる防火対象物の用途に供される部分を除く）で，消則 13 条②項 1 号（消令 12 条①項 3 の防火対象物（消令別表第 1（16）項イに掲げるものに限る）のうち，同表（1）項から（6）項まで，又は（9）項イに掲げる防火対象物の用途に供される部分が存しない 10 階以下の階に適用する場合は，消則 13 条②項 1号ニの「200 m²」とあるのは，「400 m²」と読み替えるものとする）又は消則 13 条②項 2 号に該当するもの

カ　主要構造部を耐火構造とした消令別表第 1（16）項イに掲げる防火対象物（地階を除く階数が 11 以上のものを除く）の階（地階及び無窓階を除く）の同表（7）項，（8）項，（9）項ロ，又は（10）項から（15）項までに掲げる防火対象物の用途に供される部分のうち，これらの用途に供される部分以外の部分と，耐火構造の壁及び床で区画された部分で，次の①及び②に該当するもの

①　区画する壁及び床の開口部の面積の合計が 8 m² 以下であり，かつ，一の開口部の面積が 4 m² 以下である．

②　①の開口部には，消則 13 ② 1 ハに定める特定防火設備である防火戸を設けたもの．

(c) 開口部のスプリンクラーヘッドの設置間隔

　開口部（防火対象物の 10 階以下の部分にある開口部は，「延焼のおそれのある部分」）には，その上枠に，「当該上枠の長さ 2.5 m 以下ごと」に一のスプリンクラーヘッドを設ける．

　ただし，防火対象物の 10 階以下の部分にある開口部で，防火設備が設けられているものについては，この限りでない．

(d) 特定施設水道連結型スプリンクラー設備

　特定施設水道連結型スプリンクラー設備は，消令 12 条①項 1 号及び消令 12 条①項 9 号に掲げる防火対象物，又はその部分のうち，防火上有効な措置が講じられた構造を有するものとして消則で定める部分（マスターpoint 参照）以外の部分の「床面積の合計が 1,000 m² 未満のもの」に限り，設置することができる．

消則で定める部分（消則 13 条の 5 の 2）

　"消則で定める部分"（消則 13 条の 5 の 2）は，次のいずれにも該当する部分である．

　ただし，当該部分の床面積の合計が，当該部分が存する防火対象物の延べ面積に 2 分の 1 を乗じて得た値を超える場合は，当該 2 分の 1 を乗じて得た値の面積に相当する部分に限る．

　① 消則 13 条③項 7 号又は消則 13 条③項 8 号に掲げる部分．

　② 次のいずれかに該当する防火上の措置が講じられた部分．

　　イ 準耐火構造の壁及び床で区画され，かつ，開口部に防火戸（随時開くことができる自動閉鎖装置付きのもの，又は随時閉鎖することができ，かつ，煙感知器の作動と連動して閉鎖するものに限る）を設けた部分

　　ロ 不燃材料で造られた壁，柱，床及び天井（天井のない場合は，屋根）で区画され，かつ，開口部に不燃材料で造られた戸（随時開くことができる自動閉鎖装置付きのものに限る）を設けた部分であって，当該部分に隣接する部分（消則 13 条③項 6 号に掲げる部分を除く）のすべてがスプリンクラー設備の有効範囲内に存するもの

　③ 床面積が 1,000 m² 以上の地階，若しくは無窓階，又は床面積が 1,500 m² 以上の 4 階以上 10 階以下の階に存する部分でないこと．

（e） スプリンクラー設備の水源

スプリンクラー設備（特定施設水道連結型スプリンクラー設備を除く）には，その水源として，防火対象物の用途，構造，若しくは規模又はスプリンクラーヘッドの種別に応じ，「消則13条の6条①項で定めるところにより算出した量」以上の量となる「水量を貯留するための施設」を設ける．

（f） スプリンクラー設備の性能

スプリンクラー設備は，防火対象物の用途，構造，若しくは規模，又はスプリンクラーヘッドの種別に応じ，「消則13条の6②項で定めるところにより，放水することができる性能のもの」とする．

（g） 加圧送水装置設置の要件

スプリンクラー設備（消則13条の6③項で定める特定施設水道連結型スプリンクラー設備を除く）には，「点検に便利で，かつ，火災等の災害による被害を受けるおそれが少ない箇所」に，水源に連結する加圧送水装置を設ける．

（h） 非常電源設置，送水口設置の要件

スプリンクラー設備には，非常電源を附置し，かつ，消防ポンプ自動車が容易に接近することができる位置に，双口形の送水口を附置する．

ただし，特定施設水道連結型スプリンクラー設備については，この限りでない．

（i） 補助散水栓設置

スプリンクラー設備には，消則13条の6④項により，補助散水栓を設けることができる．

（2） 緩和基準

スプリンクラー設備の設置が必要な防火対象物，又はその部分に，水噴霧消火設備，泡消火設備，不活性ガス消火設備，ハロゲン化物消火設備，又は粉末消火設備を技術上の基準等に従い，設置した場合は，当該設備の有効範囲内の部分についてスプリンクラー設備を設置しないことができる．

▶ 4. 特殊消火設備等

"特殊消火設備等"には，

- ・ 水噴霧消火設備
- ・ 泡消火設備
- ・ 不活性ガス消火設備
- ・ ハロゲン化物消火設備
- ・ 粉末消火設備

等があり，「特殊な用途の防火対象物や，特殊な可燃物等の火災を消火するためのもの」である．

(1) 水噴霧消火設備の設置及び維持に関する技術上の基準 （消令 14）

水噴霧消火設備は，「自動火災感知装置等が火災を感知し，自動的に流水検知装置等が開放し，起動装置が作動して加圧送水装置が起動し噴霧ヘッドから粒子の細かい水が放水されるもの」で，加圧送水装置，流水検知装置，噴霧ヘッド，自動火災感知装置，起動装置，水源等から構成されている．

　ア　噴霧ヘッドは，防護対象物の形状，構造，性質，数量，又は取扱いの方法に応じ，標準放射量で当該防護対象物の火災を有効に消火することができるように，「消則 16 条①項又は消則 17 条①項により，必要な個数」を適当な位置に設ける．

　イ　消令別表第 1 に掲げる防火対象物の「道路の用に供される部分，又は駐車の用に供される部分に設置するとき」は，消則 17 条④項により，有効な排水設備を設ける．

　ウ　高圧の電気機器がある場所は，当該電気機器と噴霧ヘッド，及び配管との間に「電気絶縁を保つための必要な空間」を保つ．

　エ　水源は，「消則 16 条②項又は消則 17 条③項により，その水量が防護対象物の火災を有効に消火することができる量以上」の量となるように設ける．

　オ　水源に連結する加圧送水装置は，「点検に便利で，かつ，火災の際の延焼のおそれ，及び衝撃による損傷のおそれが少ない箇所」に設ける．ただし，保護のための有効な措置を講じたときは，この限りでない．

　カ　非常電源を附置する．

(2) 泡消火設備の設置及び維持に関する技術上の基準 （消令 15）

泡消火設備は，自動火災感知装置等が火災を感知し，自動的に起動装置が作動して加圧送水装置により泡水溶液が送られ，泡ヘッド等から泡が放出される「固定式」のものと人の操作によりホースを延長し，手動で起動装置を起動させ泡消火剤を放出させる「移動式」のものがあり，固定式は自動火災感知装置，加圧送水装置，起動装置，泡消火剤貯蔵タンク，泡（放出口，ヘッド）〔移動式は泡ノズル，ホース〕泡消火剤混合装置，水源等で構成されている．

　ア　「固定式の泡消火設備の泡放出口」は，防護対象物の形状，構造，性質，数量，又は取扱いの方法に応じ，標準放射量で当該防護対象物の火災を有効に消火することができるように，「消則 18 条①項により，必要な個数を適当な位置」に設ける．

イ 「移動式の泡消火設備のホース接続口」は，すべての防護対象物について，当該防護対象物の各部分から，一のホース接続口までの水平距離が 15 m 以下となるように設ける．

ウ 「移動式の泡消火設備の消防用ホースの長さ」は，当該泡消火設備のホース接続口からの水平距離が 15 m の範囲内の「当該防護対象物の各部分に有効に放射することができる長さ」とする．

エ 「移動式の泡消火設備の泡放射用器具を格納する箱」は，「ホース接続口から 3 m 以内の距離」に設ける．

オ 水源の水量又は泡消火薬剤の貯蔵量は，「消則 18 条②項及び消則 18 条③項により，防護対象物の火災を有効に消火することができる量以上」の量となるようにする．

カ 泡消火薬剤の貯蔵場所及び加圧送液装置は，点検に便利で，火災の際の延焼のおそれ，及び衝撃による損傷のおそれが少なく，かつ，薬剤が変質するおそれが少ない箇所に設ける．ただし，保護のための有効な措置を講じたときは，この限りでない．

キ 非常電源を附置する．

(3) 不活性ガス消火設備の設置及び維持に関する技術上の基準 (消令 16)

不活性ガス消火設備は，放射の形態等により，「全域放出方式」，「局所放出方式」及び「移動式」があり，人が起動装置を操作し，作動させ（自動火災報知設備の感知器により自動起動するものもある），容器弁を開放し，不活性ガスを噴射ヘッドから放出するもので，起動装置，噴射ヘッド，配管，選択弁，不活性ガス，音響警報装置，不活性ガス貯蔵容器等から構成されている．

なお，不活性ガスとしては，二酸化炭素，窒素，窒素とアルゴンの混合物，窒素とアルゴンと二酸化炭素の混合物などがある．

ア 「全域放出方式の不活性ガス消火設備の噴射ヘッド」は，不燃材料で造った壁，柱，床，又は天井（天井のない場合にあっては，はり又は屋根）により区画され，かつ，開口部に自動閉鎖装置（防火設備又は不燃材料で造った戸で，不活性ガス消火剤が放射される直前に，開口部を自動的に閉鎖する装置）が設けられている部分に，当該部分の容積及び当該部分にある防護対象物の性質に応じ，標準放射量で当該防護対象物の火災を有効に消火することができるように，「規則 19 条②項で定めるところにより，必要な個数を適当な位置」に設ける．

ただし，当該部分から外部に漏れる量以上の量の不活性ガス消火剤を有効

に追加して放出することができる設備であるときは，当該開口部の自動閉鎖装置を設けないことができる．

イ 「局所放出方式の不活性ガス消火設備の噴射ヘッド」は，防護対象物の形状，構造，性質，数量，又は取扱いの方法に応じ，防護対象物に不活性ガス消火剤を直接放射することによって，標準放射量で当該防護対象物の火災を有効に消火することができるように，「消則19条③項により，必要な個数を適当な位置」に設ける．

ウ 「移動式の不活性ガス消火設備のホース接続口」は，すべての防護対象物について，**当該防護対象物の各部分から一のホース接続口までの水平距離が15 m以下**となるように設ける．

エ 「移動式の不活性ガス消火設備の**ホースの長さ**」は，当該不活性ガス消火設備の**ホース接続口からの水平距離が15 m**の範囲内の「当該防護対象物の各部分に有効に放射することができる長さ」とする．

オ 不活性ガス消火剤容器に貯蔵する不活性ガス消火剤の量は，消則19条④項により，防護対象物の火災を有効に消火することができる量以上の量となるようにする．

カ 不活性ガス消火剤容器は，点検に便利で，火災の際の延焼のおそれ，及び衝撃による損傷のおそれが少なく，かつ，温度の変化が少ない箇所に設ける．ただし，保護のための有効な措置を講じたときは，この限りでない．

キ **非常電源を附置する**（移動式を除く）．

(4) ハロゲン化物消火設備の設置及び維持に関する技術上の基準（消令17）

ハロゲン化物消火設備は，「全域放出方式」，「局所放出方式」及び「移動式」があり，不活性ガス消火設備等の構成などと同様であり，消火薬剤がハロゲン化物を使用するもので，ハロン2402，ハロン1211，ハロン1301，HFC-23，HFC-227eaなどがある．

ア 「全域放出方式又は局所放出方式のハロゲン化物消火設備の噴射ヘッド」の設置は，前（3）ア，イに掲げる「不活性ガス消火設備の噴射ヘッドの設置」の例によるものである．

イ 「移動式のハロゲン化物消火設備のホース接続口」は，すべての防護対象物について，**当該防護対象物の各部分から一のホース接続口までの水平距離が20 m以下**となるように設ける．

ウ 「移動式のハロゲン化物消火設備の**ホースの長さ**」は，当該ハロゲン化物消火設備の**ホース接続口からの水平距離が20 m**の範囲内の「当該防護対

象物の各部分に有効に放射することができる長さ」とする.

エ　ハロゲン化物消火剤容器に貯蔵するハロゲン化物消火剤の量は，消則 20 条③項により，防護対象物の火災を有効に消火することができる量以上の量となるようにする.

オ　ハロゲン化物消火剤容器及び加圧用容器は，点検に便利で，火災の際の延焼のおそれ，及び衝撃による損傷のおそれが少なく，かつ，温度の変化が少ない箇所に設ける．ただし，保護のための有効な措置を講じたときは，この限りでない.

カ　非常電源を附置する（移動式を除く）.

(5) 粉末消火設備の設置及び維持に関する技術上の基準（消令 18）

粉末消火設備は，「全域放出方式」，「局所放出方式」及び「移動式」があり，人が起動装置を操作し起動，又は自動火災感知装置により起動し，加圧用ガスが粉末消火薬剤貯蔵容器に送られ，粉末消火薬剤を噴射ヘッドから放出するもので，噴射ヘッド，起動装置，噴射ヘッド，配管，選択弁，粉末消火薬剤貯蔵容器（貯蔵タンク），加圧用ガス容器，音響警報装置，定圧作動装置，クリーニング装置等から構成されている.

ア　「全域放出方式又は局所放出方式の粉末消火設備の噴射ヘッド」の設置は，前（3）ア，イに掲げる「全域放出方式又は局所放出方式の不活性ガス消火設備の噴射ヘッド」の設置の例によるものである.

イ　「移動式の粉末消火設備のホース接続口」は，すべての防護対象物について，当該防護対象物の各部分から一のホース接続口までの水平距離が 15 m 以下となるように設ける.

ウ　「移動式の粉末消火設備のホースの長さ」は，当該粉末消火設備のホース接続口からの水平距離が 15 m の範囲内の「当該防護対象物の各部分に有効に放射することができる長さ」とする.

エ　粉末消火剤容器に貯蔵する粉末消火剤の量は，消則 21 条③項で定めるところにより，防護対象物の火災を有効に消火することができる量以上の量となるようにする.

オ　粉末消火剤容器及び加圧用ガス容器は，点検に便利で，火災の際の延焼のおそれ，及び衝撃による損傷のおそれが少なく，かつ，温度の変化が少ない箇所に設ける．ただし，保護のための有効な措置を講じたときは，この限りでない.

カ　非常電源を附置する（移動式を除く）.

(6) 緩和基準

指定可燃物（可燃性液体類に係るものを除く）を貯蔵し，又は取り扱う建築物その他の工作物に，スプリンクラー設備を技術上の基準に従い設置した場合は，当該設備の有効範囲内の部分について，それぞれ必要な特殊消火設備を設置しないことができる．

▶ 5. 屋外消火栓設備（消令19）

屋外消火栓設備は，建築物の1階又は2階の消火を目的としており，手動で起動装置を操作し，加圧送水装置（ポンプ）を起動させ，人が操作して消火ホースを延長して消火するもので，屋内消火栓設備と同様の構成である．

(1) 屋外消火栓設備の設置に関する技術上の基準

(a) 屋外消火栓

屋外消火栓は，建築物の各部分から一のホース接続口までの水平距離が40 m以下となるように設ける．

(b) 屋外消火栓設備の消防用ホースの長さ

屋外消火栓設備の消防用ホースの長さは，当該屋外消火栓設備のホース接続口からの水平距離が40 mの範囲内の「当該建築物の各部分に有効に放水することができる長さ」とする．

(c) 屋外消火栓設備の水源

屋外消火栓設備の水源は，その水量が，屋外消火栓の設置個数（当該設置個数が2を超えるときは「2」とする）に7 m³を乗じて得た量以上とする．

(d) 屋外消火栓設備の性能

屋外消火栓設備は，すべての屋外消火栓（設置個数が2を超えるときは「2」個の屋外消火栓とする）を同時に使用した場合に，それぞれのノズルの先端において，放水圧力が0.25 MPa以上で，かつ，放水量が350ℓ毎分以上の性能のものとする．

(e) 屋外消火栓及び屋外消火栓設備の放水用器具を格納する箱の設置基準

屋外消火栓及び屋外消火栓設備の放水用器具を格納する箱は，避難の際，通路となる場所など屋外消火栓設備の操作が著しく阻害されるおそれのある箇所に設けない．

(f) 非常電源の附置

非常電源を附置する．

（2）緩和基準

屋外消火栓設備の設置が必要な建築物にスプリンクラー設備，水噴霧消火設備，泡消火設備，不活性ガス消火設備，ハロゲン化物消火設備，粉末消火設備又は動力消防ポンプ設備を技術上の基準に従い設置した場合は，当該設備の有効範囲内の部分について，屋外消火栓設備を設置しないことができる．

● 6. 動力消防ポンプ設備（消令 20）

動力消防ポンプ設備は，屋内消火栓設備等と同様に，動力消防ポンプを起動させ，人が操作して消火ホースを延長して消火するもので，動力消防ポンプ，水源，ホース等から構成されている．

（1）動力消防ポンプ設備に関する技術上の基準

（a）動力消防ポンプ設備の性能

動力消防ポンプ設備は，「技術上の規格として定められた放水量」が，屋内消火栓設備の設置が必要な防火対象物（消令別表第 1（16 の 2）項を除く），又はその部分に設置するものは，$0.2\,m^3$ 毎分以上，屋外消火栓設備の設置が必要な建築物に設置するものは $0.4\,m^3$ 毎分以上であるものとする．

（b）動力消防ポンプ設備の水源

動力消防ポンプ設備の水源は，防火対象物の各部分から一の水源までの水平距離が

- 当該動力消防ポンプの規格放水量が $0.5\,m^3$ 毎分以上のものは 100 m 以下
- $0.4\,m^3$ 毎分以上 $0.5\,m^3$ 毎分未満のものは 40 m 以下
- $0.4\,m^3$ 毎分未満のものは 25 m 以下

となるように設ける．

（c）動力消防ポンプ設備の消防用ホースの長さ

動力消防ポンプ設備の消防用ホースの長さは，当該動力消防ポンプ設備の水源からの水平距離が

- 当該動力消防ポンプの規格放水量が $0.5\,m^3$ 毎分以上のものは 100 m
- $0.4\,m^3$ 毎分以上 $0.5\,m^3$ 毎分未満のものは 40 m
- $0.4\,m^3$ 毎分未満のものは 25 m

の範囲内の「当該防火対象物の各部分に有効に放水することができる長さ」とする．

(d) 動力消防ポンプ設備の水源

水源は，その水量が当該動力消防ポンプを使用した場合に，**規格放水量で 20分間放水することができる量（その量が 20 m³ 以上となる場合は，20 m³）以上**の量となるように設ける．

(e) 動力消防ポンプ設備の設置場所

動力消防ポンプは，消防ポンプ自動車又は自動車によって牽引されるものは，水源からの歩行距離が 1,000 m 以内の場所に，その他のものは水源の直近の場所に常置する．

(2) 緩和基準

動力消防ポンプ設備の設置が必要な防火対象物，又はその部分に次に掲げる消火設備を設置した場合は，当該設備の有効範囲内の部分について，動力消防ポンプ設備を設置しないことができる．

- ・ 屋外消火栓設備を技術上の基準等により設置した場合．
- ・ 屋内消火栓設備の設置が必要な防火対象物（消令別表第 1（16 の 2）項を除く）の 1 階又は 2 階に屋内消火栓設備，スプリンクラー設備，水噴霧消火設備，泡消火設備，不活性ガス消火設備，ハロゲン化物消火設備，又は粉末消火設備を技術上の基準等に従い設置した場合．
- ・ 屋外消火栓設備の設置が必要な建築物の 1 階，又は 2 階にスプリンクラー設備，水噴霧消火設備，泡消火設備，不活性ガス消火設備，ハロゲン化物消火設備又は粉末消火設備を，技術上の基準に従い設置した場合．

2 警報設備

"警報設備"とは,「火災の発生又は危険な現象（ガス漏れ,漏電等）をそれぞれの機器等により早期に発見し,防火対象物内の人又は消防機関に知らせる設備,器具等」をいい,

- ・ 自動火災報知設備
- ・ ガス漏れ火災警報設備
- ・ 漏電火災警報器
- ・ 消防機関へ通報する火災報知設備
- ・ 非常警報器具及び非常警報設備

がある.

● 1. 自動火災報知設備（消令21）

"自動火災報知設備"は,「火災の発生を感知し,防火対象物内の人に知らせる」もので,感知器,中継器,音響装置,受信機等で構成されている.

※自動火災報知設備の感知器等（消則23）,自動火災報知設備に関する基準の細目（消則24）及び自動火災報知設備の維持に関する技術上の基準（消則24の2）は,過去に多く出題されていることから,必ず確認しておくこと.

(1) 自動火災報知設備に関する技術上の基準

(a) 自動火災報知設備の警戒区域の制限（上下）

警戒区域は,防火対象物の2以上の階にわたらないものとする.

ただし,一の警戒区域の面積が500 m^{2}以下であり,かつ,当該警戒区域が防火対象物の二の階にわたる場合,又は消則23条⑤項（階段,傾斜路,エレベーターの昇降路,リネンシュート,パイプダクト等に限る）の規定により,煙感知器を設ける場合は,この限りでない.

(b) 自動火災報知設備の警戒区域の制限（面積）

一の警戒区域の面積は,600 m^{2}以下とし,その1辺の長さは,50 m以下（光電式分離型感知器を設置する場合は,100 m以下）とする.

ただし,当該防火対象物の主要な出入口からその内部を見通すことができる場合は,その面積を1,000 m^{2}以下とすることができる.

(c) 感知器の設置要件

感知器は,天井又は壁の屋内に面する部分,及び天井裏の部分（天井のない場合は,屋根又は壁の屋内に面する部分）に,有効に火災の発生を感知することが

できるように設ける.

　ただし，主要構造部を耐火構造とした建築物は，天井裏の部分に設けないことができる.

① 感知器は，**次に掲げる部分以外**の部分で，点検その他の維持管理ができる場所に設ける.

　イ　感知器（炎感知器を除く）の取付面（感知器を取り付ける天井の室内に面する部分又は上階の床若しくは屋根の下面をいう）の高さが 20 m 以上である場所

　ロ　上屋その他外部の気流が流通する場所で，感知器によっては当該場所における火災の発生を有効に感知することができないもの

　ハ　天井裏で天井と上階の床との間の距離が 0.5 m 未満の場所

　ニ　煙感知器及び熱煙複合式スポット型感知器は，イからハまでに掲げる場所のほか，次に掲げる場所

　　（イ）　じんあい，微粉又は水蒸気が多量に滞留する場所

　　（ロ）　腐食性ガスが発生するおそれのある場所

　　（ハ）　厨房その他正常時において煙が滞留する場所

　　（ニ）　著しく高温となる場所

　　（ホ）　排気ガスが多量に滞留する場所

　　（ヘ）　煙が多量に流入するおそれのある場所

　　（ト）　結露が発生する場所

　　（チ）　（イ）から（ト）までに掲げる場所のほか，感知器の機能に支障を及ぼすおそれのある場所

　ホ　炎感知器は，ハに掲げる場所のほか，次に掲げる場所

　　（イ）　前ニ（ロ）から（ニ）まで，（ヘ）及び（ト）に掲げる場所

　　（ロ）　水蒸気が多量に滞留する場所

　　（ハ）　火を使用する設備で火炎が露出するものが設けられている場所

　　（ニ）　その他，感知器の機能に支障を及ぼすおそれのある場所

　ヘ　小規模特定用途複合防火対象物の部分（一定の防火対象物の部分を除く）のうち，次に掲げる防火対象物の用途に供される部分以外の部分で，消令別表第1各項の防火対象物の用途以外の用途に供される部分及び同表各項（(13) 項ロ及び (16) 項から (20) 項までを除く）の防火対象物の用途のいずれかに該当する用途に供される部分で当該用途に供される部分の床面積（その用途に供される部分の床面積が当該小規模特

定用途複合防火対象物において最も大きい場合は，当該用途に供される部分及び次に掲げる防火対象物の用途に供される部分の床面積の合計）が 500 m² 未満（同表 (11) 項及び (15) 項に掲げる防火対象物の用途に供される部分は，1,000 m² 未満）であるもの

（イ）　消令別表第 1 (2) 項ニ，(5) 項イ並びに (6) 項イ (1) から (3) まで及びロに掲げる防火対象物

（ロ）　消令別表第 1 (6) 項ハに掲げる防火対象物（利用者を入居させ，又は宿泊させるものに限る）

② 取付面の高さに応じ，次の表で定める種別の感知器を設ける．

取付面の高さ	感知器の種別
4 m 未満	差動式スポット型，差動式分布型，補償式スポット型，定温式，イオン化式スポット型又は光電式スポット型
4 m 以上 8 m 未満	差動式スポット型，差動式分布型，補償式スポット型，定温式特種若しくは一種，イオン化式スポット型一種若しくは二種又は光電式スポット型一種若しくは二種
8 m 以上 15 m 未満	差動式分布型，イオン化式スポット型一種若しくは二種又は光電式スポット型一種若しくは二種
15 m 以上 20 m 未満	イオン化式スポット型一種又は光電式スポット型一種

③ 差動式スポット型，定温式スポット型又は補償式スポット型その他の熱複合式スポット型の感知器は，次による．

イ　感知器の下端は，取付面の下方 0.3 m 以内の位置に設ける．

ロ　感知器は，感知区域（それぞれ壁又は取付面から 0.4 m（差動式分布型感知器又は煙感知器を設ける場合は 0.6 m）以上突出したはり等によって区画された部分をいう）ごとに，感知器の種別及び取付面の高さに応じて次の表で定める床面積につき 1 個以上の個数を，火災を有効に感知するように設ける．

取付面の高さ		感知器の種別						
		差動式 スポット型		補償式 スポット型		定温式スポット型		
		一種	二種	一種	二種	特種	一種	二種
4 m 未満	主要構造部を耐火構造とした 防火対象物又はその部分	90 m²	70 m²	90 m²	70 m²	70 m²	60 m²	20 m²
	その他の構造の防火対象物又 はその部分	50 m²	40 m²	50 m²	40 m²	40 m²	30 m²	15 m²
4 m 以上 8 m 未満	主要構造部を耐火構造とした 防火対象物又はその部分	45 m²	35 m²	45 m²	35 m²	35 m²	30 m²	―
	その他の構造の防火対象物又 はその部分	30 m²	25 m²	30 m²	25 m²	25 m²	15 m²	―

④ 定温式感知器の性能を有する感知器は，正常時における最高周囲温度が，補償式スポット型感知器は公称定温点より，その他の定温式感知器の性能を有する感知器は公称作動温度より 20 ℃以上低い場所に設ける．

⑤ 煙感知器（光電式分離型感知器を除く）は，次による．

　イ　天井が低い居室又は狭い居室は，入口付近に設ける．

　ロ　天井付近に吸気口のある居室は，当該吸気口付近に設ける．

　ハ　感知器の下端は，取付面の下方 0.6 m 以内の位置に設ける．

　ニ　感知器は，壁又ははりから 0.6 m 以上離れた位置に設ける．

　ホ　感知器は，廊下，通路，階段及び傾斜路を除く感知区域ごとに，感知器の種別及び取付面の高さに応じて次の表で定める床面積につき 1 個以上の個数を，火災を有効に感知するように設ける．

取付面の高さ	感知器の種別	
	一種及び二種	三種
4 m 未満	150 m²	50 m²
4 m 以上 20 m 未満	75 m²	―

　ヘ　感知器は，廊下及び通路は歩行距離 30 m（三種の感知器は 20 m）につき 1 個以上の個数を，階段及び傾斜路は垂直距離 15 m（三種の感知器は 10 m）につき 1 個以上（当該階段及び傾斜路のうち，消令別表第 1 (1) 項から (4) 項まで，(5) 項イ，(6) 項又は (9) 項イに掲げる防火対象物の用途に供される部分が避難階以外の階に存する防火対象物で，当該避難階以外の階から避難階又は地上に直通する階段及び傾斜路の総

数が 2（当該階段及び傾斜路が屋外に設けられ，避難上有効な構造を有する場合は 1）以上設けられていないもの（小規模特定用途複合防火対象物を除く）に存するものは，一種又は二種の感知器を垂直距離 7.5 m につき 1 個以上）の個数を，火災を有効に感知するように設ける．

⑥　炎感知器（道路の用に供される部分に設けられるものを除く）は，次による．

　イ　感知器は，天井等又は壁に設ける．

　ロ　感知器は，壁によって区画された区域ごとに，当該区域の床面から高さ 1.2 m までの空間（監視空間）の各部分から当該感知器までの距離が公称監視距離の範囲内となるように設ける．

　ハ　感知器は，障害物等により有効に火災の発生を感知できないことがないように設ける．

　ニ　感知器は，日光を受けない位置に設ける．ただし，感知障害が生じないように遮光板等を設けた場合は，この限りでない．

⑦　感知器は，差動式分布型及び光電式分離型のもの並びに炎感知器を除き，換気口等の空気吹出し口から 1.5 m 以上離れた位置に設ける．

⑧　スポット型の感知器（炎感知器を除く）は，45° 以上傾斜させないように設ける．

⑨　消令 21 条①項（道路に供される部分を除く）に掲げる防火対象物又はその部分のうち，以下の場所には，それぞれ適応した感知器を設けなければならない．

　イ　階段及び傾斜路 ⇒ 煙感知器

　ロ　廊下及び通路（消令別表第 1 （1）項から（6）項まで，（9）項，（12）項，（15）項，（16）項イ，（16 の 2）項及び（16 の 3）項に掲げる防火対象物の部分に限る）⇒ 煙感知器又は熱煙複合式スポット型感知器

　ハ　エレベーターの昇降路，リネンシュート，パイプダクトその他これらに類するもの ⇒ 煙感知器

　ニ　遊興のための設備又は物品を客に利用させる役務の用に供する個室（これに類する施設を含む）（消令別表第 1 （2）項ニ，（16）項イ，（16 の 2）項及び（16 の 3）項に掲げる防火対象物（同表（16）項イ，（16 の 2）項及び（16 の 3）項に掲げる防火対象物は，同表（2）項ニに掲げる防火対象物の用途に供される部分に限る）の部分に限る）⇒ 煙感知器又は熱煙複合式スポット型感知器

ホ　感知器を設置する区域の天井等の高さが 15 m 以上 20 m 未満の場所 ⇒ 煙感知器又は炎感知器

ヘ　感知器を設置する区域の天井等の高さが 20 m 以上の場所 ⇒ 炎感知器

ト　前各号に掲げる場所以外の地階，無窓階及び 11 階以上の部分（消令別表第 1（1）項から（四）項まで，（5）項イ，（6）項，（9）項イ，（15）項，（16）項イ，（16 の 2）項及び（16 の 3）項に掲げる防火対象物又はその部分に限る）⇒ 煙感知器，熱煙複合式スポット型感知器又は炎感知器

(d) 受信機

①　受信機は，感知器，中継器又は発信機の作動と連動して，当該感知器，中継器又は発信機の作動した警戒区域を表示できるものとする．

②　受信機の操作スイッチは，床面からの高さが 0.8 m（いすに座って操作するものは 0.6 m）以上 1.5 m 以下の箇所に設ける．

③　特定一階段等防火対象物及びこれ以外の防火対象物で消令別表第 1（2）項ニに掲げる防火対象物の用途に供される部分が存するものに設ける受信機で，地区音響装置の鳴動を停止するスイッチ（地区音響停止スイッチ）を設けるものは，当該地区音響停止スイッチが地区音響装置の鳴動を停止する状態（停止状態）にある間に，受信機が火災信号を受信したときは，当該地区音響停止スイッチが一定時間以内に自動的に（地区音響装置が鳴動している間に停止状態にされた場合においては自動的に）地区音響装置を鳴動させる状態に移行する．

④　受信機は，防災センター等に設ける．

⑤　主音響装置及び副音響装置の音圧及び音色は，次のイ及びロによる．

イ　他の警報音又は騒音と明らかに区別して聞き取ることができる．

ロ　主音響装置及び副音響装置を，ダンスホール，カラオケボックスその他これらに類するもので，室内又は室外の音響が聞き取りにくい場所に設ける場合は，当該場所において他の警報音又は騒音と明らかに区別して聞き取ることができるように措置されている．

⑥　受信機は，次により維持する．

イ　受信機の付近に当該受信機の操作上支障となる障害物がない．

ロ　操作部の各スイッチが正常な位置にある．

ハ　受信機の付近に警戒区域一覧図を備えておく．ただし，総合操作盤が設置されている場合は，この限りでない．

⑦　アナログ式中継器及びアナログ式受信機には当該中継器及び受信機の付近

に表示温度等設定一覧図を備えておく.

(e) 地区音響装置

① 地区音響装置（**音声により警報を発するものを除く**）は，P型2級受信機で接続することができる回線の数が1のもの，P型3級受信機，GP型2級受信機で接続することができる回線の数が1のもの若しくはGP型3級受信機を当該受信機を用いる自動火災報知設備の警戒区域に設ける場合又は放送設備を設置した場合を除き，次に定めるところにより設ける.

イ　音圧又は音色は，次による.

（イ）　取り付けられた音響装置の中心から1m離れた位置で90dB以上である.

（ロ）　地区音響装置を，ダンスホール，カラオケボックスその他これらに類するもので，室内又は室外の音響が聞き取りにくい場所に設ける場合は，当該場所において他の警報音又は騒音と明らかに区別して聞き取ることができるように措置されている.

（ハ）　消令別表第1（2）項ニ，（16）項イ，（16の2）項及び（16の3）項に掲げる防火対象物（同表（16）項イ，（16の2）項及び（16の3）項に掲げる防火対象物は，同表（2）項ニに掲げる防火対象物の用途に供される部分に限る）のうち，遊興のためにヘッドホン，イヤホンその他これに類する物品を客に利用させる役務の用に供する個室（これに類する施設を含む）があるものは，当該役務を提供している間においても，当該個室において警報音を確実に聞き取ることができるように措置されている.

ロ　階段又は傾斜路に設ける場合を除き，感知器の作動と連動して作動するもので，当該設備を設置した防火対象物又はその部分（前（c）①ヘ（p.166）に掲げる部分を除く）の全区域に有効に報知できるように設ける.

ハ　地階を除く階数が5以上で延べ面積が3,000m²を超える防火対象物又はその部分は，出火階が，2階以上の階の場合には出火階及びその直上階，1階の場合には出火階，その直上階及び地階，地階の場合には出火階，その直上階及びその他の地階に限って警報を発することができるものである．この場合において，一定の時間が経過した場合又は新たな火災信号を受信した場合には，当該設備を設置した防火対象物又はその部分（小規模特定用途複合防火対象物の部分を除く）の全区域に自動的に

警報を発するように措置されている．

ニ　各階ごとに，その階（小規模特定用途複合防火対象物の部分を除く）の各部分から一の地区音響装置までの水平距離が 25 m 以下となるように設ける．

ホ　受信機から地区音響装置までの配線は，屋内消火栓設備の規定に準じて設ける．

ヘ　地区音響装置は，一の防火対象物に 2 以上の受信機が設けられているときは，いずれの受信機からも鳴動させることができる．

ト　地区音響装置は，消防庁長官の定める基準に適合している．

② 　地区音響装置（**音声により警報を発するものに限る**）は，前①（イ，ハ及びトを除く）によるほか，次に定めるところにより設ける．

イ　音圧又は音色は，次による．

（イ）　取り付けられた音響装置の中心から 1 m 離れた位置で 92 dB 以上である．

（ロ）　地区音響装置を，ダンスホール，カラオケボックスその他これらに類するもので，室内又は室外の音響が聞き取りにくい場所に設ける場合には，当該場所において他の警報音又は騒音と明らかに区別して聞き取ることができるように措置されている．

（ハ）　消令別表第 1 (2) 項ニ，(16) 項イ，(16 の 2) 項及び (16 の 3) 項に掲げる防火対象物のうち，遊興のためにヘッドホン，イヤホンその他これに類する物品を客に利用させる役務の用に供する個室があるものは，当該役務を提供している間においても，当該個室において警報音を確実に聞き取ることができるように措置されている．

ロ　地階を除く階数が 5 以上で延べ面積が 3,000 m² を超える防火対象物又はその部分は，次の（イ）又は（ロ）に該当する．

（イ）　出火階が，2 階以上の階の場合には出火階及びその直上階，1 階の場合には出火階，その直上階及び地階，地階の場合には出火階，その直上階及びその他の地階に限って警報を発することができるものである．この場合において，一定の時間が経過した場合又は新たな火災信号を受信した場合には，当該設備を設置した防火対象物又はその部分（小規模特定用途複合防火対象物の部分を除く）の全区域に自動的に警報を発するように措置されている．

（ロ）　当該設備を設置した防火対象物又はその部分（小規模特定用途複合

防火対象物の部分を除く）の全区域に火災が発生した場所を報知することができる.

ハ　スピーカーに至る回路は，自動火災報知設備の信号回路における信号の伝達に影響を及ぼさないように設けるとともに，他の電気回路によって誘導障害が生じないように設ける.

ニ　地区音響装置は，消防庁長官の定める基準に適合している.

(f) 発信機

発信機は，P型2級受信機で接続することができる回線が1のもの，P型3級受信機，GP型2級受信機で接続することができる回線が1のもの若しくはGP型3級受信機に設ける場合又は非常警報設備を設置した場合を除き，次による.

① 各階ごとに，その階（小規模特定用途複合防火対象物の部分を除く）の各部分から一の発信機までの歩行距離が50 m以下となるように設ける.

② 床面からの高さが0.8 m以上1.5 m以下の箇所に設ける.

③ 発信機の直近の箇所に表示灯を設ける.

④ 表示灯は，赤色の灯火で，取付面と15°以上の角度となる方向に沿って10 m離れたところから点灯していることが容易に識別できるものである.

⑤ P型1級受信機，GP型1級受信機，R型受信機及びGR型受信機に接続するものはP型1級発信機とし，P型2級受信機及びGP型2級受信機に接続するものはP型2級発信機とする.

(g) 電源

① 電源は，蓄電池又は交流低圧屋内幹線から他の配線を分岐させずにとる. ただし，感知器等の電源に電池を用いる場合において，当該電池の電圧が感知器等を有効に作動できる電圧の下限値となった旨を受信機において確認するための措置が講じられているときは，この限りでない.

② 電源の開閉器には，自動火災報知設備用のものである旨を表示する.

(h) 非常電源の附置

非常電源は，次により設ける.

① 延べ面積が1,000 m²以上の特定防火対象物に設ける自動火災報知設備の非常電源は蓄電池設備，その他の防火対象物に設ける自動火災報知設備の非常電源には非常電源専用受電設備又は蓄電池設備とする.

② 蓄電池設備の容量は，自動火災報知設備を有効に10分間作動することができる容量以上とする.

（i）その他

　蓄積型の感知器又は蓄積式の中継器若しくは受信機を設ける場合は，一の警戒区域ごとに，次による.

　　① 感知器の公称蓄積時間並びに中継器及び受信機に設定された蓄積時間の最大時間の合計時間が 60 秒を超えない.

　　② 蓄積式の中継器又は受信機を設ける場合で煙感知器以外の感知器を設けるときは，中継器及び受信機に設定された蓄積時間の最大時間の合計時間が 20 秒を超えない.

（2）緩和基準

　自動火災報知設備の設置が必要な防火対象物，又はその部分に，スプリンクラー設備，水噴霧消火設備又は泡消火設備（標示温度が 75 ℃以下で作動時間が 60 秒以内の閉鎖型スプリンクラーヘッドを備えているものに限る）を技術上の基準に従い設置した場合は，当該設備の有効範囲内の部分について，自動火災報知設備を設置しないことができる.

　ただし，消令別表第 1（1）項から（4）項まで，（5）項イ，（6）項，（9）項イ，（16）項イ，（16 の 2）項，及び（16 の 3）項に掲げる防火対象物又はその部分，並びに消則 23 条⑤項各号及び消則 23 条⑥項 2 号に掲げる場所を除く.

▶ 2．ガス漏れ火災警報設備（消令 21 の 2）

　"ガス漏れ火災警報設備"は，「燃料用のガス等の漏れを検知し，防火対象物内の人に知らせるもの」で，ガス漏れ検知器，中継器及び受信機等で構成されている.

［ガス漏れ火災警報設備に関する技術上の基準］

（a）ガス漏れ火災警報設備の警戒区域の制限（上下）

　ガス漏れ火災警報設備の警戒区域は，防火対象物の 2 以上の階にわたらないものとする.

　ただし，一の警戒区域の面積が 500 m² 以下であり，かつ，当該警戒区域が防火対象物の二の階にわたる場合は，この限りでない.

（b）ガス漏れ火災警報設備の警戒区域の制限（面積）

　一の警戒区域の面積は，600 m² 以下とする.

　ただし，ガス漏れ火災警報設備の一の警戒区域の面積が 1,000 m² 以下であり，かつ，当該警戒区域内の警報装置（ガス漏れ表示灯）を通路の中央から容易に見通すことができる場合は，この限りでない.

（c）ガス漏れ検知器の設置場所

ガス漏れ火災警報設備のガス漏れ検知器は，天井の室内に面する部分（天井がない場合にあっては，上階の床の下面），又は壁面の点検に便利な場所に，ガスの性状（空気に対する比重）に応じて設ける．

ただし，出入口の付近で外部の気流が頻繁に流通する場所，換気口の空気の吹出口から 1.5 m 以内の場所，ガス燃焼機器の廃ガスに触れやすい場所，その他ガス漏れの発生を有効に検知することができない場所に設けてはならない．

（d）非常電源の附置

非常電源を附置する．

▶ 3. 漏電火災警報器（消令 22）

"漏電火災警報器"は，「下地等を準不燃材料以外の材料で造った鉄網モルタル入りの壁，床又は天井を有する建築物において，漏洩電流を検知し，防火対象物内の人に知らせるもの」で，変流器，音響装置，受信機等で構成されている．

（1）変流器の設置基準

変流器は，警戒電路の定格電流以上の電流値（B 種接地線に設けるものは，当該接地線に流れることが予想される電流以上の電流値）を有するものを設ける．

（2）変流器の取付場所

変流器は，建築物に電気を供給する屋外の電路（建築構造上，屋外の電路に設けることが困難な場合は，電路の引込口に近接した屋内の電路），又は B 種接地線で，当該変流器の点検が容易な位置に堅固に取り付ける．

（3）音響装置の要件

音響装置は，防災センター等に設けるとともに，音圧及び音色は，他の警報音又は騒音と，明らかに区別して聞き取ることができるものとする．

（4）検出漏洩電流設定値の要件

検出漏洩電流設定値は，誤報が生じないように，当該建築物の警戒電路の状態に応ずる適正な値とする．

（5）可燃性蒸気，可燃性粉じん等が滞留するおそれのある場所

可燃性蒸気，可燃性粉じん等が滞留するおそれのある場所に，漏電火災警報器を設ける場合は，その作動と連動して電流の遮断を行う装置を，これらの場所以外の安全な場所に設ける．

● 4. 消防機関へ通報する火災報知設備（消令 23）

"消防機関へ通報する火災報知設備"は，「火災が発生したことを消防機関に通報するもの」で，発信機及び受信機等で構成されている.

消防機関へ通報する火災報知設備の設置を**必要としない**防火対象物については，**表 3・5** にまとめた.

表 3・5　消防機関へ通報する火災報知設備の設置を**必要としない**防火対象物

消令別表第 1 の用途等	該当場所等
・　(6) 項イ（1）及び（2） ・　(16) 項イ ・　(16 の 2) 項 ・　(16 の 3) 項 に掲げる防火対象物※	消防機関が存する建築物内
上記以外の防火対象物	消防機関からの歩行距離が 500 m 以下である場所
消防機関から著しく離れた場所にある防火対象物	

※（16）項イ，（16 の 2）項，及び（16 の 3）項に掲げる防火対象物は，（6）項イ（1）又は（2）に掲げる防火対象物の用途に供される部分が存するものに限る.

（1）消防機関へ通報する火災報知設備（「火災通報装置」という）に関する設置及び技術上の基準

（a）火災通報装置の設置場所

一の「押しボタンの操作等により消防機関に通報することができる装置」（電話回線を使用するものに限る）は，防災センター等に設置しなければならない.

（b）火災通報装置の基準

火災通報装置は，消防庁長官が定める基準に適合するものとする.

（c）電話回線についての基準

火災通報装置の機能に支障を生ずるおそれのない，電話回線を使用する.

（d）火災通報装置の接続箇所

火災通報装置は，前（c）の電話回線のうち，当該電話回線を適切に使用することができ，かつ，他の機器等が行う通信の影響により，当該火災通報装置の機能に支障を生ずるおそれのない部分に接続する.

（e）電　源

電源は，蓄電池または交流低圧屋内幹線から他の配線を分岐させずにとる.

ただし，消令別表第 1（6）項イ（1）から（3）まで，及びロに掲げる防火対象物で，延べ面積が 500 m² 未満のものに設けられる火災通報装置の電源が，分

電盤との間に開閉器が設けられていない配線からとられており，かつ，当該配線の接続部が，振動または衝撃により，容易にゆるまないように措置されている場合は，この限りでない．

（f）電源の開閉器及び配線の接続部における表示

電源の開閉器および配線の接続部（当該配線と火災通報装置との接続部を除く）には，火災通報装置用のものである旨を表示する．

（g）自動火災報知設備の感知器との連動

消令別表第1

- ・（6）項イ（1）及び（2），並びにロ
- ・（16）項イ，（16の2）項，（16の3）項（（6）項イ（1）若しくは（2）又はロの用途に供される部分が存するものに限る）

に掲げる防火対象物に設ける火災通報装置は，自動火災報知設備の感知器の作動と連動して起動させる．

ただし，自動火災報知設備の受信機および火災通報装置が，防災センター（常時人がいるものに限る）に設置されるものは，この限りでない．

（2）消防機関へ通報する火災報知設備（前（1）火災通報装置を除く）に関する設置及び技術上の基準

（a）火災報知設備の設置場所

消防機関へ通報する火災報知設備の発信機は，多数の者の目に触れやすく，かつ，火災に際し，速やかに操作することができる箇所及び防災センター等に設置しなければならない．

（b）発信機の押しボタンに係る基準

発信機の押しボタンは，床面または地盤面から 0.8 m 以上 1.5 m 以下の位置に設け，かつ，見やすい箇所に標識を設ける．

（c）配線についての基準

消令 24 条①項の自動火災報知設備の配線の例による．

（d）受信機の表示基準

次に掲げる事態が生じたとき，受信機において，火災が発生した旨の表示をしない．

- ・ M型発信機以外の発信機又はM型受信機以外の受信機とM型発信機との間の配線の一線に断線又は地絡が生じたとき
- ・ 信号回路以外の配線の二線に短絡が生じたとき．
- ・ 開閉器の開閉等により，回路の電圧又は電流に変化が生じたとき
- ・ 振動又は衝撃を受けたとき

(e) 自動火災報知設備の感知器との連動

消令別表第1 (6) 項イ (1) 及び (2)，並びにロ，(16) 項イ，(16 の 2) 項，(16 の 3) 項に掲げる防火対象物に設ける消防機関へ通報する火災報知設備（火災通報装置を除く）は，前 (1) (g) の例による．

(3) 緩和基準

消防機関へ通報する火災報知設備の設置が必要な防火対象物に，消防機関へ常時通報することができる電話を設置した場合は，火災報知設備を設置しないことができる．

ただし，消令別表第1 (5) 項イ，(6) 項イ，ロ及びハに掲げるものを除く．

▶ 5. 非常警報器具又は非常警報設備（消令 24）

"非常警報器具" 又は "非常警報設備" は，「火災が発生した場合に防火対象物内の人に火災を知らせるためのもの」で，主なものとして，非常ベルは起動装置，音響装置，表示灯等，放送設備は起動装置，表示灯，スピーカー，増幅器，操作装置等で構成されている．

(1) 非常警報器具又は非常警報設備に関する技術上の基準

(a) 非常警報器具又は非常警報設備の設置場所

非常警報器具又は非常警報設備は，当該防火対象物の全区域に，火災の発生を有効に，かつ，速やかに報知することができるように設ける．

(b) 非常警報器具又は非常警報設備の起動装置の設置場所

非常警報器具又は非常警報設備の起動装置は，多数の者の目に触れやすく，かつ，火災に際し，速やかに操作することができる箇所に設ける．

(c) 非常電源の附置

非常電源は，自動火災報知設備の規定に準じて附置する．

(2) 非常警報器具又は非常警報設備に関する技術上の基準の細目

(a) 非常ベル又は自動式サイレンの音響装置

非常ベル又は自動式サイレンの音響装置は，次のイからハまでに定めるところにより設ける．

　イ　音圧又は音色は，次の (イ) から (ハ) までに定めるところによる．
　　(イ) 取り付けられた音響装置の中心から 1 m 離れた位置で 90 dB 以上
　　(ロ) 非常ベル又は自動式サイレンの音響装置を，ダンスホール，カラオケボックスその他これらに類するもので，室内又は室外の音響が聞き取りにくい場所に設ける場合は，当該場所において他の警報音又は騒音

と明らかに区別して聞き取ることができるように措置されている.
　(ハ)　消令別表第1 (2) 項ニ, (16) 項イ, (16の2) 項及び (16の3) 項に掲げる防火対象物のうち, 遊興のためにヘッドホン, イヤホンその他これに類する物品を客に利用させる役務の用に供する個室があるものは, 当該役務を提供している間においても, 当該個室において警報音を確実に聞き取ることができるように措置されている.
　ロ　地階を除く階数が5以上で延べ面積が3,000 m² を超える防火対象物は, 出火階が, 2階以上の階の場合には出火階及びその直上階, 1階の場合には出火階, その直上階及び地階, 地階の場合には出火階, その直上階及びその他の地階に限って警報を発することができるものであること. この場合において, 一定の時間が経過した場合又は新たな火災信号を受信した場合には, 当該設備を設置した防火対象物又はその部分の全区域に自動的に警報を発するように措置されている.
　ハ　各階ごとに, その階の各部分から一の音響装置までの水平距離が25 m以下となるように設ける.

(b)　放送設備の起動装置

　防火対象物の11階以上の階, 地下3階以下の階又は消令別表第1 (16の2) 項及び (16の3) 項に掲げる防火対象物に設ける放送設備の起動装置に, 防災センター等と通話することができる装置を附置する. ただし, 起動装置を非常電話とする場合は, この限りでない.

(c)　非常警報設備の起動装置

　非常警報設備の起動装置は, 次のイからニまでに定めるところにより設ける.
　イ　各階ごとに, その階の各部分から一の起動装置までの歩行距離が50 m以下となるように設ける.
　ロ　床面からの高さが0.8 m以上1.5 m以下の箇所に設ける.
　ハ　起動装置の直近の箇所に表示灯を設ける.
　ニ　表示灯は, 赤色の灯火で, 取付け面と15°以上の角度となる方向に沿って10 m離れた所から点灯していることが容易に識別できるものである.

(d)　放送設備の設置基準

　放送設備は, 次のイ及びロ又はハ並びにニからヲまでに定めるところにより設ける.
　イ　スピーカーの音圧又は音色は, 次の (イ) から (ハ) までに定めるところによる.

（イ）次の表の左欄に掲げる種類に応じ，取り付けられたスピーカーから1 m 離れた位置で同表右欄に掲げる大きさである．

種類	音圧の大きさ
L 級	92 dB 以上
M 級	87 dB 以上 92 dB 未満
S 級	84 dB 以上 87 dB 未満

（ロ）スピーカーを，ダンスホール，カラオケボックスその他これらに類するもので，室内又は室外の音響が聞き取りにくい場所に設ける場合には，当該場所において他の警報音又は騒音と明らかに区別して聞き取ることができるように措置されている．

（ハ）消令別表第 1（2）項ニ，（16）項イ，（16の2）項及び（16の3）項に掲げる防火対象物のうち，遊興のためにヘッドホン，イヤホンその他これに類する物品を客に利用させる役務の用に供する個室があるものは，当該役務を提供している間においても，当該個室において警報音を確実に聞き取ることができるように措置されている．

ロ　スピーカーの設置は，次に定めるところによる．

（イ）スピーカーは，階段又は傾斜路以外の場所に設置する場合，100 m² を超える放送区域（防火対象物の 2 以上の階にわたらず，かつ，床，壁又は戸（障子，ふすま等遮音性能の著しく低いものを除く）で区画された部分をいう．以下（ロ）において同じ）に設置するものは L 級のもの，50 m² を超え 100 m² 以下の放送区域に設置するものは L 級又は M 級のもの，50 m² 以下の放送区域に設置するものは L 級，M 級又は S 級のものを設ける．

（ロ）スピーカーは，（イ）に規定する場所に設置する場合，放送区域ごとに，当該放送区域の各部分から一のスピーカーまでの水平距離が 10 m 以下となるように設ける．ただし，居室及び居室から地上に通じる主たる廊下その他の通路は 6 m² 以下，その他の部分は 30 m² 以下の放送区域については，当該放送区域の各部分から隣接する他の放送区域に設置されたスピーカーまでの水平距離が 8 m 以下となるように設けられているときは，スピーカーを設けないことができる．

（ハ）スピーカーは，階段又は傾斜路に設置する場合，垂直距離 15 m につき L 級のものを 1 個以上設ける．

ハ　スピーカーの音圧又は音色及び設置は，次に定めるところによる．
　（イ）スピーカーは，階段又は傾斜路以外の場所に設置する場合，放送区域
　　　ごとに，消則で定めた式により求めた音圧レベルが当該放送区域の床
　　　面からの高さが1mの箇所において75dB以上となるように設ける．
　（ロ）スピーカーは，階段又は傾斜路以外の場所に設置する場合であって，
　　　当該放送区域の残響時間が3秒以上となるときは，当該放送区域の床
　　　面からの高さが1mの箇所から一のスピーカーまでの距離が消則で定
　　　めた式により求めた値以下となるように設ける．
　（ハ）スピーカーは，階段又は傾斜路に設置する場合，垂直距離15mにつ
　　　きL級のものを1個以上設ける．
　（ニ）スピーカーを，ダンスホール，カラオケボックスその他これらに類す
　　　るもので，室内又は室外の音響が聞き取りにくい場所に設ける場合に
　　　は，当該場所において他の警報音又は騒音と明らかに区別して聞き取
　　　ることができるように措置されている．
ニ　音量調整器を設ける場合は，三線式配線とする．
ホ　操作部及び遠隔操作器の操作スイッチは，床面からの高さが0.8m（いす
　　に座って操作するものは0.6m）以上1.5m以下の箇所に設ける．
ヘ　操作部及び遠隔操作器は，起動装置又は自動火災報知設備の作動と連動し
　　て，当該起動装置又は自動火災報知設備の作動した階又は区域を表示でき
　　るものである．
ト　増幅器，操作部及び遠隔操作器は点検に便利で，かつ，防火上有効な措置
　　を講じた位置に設ける．
チ　出火階が，2階以上の階の場合には出火階及びその直上階，1階の場合に
　　は出火階，その直上階及び地階，地階の場合には出火階，その直上階及び
　　その他の地階に限って警報を発することができるものである．この場合に
　　おいて，一定の時間が経過した場合又は新たな火災信号を受信した場合に
　　は，当該設備を設置した防火対象物又はその部分の全区域に自動的に警報
　　を発するように措置されている．
リ　他の設備と共用するものには，火災の際非常警報以外の放送（地震動予報
　　等に係る放送であって，これに要する時間が短時間であり，かつ，火災の
　　発生を有効に報知することを妨げないものを除く）を遮断できる機構を有
　　するものである．
ヌ　他の電気回路によって誘導障害が生じないように設ける．

ル　操作部又は遠隔操作器のうち一のものは，防災センター等に設ける．ただ
　　し，総合操作盤が設けられている場合には，この限りでない．
ヲ　一の防火対象物に二以上の操作部又は遠隔操作器が設けられているとき
　　は，これらの操作部又は遠隔操作器のある場所相互間で同時に通話するこ
　　とができる設備を設けており，かつ，いずれの操作部又は遠隔操作器から
　　も当該防火対象物の全区域に火災を報知することができるものである．

(e)　配線の基準

　　配線は，電気工作物に係る法令の規定によるほか，次のイからホまでに定める
ところにより設ける．

イ　電源回路と大地との間及び電源回路の配線相互の間の絶縁抵抗は，直流
　　250 V の絶縁抵抗計で計った値が，電源回路の対地電圧が 150 V 以下の場
　　合は 0.1 MΩ以上，電源回路の対置電圧が 150 V を超える場合は 0.2 MΩ以
　　上である．
ロ　配線に使用する電線とその他の電線とは同一の管，ダクト若しくは線ぴ又
　　はプルボックス等の中に設けない．ただし，いずれも 60 V 以下の弱電流
　　回路に使用する電線であるときは，この限りでない．
ハ　火災により一の階のスピーカー又はスピーカーの配線が短絡又は断線して
　　も，他の階への火災の報知に支障がないように設ける．
ニ　操作部若しくは起動装置からスピーカー若しくは音響装置まで又は増幅器
　　若しくは操作部から遠隔操作器までの配線は，屋内消火栓設備の規定に準
　　じて設けること．
ホ　非常警報設備の電源は，自動火災報知設備の規定の例により設ける．

(3)　緩和基準

　　非常警報器具又は非常警報設備の設置が必要な防火対象物のうち，自動火災報
知設備，又は規則で定める放送設備（非常ベル又は自動式サイレンと同等以上の
音響を発する装置を付加したもの）が技術上の基準等に従い設置されているもの
については，当該設備の有効範囲内の部分について，非常ベル又は自動式サイレ
ンを設置しないことができる．

3 避難設備

"避難設備" とは,「火災発生時に安全かつ迅速に避難するための設備・器具」をいい, 避難器具及び誘導灯・誘導標識がある.

● 1. 避難器具 (消令25)

避難器具は, 防火対象物の「地階又は2階以上10階以下の避難者が, 階段を利用して避難できない場合」に使用して避難するためのものである (マスターpoint 参照).

避難上有効な開口部 (消則4の2の2)

消令25①5の「規則で定める避難上有効な開口部」とは, 次のとおりである. 直径1m以上の円が内接することができる開口部, 又はその幅, 及び高さがそれぞれ75cm以上, 及び1.2m以上の開口部とし, かつ, 当該開口部は次のいずれにも該当するもの.

・ 床面から開口部の下端までの高さは, 15cm以内.
・ 開口部は格子, その他の容易に避難することを妨げる構造を有しないもの.
・ 開口部は, 開口のため, 常時良好な状態に維持されているもの.

(1) 避難器具に関する技術上の基準
(a) 避難器具の必要個数と設置階数に応じた適応避難器具

避難器具の必要個数と設置階数に応じた適応避難器具について, **表3・6** にまとめた.

表 3・6　避難器具の必要個数と設置階数に応じた適応避難器具

消令別表第1の用途	必要個数	地階	2 階	3 階	4 階, 5 階	6 階以上の階
(6)項	・1個≦100人 ・100人以内ごとに1個を加算した個数以上	避難はしご 避難用タラップ	滑り台 避難はしご 救助袋 緩降機 避難橋 避難用タラップ	滑り台 救助袋 緩降機 避難橋	滑り台 救助袋 緩降機 避難橋	滑り台 救助袋 避難橋
(5)項		避難はしご 避難用タラップ	滑り台 避難はしご 救助袋 緩降機 避難橋 滑り棒 避難ロープ 避難用タラップ	滑り台 避難はしご 救助袋 緩降機 避難橋 避難用タラップ	滑り台 避難はしご 救助袋 緩降機 避難橋	滑り台 避難はしご 救助袋 緩降機 避難橋
(1)〜(4)項, (7)〜(11)項	・1個≦200人 ・200人以内ごとに1個を加算した個数以上					
(12)項及び (15)項	・1個≦300人 ・300人以内ごとに1個を加算した個数以上	避難はしご 避難用タラップ		滑り台 避難はしご 救助袋 緩降機 避難橋 避難用タラップ	滑り台 避難はしご 救助袋 緩降機 避難橋	滑り台 避難はしご 救助袋 緩降機 避難橋
上記以外のもの	・1個≦100人 ・100人以内ごとに1個を加算した個数以上		滑り台 避難はしご 救助袋 緩降機 避難橋 滑り棒 避難ロープ 避難用タラップ	滑り台 避難はしご 救助袋 緩降機 避難橋 避難用タラップ	滑り台 避難はしご 救助袋 緩降機 避難橋	滑り台 避難はしご 救助袋 緩降機 避難橋

（b） 避難器具の設置場所

避難器具は，避難に際して容易に接近することができ，階段，避難口，その他の避難施設から適当な距離にあり，かつ，使用するにあたり，安全な構造を有する開口部に設置する．

（c） 避難器具の設置状態

避難器具は，開口部に常時取り付けておくか，又は必要に応じて速やかに開口部に取り付けることができるような状態にしておく．

（d） 避難器具と開口部の位置関係

避難器具（滑り棒，避難ロープ，避難橋及び避難用タラップを除く）を設置する開口部は，相互に同一垂直線上にない位置とする．

ただし，避難上支障のないものについては，この限りでない．

（e） 避難器具の設置の表示

避難器具の設置の表示は，次のイからハまでに定めるところによること．

イ　特定一階段等防火対象物における避難器具を設置し，又は格納する場所（以下「避難器具設置等場所」という）の出入口には，当該出入口の上部又はその直近に，避難器具設置等場所であることが容易に識別できるような措置を講じる．

ロ　避難器具設置等場所には，見やすい箇所に避難器具である旨及びその使用方法を表示する標識を設ける．

ハ　特定一階段等防火対象物における避難器具設置等場所がある階のエレベーターホール又は階段室（附室が設けられている場合には，当該附室）の出入口付近の見やすい箇所に避難器具設置等場所を明示した標識を設ける．

（f） その他

その他，避難器具の設置及び維持に関する技術上の基準の細目は，消則27条を参照する．

（2） 緩和基準 （設置個数の減少又は設置しないことができる場合）

避難器具の設置個数の減少又は設置しないことができる場合について，**表3·7**，**表3·8** にまとめた．

表 3・7　避難器具の設置個数の減少に係る防火対象物の緩和要件

条件	緩和要件の内容
防火対象物の階が次に該当する場合 ・　主要構造部を耐火構造としたもの. ・　避難階又は地上に通ずる直通階段（傾斜路を含む）で，避難階段又は特別避難階段が2以上設けられている.	当該階に設置する避難器具の個数は，消令25②1の収容人数 ・「100人」を「200人」 ・「200人」を「400人」 ・「300人」を「600人」 に読み替えて算出して得た数以上とする.
防火対象物の階に建基令120，121，122により必要とされる直通階段で，建基令123，124に規定する避難階段（屋外に設けるもの，及び屋内に設けるもので消防庁長官が定める部分を有するものに限る），又は特別避難階段としたものが設けられている場合	当該階に設置する避難器具の個数は，消令25②1，又は消則26①の規定により算出して得た数から，当該避難階段又は特別避難階段の数を引いた数以上とすることができる. この場合に，当該引いた数が1に満たない場合は，当該階に避難器具を設置しないことができる.
主要構造部を耐火構造としたものに次に該当する渡り廊下が設けられている場合 ・　耐火構造又は鉄骨造である. ・　渡り廊下の両端の出入口に，自動閉鎖装置付きの特定防火設備である防火戸（防火シャッターを除く）が設けられている. ・　避難，通行，及び運搬以外の用途に供しない.	当該渡り廊下が設けられている階に設置する避難器具の個数を，消令25②1，又は消則26②の規定により算出して得た数から，当該渡り廊下の数に，2を乗じた数を，引いた数以上とすることができる. この場合に，当該引いた数が1に満たない場合は，当該階に避難器具を設置しないことができる.
主要構造部を耐火構造としたものに，避難橋を次に該当する屋上広場に設けた場合において，当該直下階から当該屋上広場に通じる避難階段又は特別避難階段が2以上設けられている場合 ・　避難橋が設置されている屋上広場の有効面積は，100 m² 以上である. ・　屋上広場に面する窓及び出入口に，特定防火設備である防火戸，又は鉄製網入りガラス入り戸が設けられているもので，かつ，当該出入口から避難橋に至る経路は，避難上支障がない. ・　避難橋に至る経路に設けられている扉等は，避難のとき，容易に開閉できる.	当該直下階に設置する避難器具の個数を，消令25②1及び消則26③の規定により算出して得た数から，当該避難橋の数に2を乗じた数を，引いた数以上とすることができる. この場合に，当該引いた数が1に満たない場合は，当該階に避難器具を設置しないことができる.

表 3・8　当該階に避難器具の設置しないことができる要件

防火対象物の階がいずれかに該当するとき

小規模特定用途複合防火対象物に存する消令 25 ① 1 及び消令 25 ① 2 に掲げる防火対象物の階が次の各号（当該階が 2 階であり，かつ，2 階に消令別表第 1 (2) 項及び (3) 項に掲げる防火対象物の用途に供される部分が存しない場合は，次の 1 及び 3）に該当するとき

1　下階に消令別表第 1 (1) 項から (2) 項ハまで，(3) 項，(4) 項，(9) 項，(12) 項イ，(13) 項イ，(14) 項，及び (15) 項に掲げる防火対象物の用途に供される部分が存しない．

2　当該階（当該階に消令 4 の 2 の 2 ① の「避難上有効な開口部を有しない壁で区画されている部分」が存する場合は，その区画された部分）から避難階又は地上に直通する階段が 2 以上設けられている．

3　収容人員は，消令 25 ① 1 に掲げる防火対象物の階は 20 人未満，消令 25 ① 2 に掲げる防火対象物の階は 30 人未満である．

消令 25 ① 3 及び消令 25 ① 4 に掲げる防火対象物の階（消令別表第 1 (1) 項及び (4) 項に掲げる防火対象物の階を除く）が，主要構造部を耐火構造とした建築物の次の各号に該当する屋上広場の直下階であり，かつ，当該階から当該屋上広場に通ずる避難階段，又は特別避難階段が 2 以上設けられている場合

1　屋上広場の面積が 1,500 m² 以上である．

2　屋上広場に面する窓及び出入口に，特定防火設備である防火戸又は鉄製網入ガラス入りの戸が設けられている．

3　屋上広場から避難階又は地上に通ずる直通階段で建基令 123 に規定する避難階段（屋外に設けるもの，及び屋内に設けるもので，消防庁長官が定める部分を有するものに限る），又は特別避難階段としたもの，その他避難のための設備又は器具が設けられている．

防火対象物の階がいずれかに該当するとき

消令別表第 1 (1) 項から (8) 項までに掲げる防火対象物は次のイからへまでに，
消令別表第 1 (9) 項から (11) 項までに掲げる防火対象物は次のイ，ニ，ホ及びへに，
消令別表第 1 (12) 項及び (15) 項に掲げる防火対象物は次のイ，ホ及びへに該当すること．

- イ 主要構造部を耐火構造としたものである．
- ロ 開口部に特定防火設備である防火戸，又は鉄製網入りガラス入りの戸を設ける耐火構造の壁，又は床で区画されている．
- ハ ロの区画された部分の収容人員が，消令 25 ①各号の区分に応じ，それぞれ当該各号の収容人員の数値未満である．
- ニ 壁及び天井（天井のない場合は，屋根）の室内に面する部分（回り縁，窓台，その他これらに類するものを除く）の仕上げを準不燃材料でし，又はスプリンクラー設備が，当該階の主たる用途に供するすべての部分に，消令 12 に定める技術上の基準に従い，若しくは当該技術上の基準の例により設けられている．
- ホ 直通階段を避難階段又は特別避難階段としたものである．
- ヘ バルコニーその他これに準ずるもの（バルコニー等）が避難上有効に設けられているか，又は 2 以上の直通階段が相互に隔った位置に設けられ，かつ，当該階のあらゆる部分から 2 以上の異なった経路により，これらの直通階段のうちの 2 以上のものに到達しうるよう設けられている．

次のイ及びロに該当すること．

- イ 主要構造部を耐火構造としたものである．
- ロ 居室の外気に面する部分にバルコニー等（消令別表第 1 (5) 項及び (6) 項に掲げる防火対象物は，バルコニーに限る）が避難上有効に設けられており，かつ，当該バルコニー等から地上に通ずる階段，その他の避難のための設備（消令別表第 1 (5) 項及び (6) 項に掲げる防火対象物は階段に限る）若しくは器具が設けられ，又は他の建築物に通ずる設備若しくは器具が設けられている．

次のイからニまでに該当すること．

- イ 主要構造部を耐火構造としたものである．
- ロ 居室又は住戸から地上に通ずる直通階段に直接通じており，当該居室又は住戸の当該直通階段に面する開口部には，特定防火設備である防火戸（防火シャッターを除く）で，随時開くことができる自動閉鎖装置付きのもの，又は次の（イ）及び（ロ）に定める構造のものを設けたものである．
  - （イ）随時閉鎖することができ，かつ，煙感知器の作動と連動して閉鎖する．
  - （ロ）直接手で開くことができ，かつ，自動的に閉鎖する部分を有し，その部分の幅，高さ及び下端の床面からの高さが，それぞれ，75 cm 以上，1.8 m 以上及び15 cm 以下である．
- ハ 直通階段が建基令 123（① 6，② 2，③ 10 を除く）に定める構造のもの（建基令 123①に定める構造のものは，消防庁長官が定める部分を有するものに限る）である．
- ニ 収容人員は，30 人未満である．

▶ 2. 誘導灯及び誘導標識 (消令 26)

"誘導灯及び誘導標識"は,「屋内から直接地上へ通ずる出入口,又は避難階段等へ有効に避難できる場所を表示して,避難者を安全に誘導するためのもの」である.

(1) 誘導灯及び誘導標識に関する技術上の基準

(a) 避難口誘導灯

避難口誘導灯は,「避難口である旨を表示した緑色の灯火」とし,防火対象物又はその部分の避難口に,避難上有効なものとなるように設ける.

(b) 通路誘導灯

通路誘導灯は,「避難の方向を明示した緑色の灯火」とし,防火対象物又はその部分の廊下,階段,通路,その他避難上の設備がある場所に,避難上有効なものとなるように設ける.

ただし,階段に設けるものは,避難の方向を明示したものとすることを要しない.

(c) 客席誘導灯

客席誘導灯は,客席に,消則で定めるところにより計った客席の照度が 0.2 lx (ルクス) 以上となるように設ける.

(d) 非常電源

誘導灯には,非常電源を附置する.

(e) 誘導標識

誘導標識は,「避難口である旨,又は避難の方向を明示した緑色の標識」とし,多数の者の目に触れやすい箇所に,避難上有効なものとなるように設ける.

(2) 緩和基準

誘導灯及び誘導標識を設置することを要しない防火対象物,又はその部分は,表 3・9,表 3・10,表 3・11 のとおりである.

表 3・9　避難口誘導灯を設置することを要しない防火対象物又はその部分

防火対象物の部分	緩和条件
消令別表第 1（1）項〜（16）項に掲げる防火対象物の階のうち，居室の各部分から主要な避難口を容易に見通し，かつ，識別することができる階. 　ただし，ここで主要な避難口とは ・　避難階（無窓階を除く）は消則 28 の 3 ③1 イに掲げる避難口 ・　避難階以外の階（地階及び無窓階を除く）は同号ロに掲げる避難口 をいう.	当該避難口に至る歩行距離が， ・　避難階は 20 m 以下 ・　避難階以外の階は 10 m 以下であるもの
消令別表第 1（1）項に掲げる防火対象物の避難階. 　ただし，床面積が 500 m² 以下で，かつ，客席の床面積が 150 m² 以下のものに限る.	次のすべてに該当するもの. イ　客席避難口（客席に直接面する避難口）を 2 以上有する. ロ　客席の各部分から客席避難口を容易に見通し，かつ，識別することができ，客席の各部分から当該客席避難口に至る歩行距離が 20 m 以下. ハ　すべての客席避難口に，火災時に当該客席避難口を識別することができるように照明装置（自動火災報知設備の感知器の作動と連動して点灯し，かつ，手動により点灯することができるもので，非常電源が附置されているものに限る）が設けられている.
消令別表第 1（1）項〜（16）項に掲げる防火対象物の避難階にある居室	次のすべてに該当するもの. イ　消則 28 の 3 ③1 イに掲げる避難口（主として当該居室に存する者が利用するものに限る）を有する. ロ　室内の各部分から，消則 28 の 3 ③1 イに掲げる避難口を容易に見通し，かつ，識別することができ，室内の各部分から当該避難口に至る歩行距離が 30 m 以下. ハ　燐光等により光を発する誘導標識（蓄光式誘導標識）が消防庁長官の定めるところにより設けられている.

表 3·9（続き）

防火対象物の部分	緩和条件	
消令別表第 1（16）項イに掲げる防火対象物のうち， ・ （5）項ロ，（6）項ロ，及び（6）項ハに掲げる防火対象物の用途以外の用途に供される部分が存せず， かつ，本表右欄（イからホ）に定めるところにより， ・ （6）項ロ，及び（6）項ハに掲げる防火対象物の用途に供される部分に設置される区画を有するものの（6）項ロ，及び（6）項ハに掲げる防火対象物の用途に供される部分以外の部分. 　ただし，地階，無窓階，及び 11 階以上の階の部分を除く.	イ	居室を，準耐火構造の壁及び床（3 階以上の階に存する場合は，耐火構造の壁及び床）で区画したものである.
	ロ	壁及び天井（天井のない場合は，屋根）の室内に面する部分（回り縁，窓台，その他これらに類する部分を除く）の仕上げを，地上に通ずる主たる廊下，その他の通路は準不燃材料で，その他の部分は難燃材料でしたものである.
	ハ	区画する壁及び床の開口部の面積の合計が 8 m² 以下であり，かつ，一の開口部の面積が 4 m² 以下である.
	ニ	前ハの開口部には，防火戸（3 階以上の階に存する場合は，特定防火設備である防火戸）（廊下と階段とを区画する部分以外の部分の開口部は，防火シャッターを除く）で，随時開くことができる自動閉鎖装置付きのもの，若しくは，次に定める構造のもの，又は鉄製網入りガラス入り戸（2 以上の異なった経路により避難することができる部分の出入口以外の開口部で，直接外気に開放されている廊下，階段，その他の通路に面し，かつ，その面積の合計が 4 m² 以内のものに設けるものに限る）を設けたものである. （イ）随時閉鎖することができ，かつ，煙感知器の作動と連動して閉鎖する. （ロ）居室から地上に通ずる主たる廊下，階段，その他の通路に設けるものは，直接手で開くことができ，かつ，自動的に閉鎖する部分を有し，その部分の幅，高さ及び下端の床面からの高さが，それぞれ，75 cm 以上，1.8 m 以上，及び 15 cm 以下である.
	ホ	消令別表第 1（6）項ロ及びハに掲げる防火対象物の用途に供される部分の主たる出入口が，直接外気に開放され，かつ，当該部分における火災時に生ずる煙を有効に排出することができる廊下，階段，その他の通路に面している.
小規模特定用途複合防火対象物の地階，無窓階及び 11 階以上の部分以外の部分. ただし，消令別表第 1（1）項〜（4）項，（5）項イ，（6）項又は（9）項に掲げる防火対象物の用途以外の用途に供される部分が存しないものを除く.		

表 3・10　通路誘導灯を設置することを要しない防火対象物

防火対象物の部分	緩和条件
消令別表第 1（1）項〜（16）項に掲げる防火対象物の階のうち，居室の各部分から主要な避難口，又はこれに設ける避難口誘導灯を容易に見通し，かつ，識別することができる階．	当該避難口に至る歩行距離が避難階は 40 m 以下，避難階以外の階は 30 m 以下であるもの．
消令別表第 1（1）項〜（16）項に掲げる防火対象物の避難階にある居室．	次のすべてに該当するもの． イ　消則 28 ③ 1 イに掲げる避難口を有する． ロ　室内の各部分から消則 28 ③ 1 イに掲げる避難口，又はこれに設ける避難口誘導灯若しくは蓄光式誘導標識を容易に見通し，かつ，識別することができ，室内の各部分から当該避難口に至る歩行距離が 30 m 以下である．
消令別表第 1（16）項イに掲げる防火対象物のうち， ・（5）項ロ，（6）項ロ，及び（6）項ハに掲げる防火対象物の用途以外の用途に供される部分が存せず， かつ，本表右欄（イからホ）に定めるところにより， ・（6）項ロ，及び（6）項ハに掲げる防火対象物の用途に供される部分に設置される区画を有するものの（6）項ロ，及び（6）項ハに掲げる防火対象物の用途に供される部分以外の部分． ただし，地階，無窓階，及び 11 階以上の階の部分を除く．	イ　居室を，準耐火構造の壁及び床（3 階以上の階に存する場合は，耐火構造の壁及び床）で区画したものである． ロ　壁及び天井（天井のない場合は，屋根）の室内に面する部分（回り縁，窓台，その他これらに類する部分を除く）の仕上げを地上に通ずる主たる廊下，その他の通路は準不燃材料で，その他の部分は難燃材料でしたもの． ハ　区画する壁及び床の開口部の面積の合計が 8 m² 以下であり，かつ，一の開口部の面積が 4 m² 以下である． ニ　前ハの開口部には，防火戸（3 階以上の階に存する場合は，特定防火設備である防火戸）（廊下と階段とを区画する部分以外の部分の開口部は，防火シャッターを除く）で，随時開くことができる自動閉鎖装置付きのもの，若しくは，次に定める構造のもの，又は鉄製網入りガラス入り戸（2 以上の異なった経路により避難することができる部分の出入口以外の開口部で，直接外気に開放されている廊下，階段，その他の通路に面し，かつ，その面積の合計が 4 m² 以内のものに設けるものに限る）を設けたもの．

	（イ）随時閉鎖することができ，かつ，煙感知器の作動と連動して閉鎖する．
	（ロ）居室から地上に通ずる主たる廊下，階段，その他の通路に設けるものは，直接手で開くことができ，かつ，自動的に閉鎖する部分を有し，その部分の幅，高さ，及び下端の床面からの高さが，それぞれ，75 cm 以上，1.8 m 以上，及び 15 cm 以下である．
	ホ　消令別表第 1（6）項ロ及びハに掲げる防火対象物の用途に供される部分の主たる出入口が，直接外気に開放され，かつ，当該部分における火災時に生ずる煙を有効に排出することができる廊下，階段，その他の通路に面している．

小規模特定用途複合防火対象物の地階，無窓階，及び 11 階以上の部分以外の部分．
ただし，消令別表第 1（1）項〜（4）項，（5）項イ，（6）項，又は（9）項に掲げる防火対象物の用途以外の用途に供される部分が存しないものを除く．

消令別表第 1（1）項〜（16 の 3）項に掲げる防火対象物の階段，又は傾斜路のうち，建基令 126 の 4 に規定する非常用の照明装置が設けられているもの．
ただし，消防庁長官が定める要件に該当する防火対象物の乗降場（地階にあるものに限る）に通ずる階段，及び傾斜路，並びに直通階段に設けるもの（消防庁長官が定めるところにより蓄光式誘導標識が設けられている防火対象物，又はその部分に設けられているものを除く）は，60 分間作動できる容量以上のものに限る．

表 3·11 誘導標識を設置することを要しない防火対象物又はその部分

防火対象物の部分	緩和条件
消令別表第 1（1）項～（16）項に掲げる防火対象物の階のうち，居室の各部分から主要な避難口を容易に見通し，かつ，識別することができる階．	当該避難口に至る歩行距離が 30 m 以下であるもの．
消令別表第 1（1）項に掲げる防火対象物の避難階．	次のすべてに該当するもの． イ　客席避難口を 2 以上有する． ロ　客席の各部分から客席避難口を容易に見通し，かつ，識別することができ，客席の各部分から当該客席避難口に至る歩行距離が 30 m 以下． ハ　すべての客席避難口に，火災時に当該客席避難口を識別することができるように照明装置が設けられている．
消令別表第 1（1）項～（16）項に掲げる防火対象物の避難階にある居室．	次のすべてに該当するもの． イ　消則 28 の 3 ③ 1 イに掲げる避難口を有する． ロ　室内の各部分から消則 28 の 3 ③ 1 イに掲げる避難口，又は，これに設ける避難口誘導灯，若しくは蓄光式誘導標識を容易に見通し，かつ，識別することができ，室内の各部分から当該避難口に至る歩行距離が 30 m 以下．
誘導標識の設置が必要な防火対象物，又はその部分に，避難口誘導灯又は通路誘導灯を技術上の基準に従い，又は当該技術上の基準の例により，設置したときは，これらの誘導灯の有効範囲内の部分について誘導標識を設置しないことができる．	

4 消防用水（消令27）

"消防用水"とは，防火水槽，これに代わる貯水池，その他の用水をいう（消令7⑤）．

● 1. 構　造

(1) 有効水量

　表3·12のアについては，1階と2階の合計床面積を下表の「面積」で除した商（1未満の端数は切り上げる）に20 m³を乗じた量以上とする．

　また，イについては，延べ面積に対して同様に計算する．

表3·12　有効水量

建物の区分		面積
ア　消令別表第1 (1) 項〜 (15) 項，(17) 項，(18) 項 敷地面積が 20,000 m² 以上	耐火建築物（15,000 m² 以上）	7,500 m²
	準耐火建築物（10,000 m² 以上）	5,000 m²
	その他の建築物（5,000 m² 以上）	2,500 m²
イ　高さが 31 m を超え，延べ面積が 25,000 m² 以上 （地階を除く）		12,500 m²

注) 1個の消防用水の有効水量は 20 m³ 以上とする（流水の場合は，0.8 m³/分以上）．

(2) 構造等

- 建築物の各部分から，一の消防用水までの水平距離を 100 m 以下とする．
- 吸管を投入する部分の水深は，所要水量のすべてを有効に吸い上げることができる深さとする．
- 消防ポンプ車が 2 m 以内に接近することができるように設ける．
- 防火水槽には，適当な大きさの吸管投入孔を設ける．

5 消火活動上必要な施設

● 1. 排煙設備 (消令 28)

　排煙設備は，設置を要する防火対象物又はその部分の用途，構造又は規模に応じ，火災が発生した場合に生じる煙を有効に排除できるものである（**表 3·13**,**表 3·14**）.

　ただし，排煙上，有効な窓等の開口部が設けられている部分，その他の消火活動上支障がないものとして総務省令（消則 29）で定める部分には，排煙設備を設置しないことができる.

　排煙設備には，手動起動装置又は火災の発生を感知した場合に作動する自動起動装置を設けるとともに，非常電源を附置する.

表 3·13　排煙設備の設置対象（消令別表第 1 の用途別）

(16 の 2) 項	延べ面積：1,000 m² 以上
(1) 項	舞台部の床面積：500 m² 以上
(2) 項，(4) 項，(10) 項，(13) 項	地階又は無窓階で床面積：1,000 m² 以上

表 3·14　排煙設備の主な基準（消則 30）

排煙口	・床面積 500 m² 以下の防煙区画（防煙垂れ壁等の防煙壁による区画）ごとに 1 以上設ける. ・防煙区画の各部分から排煙口までは 30 m 以下とする. ・天井又は壁（防煙壁の下端より上部，床面からの高さが天井の高さの 1/2 以上の部分）に設ける. ・排煙用の風道に接続（排煙時以外は閉鎖），又は直接外気に接している.
給気口	・消防活動拠点（特別避難階段の附室，非常用エレベーターの乗降ロビー等）に 1 以上設ける. ・床，又は壁（床面からの高さが天井の高さの 1/2 未満の部分）に設ける. ・給気用の風道に接続（給気時以外は閉鎖）され，又は直接外気に接している.
風道	・排煙上・給気上・保安上，必要な強度，容量・気密性を有する. ・排煙機，給気機に接続されている. ・風道の断熱，可燃物との離隔等の措置を講ずる（風道内の煙の熱などによる周囲への過熱，延焼等のおそれのある場合）
起動装置	・手動起動装置：1 の防煙区画ごとに設置. 　→　見やすい箇所に起動装置である旨，及びその使用方法を表示する. ・自動起動装置：自動火災報知設備の感知器の作動，閉鎖型スプリンクラーヘッドの開放，又は火災感知用ヘッドの作動，開放と連動して起動する（防災センター等に手動切換え装置を設ける）.
排煙機，給気機	点検に便利で，火災等の災害による被害を受けるおそれが少ない場所に設ける.
排煙設備の性能	・排煙機により排煙する防煙区画：消防活動拠点は毎分 240 m³ 以上の空気を排出. ・直接外気に接する排煙口から排出する防煙区画：消防活動拠点は，排煙口の面積の合計 2 m² 以上.
電源	自動火災報知設備の規定の例による.
非常電源	屋内消火栓の規定の例による.
配線（操作回路）	屋内消火栓の規定の例による.
耐震措置	風道，排煙機，給気機，非常電源には地震による振動等に耐えるための有効な措置を講ずる.

※　排煙口，風道，その他煙に接する部分は，煙の熱及び成分により，その機能に支障を生ずるおそれのない材料で造る（消令 28 ② 3）.

● 2. 連結散水設備（消令28の2）

連結散水設備の設置対象と主な技術基準は**表3·15**と**表3·16**のとおりである.

表3·15　連結散水設備の設置対象（消令別表第1の用途別）

(1) 項～ (15) 項，(17) 項	地階の床面積の合計：700 m² 以上
(16の2) 項	延べ面積：700 m² 以上

注）送水口を附置したスプリンクラー設備，水噴霧消火設備，泡消火設備，不活性
　ガス消火設備，ハロゲン化物消火設備，又は粉末消火設備を設置したときは，
　これらの設備の有効範囲内の部分には，連結散水設備を設置しないことができ
　る（消令28の2③）.
　　また，連結送水管を設置したときは，その部分に排煙設備が設置されている場合
（排煙設備の設置対象であるが，排煙設備の設置を要しない部分を含む），連結散水
設備を設置しないことができる（消令28の2④，消則30の2の2）.

表3·16　連結散水設備の主な基準

散水ヘッド	・　天井の室内に接する部分，天井裏に設ける. ・　1の送水区域に接続するヘッドの数は，**開放型散水ヘッド及び閉鎖型散水ヘッド**は10以下，**閉鎖型スプリンクラーヘッド**は20以下とする. ・　1の送水区域に接続する散水ヘッドは，1種類とする.
送水口	・　ホース接続口は双口形とする. ・　ホース接続口は地盤面から0.5 m以上1 m以下，地盤面からの深さが0.3 m以内に設ける. ・　直近の見やすい箇所に，連結散水設備の送水口である旨の標識，送水区域・選択弁と送水口を明示した系統図を設ける.
選択弁	・　選択弁を設ける場合は，送水口の付近に設ける.
配　管	・　管は，亜鉛めっき等の耐食措置を講じたものとする. ・　管の接続は，ねじ接続，差込溶接式，耐熱措置を講じたフランジ継手とする. ・　逆止弁を設けるとともに，配管内の水を有効に排水できる措置を講ずる.

▶ 3. 連結送水管 (消令 29)

連結送水管の設置対象と主な技術基準は**表 3・17** と**表 3・18** のとおりである.

表 3・17 連結送水管の設置対象物と放水口の設置階

防火対象物	放水口を設置する階	放水口までの水平距離
地上の階数が 7 以上	3 階以上の階	50 m
地上の階数が 5 以上 (延べ面積:6,000 m² 以上)		
地下街 (延べ面積:1,000 m² 以上)	地階	
アーケード	—	25 m
道路の用に供される部分を有するもの	—	

注) 放水口は階段室,非常用エレベーターの乗降ロビー,その他これに類する場所で,消防隊が有効に消火活動を行うことができる位置に設ける.

表 3・18 連結送水管の主な基準

主 管	内径:100 mm 以上 (フォッグガン等については水力計算値による)
送水口	・ ホース接続口は地盤面から 0.5 m 以上 1 m 以下とし,見やすい箇所に標識を設ける. ・ 送水口は双口形とし,消防ポンプが容易に接近することができる位置とする.
放水口	・ 11 階以上の部分に設ける放水口は双口形とする (放水用器具を格納した箱を附置する). ・ ホース接続口は床面から 0.5 m 以上 1 m 以下の高さに設け,見やすい箇所に標識を設ける.
加圧送水装置	11 階以上で高さが 70 m を超える建物については,連結送水管を湿式とし,非常電源 (2 時間以上有効に作動) を附置した加圧送水装置を設ける.

4. 非常コンセント (消令 29 の 2)

非常コンセントは,①地階を除く階数が 11 以上の建築物,②延べ面積 1,000 m² 以上の地下街に設置し,設置基準等については,**表 3・19** のとおりである.

表 3・19 非常コンセントの設置基準等

設置位置 (地上 11 階以上の階,地下街の地階)	・ 各部分から一の非常コンセントまでの水平距離が 50 m 以下となるように設ける. ・ 階段室,非常用エレベーターの乗降ロビー,その他これらに類する場所で,消防隊が有効に消火活動を行うことができる位置に設ける.
設置場所等	・ 床面からの高さが 1 m 以上 1.5 m 以下の位置に設ける. ・ 非常コンセントの保護箱には「非常コンセント」と表示する (保護箱の上部には赤色の灯火を設ける).
供給電力	単相交流 100 V で 15 A 以上の電気を供給できること.
非常電源	屋内消火栓設備の規定に準じて設ける.

　無線通信補助設備は，点検に便利で，火災等の災害による被害を受けるおそれが少ないように設けるとともに，消防隊相互間の無線連絡が容易に行われるように設ける（**表 3・20**）.

表 3・20　無線通信補助設備の主な設置基準等

設置対象	消令別表第 1（16 の 2）項で延べ面積が 1,000 m² 以上のもの
ケーブル	ア　漏洩同軸ケーブル イ　漏洩同軸ケーブルとこれに接続する空中線 ウ　同軸ケーブルとこれに接続する空中線
他用途と共用	警察の無線通信等と共用する場合は，消防隊の無線連絡に支障のないような措置を講じる.

6　総合操作盤

　"総合操作盤" とは，「消防用設備等又は特殊消防用設備等の監視，操作などを行うために必要な機能を有する設備」をいう（規則 12 ① 8，**表 3・21**）.

表 3・21　総合操作盤の設置基準等

設置対象	ア　消令別表第 1（1）項～（16）項に掲げる防火対象物で，次のいずれかに該当するもの 　・　延べ面積が 50,000 m² 以上の防火対象物 　・　地上階が 15 以上で，延べ面積が 30,000 m² 以上の防火対象物
	イ　延べ面積が 1,000 m² 以上の地下街
	ウ　次の防火対象物（ア及びイに該当するものを除く）のうち，消防長又は消防署長が火災予防上，必要があると認めて指定するもの 　・　地上階が 11 以上で，延べ面積が 10,000 m² 以上の防火対象物 　・　地上階が 5 以上で，延べ面積が 20,000 m² 以上の防火対象物 　・　地階の床面積の合計が 5,000 m² 以上の防火対象物
設置場所	防災センター（総合操作盤，その他これに類する設備により，防火対象物の消防用設備等又は特殊消防用設備等，その他これに類する防災のための設備を管理する場所をいう）
	中央管理室（建基令 20 の 2 第 2 号）
	守衛室その他これに類する場所（常時人がいる場所に限る）

7 非常電源

非常電源には，
- 非常電源専用受電設備
- 自家発電設備
- 蓄電池設備
- 燃料電池設備

がある（**表3·22**）.

表3·22 消防用設備等の非常電源設置種別

	非常電源専用受電設備	自家発電設備	蓄電池設備		燃料電池設備	容量
			直交変換装置を有しないもの	直交変換装置を有するもの		
屋内消火栓設備	○※	○	○	○	○	30分
スプリンクラー設備	○※	○	○	○	○	30分
水噴霧設備	○※	○	○	○	○	30分
泡消火設備	○※	○	○	○	○	30分
屋外消火栓設備	○※	○	○	○	○	30分
不活性ガス消火設備	×	○	○	○	○	1時間
ハロゲン化物消火設備	×	○	○	○	○	1時間
粉末消火設備	×	○	○	○	○	1時間
自動火災報知設備	○	×	○	×	×	10分
ガス漏れ火災警報設備	×	○	○	○	○	10分
非常警報設備	○	×	○	×	×	10分
誘導灯	×	○	○	○	○	20分△
排煙設備	○※	○	○	○	○	30分
連結送水管	○※	○	○	○	○	2時間
非常コンセント	○	○	○	○	○	30分
無線通信補助設備	○※	×	○	×	×	30分

網掛け部分：特定防火対象物で延べ面積1,000 m² 以上のものは認めない．なお，※は小規模特定用途防火対象物については設けることができる.

二重囲み部分：2回線を1分間有効に作動させ，同時に，その他の回線を1分間監視状態にすることができる容量以上の容量を有する「予備電源」又は「直交変換装置を有する蓄電池設備」を設ける場合に限る.

△：延べ面積50,000 m² 以上，地上階が5以上で延べ面積30,000 m² 以上の特定防火対象物，延べ面積1,000 m² 以上の地下街については60分間とする.

8 必要とされる防火安全性能を有する消防の用に供する設備等（消令29の4）

"必要とされる防火安全性能を有する消防の用に供する設備等" とは，通常用いられる消防用設備等に代えて総務省令で定めるところにより，消防長又は消防署長がその**防火安全性能**

- ・ 火災の拡大を初期に抑制する性能
- ・ 火災時に安全に避難することを支援する性能
- ・ 消防隊による活動を支援する性能

が，当該通常用いられる消防用設備等の防火安全性能と「同等以上である」と認める消防の用に供する設備，消防用水又は消火活動上必要な施設をいう．

必要とされる防火安全性能を有する消防の用に供する設備等

「必要とされる防火安全性能を有する消防の用に供する設備等」を用いる場合，当該関係者は，通常用いられる消防用設備等と同等以上の防火安全性能を有するように設置し，及び維持しなければならない．

また，通常用いられる消防用設備等（それに代えて必要とされる防火安全性能を有する消防の用に供する設備等が用いられるものに限る）については，消令10条〜29条の3は適用しない．

本規定により基準の示されているものには，

- ・ 屋内消火栓設備に代えて用いることができる**パッケージ型消火設備**
- ・ スプリンクラー設備に代えて用いることができる**パッケージ型自動消火設備**
- ・ **特定共同住宅等において必要とされる防火安全性能を有する消防の用に供する設備等**
- ・ 自動火災報知設備に代えて用いることができる**特定小規模施設用自動火災報知設備**
- ・ 排煙設備に代えて用いることができる**加圧防排煙設備**
- ・ 自動火災報知設備に代えて用いることができる**複合型居住施設用自動火災報知設備**
- ・ 泡消火設備に代えて用いることができる**特定駐車場用泡消火設備**

がある．

● 1. パッケージ型消火設備

"パッケージ型消火設備"とは，人の操作によりホースを延長し，ノズルから消火薬剤（消火に供する水を含む）を放射して消火を行う消火設備であって，

- ・ ノズル
- ・ ホース
- ・ リール又はホース架
- ・ 消火薬剤貯蔵容器
- ・ 起動装置
- ・ 加圧用ガス容器

等を，一の格納箱に収納したものをいう.

設置することができる防火対象物（部分）の用途は，屋内消火栓設備設置対象物のうち，消令別表第1 (1) 項～ (12) 項，(15) 項，(16) 項（(1) 項～ (12) 項，(15) 項である.

注）設置できない場所

- ・ 750 倍以上の指定可燃物（可燃性液体類を除く）を貯蔵する場所
- ・ 地階，無窓階，火災のとき煙が著しく充満するおそれのある場所

表 3・23 パッケージ型消火設備に係る規定

		Ⅰ型	Ⅱ型
設置要件	耐火建築物	地階を除く階数が 6 以下 延べ面積が 3,000 m² 以下	地階を除く階数が 4 以下 延べ面積が 1,500 m² 以下
	耐火建築物以外	地階を除く階数が 3 以下 延べ面積が 2,000 m² 以下	地階を除く階数が 2 以下 延べ面積が 1,000 m² 以下
設置基準	水平距離	階ごとに，その階の各部分から一のホース接続口までの水平距離	
		20 m 以下	15 m 以下
	防護面積	850 m² 以下	500 m² 以下
性能	ホース長	25 m 以上	20 m 以上
	放射時間	2 分以上	1 分 30 秒以上
	放射距離	10 m 以上（棒状で放射）	

▶ 2. パッケージ型自動消火設備

"パッケージ型自動消火栓設備"とは，火災の発生を感知し，自動的に水，又は消火薬剤を圧力により放射して消火を行う固定した消火設備であって，

- ・ 感知部
- ・ 放出口
- ・ 作動装置
- ・ 消火薬剤貯蔵容器
- ・ 放出導管
- ・ 受信装置

等により構成されるものをいう（**表3·24**）．

表3·24 パッケージ型自動消火設備に係る規定

	Ⅰ型	Ⅱ型
設置用途・規模	・ 消令 12 ① 1, 3, 4, 9～12 の防火対象物（その部分）のうち，消令別表第 1 (5) 項，(6) 項，(16) 項 ((5) 項，(6) 項の用途に供される部分） ・ 延べ面積 10,000 m² 以下	・ 消令 12 ① 1, 消令 12 ① 9 ・ 延べ面積 275 m² 以下
同時放射区域	区画されている部分ごと（13 m² を超える場合は，2 以上に分割する）	
複数で防護する場合	同時に放射できるように作動装置等を連動させる	

注）作動後速やかに，防護区域内に消火薬剤を有効に放射できること

▶ 3. 特定共同住宅関係設備

"特定共同住宅"とは，消防庁長官が定める基準に適合するものであって，

- ・ 二方向避難型特定共同住宅等
- ・ 開放型特定共同住宅等
- ・ 二方向避難・開放型特定共同住宅等
- ・ その他の特定共同住宅

に構造別に類型されている．

これら特定共同住宅等に設置される「必要とされる防火安全性能を有する消防の用に供する設備等」には，住宅用消火器・消火器具，共同住宅用スプリンクラー設備，共同住宅用自動火災報知設備，住戸用自動火災報知設備，共同住宅用非常警報設備，共同住宅用連結送水管，共同住宅用非常コンセント設備がある．

▶ 4. 特定小規模施設用自動火災報知設備

"特定小規模施設用自動火災報知設備"とは,「特定小規模施設における火災が発生した場合において,当該火災の発生を感知し,及び報知するための設備」をいう.

▶ 5. 複合型居住施設用自動火災報知設備

"複合型居住施設用自動火災報知設備"とは,「複合型居住施設における火災が発生した場合において,当該火災の発生を感知し,及び報知するための設備」をいう.

▶ 6. 加圧防排煙設備

"加圧防排煙設備"とは,「消防隊による活動を支援するために,火災が発生した場合に生ずる煙を有効に排除し,かつ,給気により加圧することによって,その活動の拠点となる室への煙の侵入を防ぐことのできる設備であって,排煙口,給気機等により構成されるもの」をいう.

設置対象は,消令別表第1(4)項,(13)項イ(機械式の立体駐車構造であるものを除く)の地階又は無窓階で,床面積が1,000 m²以上のものである.

主要構造部が耐火構造であること,階段等とその他の部分が準耐火構造の床・壁又は防火設備で区画されていること,かつ,スプリンクラー設備等が設置されていること等の要件を満たすものである.

▶ 7. 特定駐車場用泡消火設備

"特定駐車場用泡消火設備"とは,「特定駐車場における火災の発生を感知し,自動的に泡水溶液(泡消火薬剤と水との混合液)を圧力により放射して,当該火災の拡大を初期に抑制するための設備」をいう(**表3・25**).

表3・25 特定駐車場

消令別表第1に掲げる防火対象物の駐車の用に供される部分で,次のア又はイに掲げるもの.	ア.平面式 当該部分の存する階における当該部分の床面積が, ・地階又は2階以上の階にあっては 200 m² 以上 ・1階にあっては 500 m² 以上 ・屋上部分にあっては 300 m² 以上のもののうち,「床面から天井までの高さが 10 m 以下」のもの.
	イ.機械式 昇降機等の機械装置により,車両を駐車させる構造のもので,車両の収容台数が10台以上のもののうち,「床面から天井までの高さが10 m以下」のもの.

特定小規模施設，複合型居住施設に該当するもの

"特定小規模施設"に該当するものとして，例えば，消令別表第1（2）項ニ，（5）項イ，（6）項イ（1）～（3），（6）項ロに掲げる防火対象物で「延べ面積が300 m² 未満のもの」等が規定されている．

また，"複合型居住施設"とは，消令別表第1（16）項イに掲げる防火対象物のうち，「延べ面積が500 m² 未満で，消令別表第1（5）項ロ並びに（6）項ロ，及びハ（有料老人ホーム，福祉ホーム，認知症高齢者グループホーム，障害者グループホームに限る）に掲げる用途以外の用途に，供される部分が存しないもの」をいう．

9 消防の用に供する機械器具等の検定・自主表示

▶ 1．検定制度

消防の用に供する**機械器具等**（消防の用に供する機械器具若しくは設備，消火薬剤又は防火塗料，防火液その他の防火薬品）のうち，一定の形状，構造，材質，成分及び性能（以下「形状等」という）を有しないときは火災の予防若しくは警戒，消火又は人命の救助等のために重大な支障を生ずるおそれのあるものであり，かつ，その使用状況からみて当該形状等を有することについてあらかじめ検査を受ける必要があると認められるものであって，政令で定めるもの（「**検定対象機械器具等**」）については，検定を受けなければならない（法21の2①，**表3・26**）．

表 3·26　検定対象機械器具等（消令 37）

1	消火器
2	消火器用消火薬剤（二酸化炭素を除く）
3	泡消火薬剤（水溶性液体用泡消火薬剤を除く）
4	火災報知設備の感知器（火災によって生ずる熱，煙又は炎を利用して自動的に火災の発生を感知するものに限る）又は発信機
5	火災報知設備又はガス漏れ火災警報設備（液化石油ガスを検知対象とするもの等を除く．）に使用する中継器（火災報知設備及びガス漏れ火災警報設備の中継器を含む）
6	火災報知設備又はガス漏れ火災警報設備に使用する受信機（火災報知設備及びガス漏れ火災警報設備の受信機を含む）
7	住宅用防災警報器
8	閉鎖型スプリンクラーヘッド
9	スプリンクラー設備，水噴霧消火設備又は泡消火設備に使用する流水検知装置
10	スプリンクラー設備，水噴霧消火設備又は泡消火設備に使用する一斉開放弁（配管との接続部の内径が 300 mm を超えるものを除く）
11	金属製避難はしご
12	緩降機

注）法 17 条③項の規定による認定を受けた特殊消防用設備等の部分であるもの，輸出されるもの（総務大臣の承認を受けたものに限る）又は船舶安全法若しくは航空法の規定に基づく検査若しくは試験に合格したものを除く．

　検定対象機械器具等は，規定（法 21 の 9 ①）による表示が付されているものでなければ，販売し，又は販売の目的で陳列してはならず，また，検定対象機械器具等のうち消防の用に供する機械器具又は設備は，規定（法 21 の 9 ①）による表示が付されているものでなければ，その設置，変更又は修理の請負に係る工事に使用してはならない．

　検定は「型式承認」と「型式適合検定」からなる（表 3·27）．

表 3·27　検定

型式承認	検定対象機械器具等の型式に係る形状等が総務省令で定める検定対象機械器具等に係る技術上の規格に適合している旨の承認
型式適合検定	検定対象機械器具等の形状等が型式承認を受けた検定対象機械器具等の型式に係る形状等に適合しているかどうかについて総務省令で定める方法により行う検定

日本消防検定協会又は総務大臣の登録を受けた法人は，型式適合検定に合格した検定対象機械器具等に，総務省令で定めるところにより，型式承認を受けたものであり，かつ，型式適合検定に合格したものである旨の表示を付さなければならない（図 3·1，法 21 の 9）．

検定対象機械機器等の種別	表 示 の 様 式
消化器 火災報知器設備の感知器又は発信機 中継器 受信機 金属製避難はしご	 ←10mm→

図 3・1　型式適合検定合格の表示例
（消則別表 3）

　総務大臣は，技術上の規格が変更され，既に型式承認を受けた検定対象機械器具等の型式に係る形状等が当該変更後の同項に規定する技術上の規格に適合しないと認めるときは，当該型式承認の効力を失わせ，又は一定の期間が経過した後に当該型式承認の効力が失われることとするものとされている（法 21 の 5 ①）．

　総務大臣は，火災の予防若しくは警戒，消火又は人命の救助等のために重大な支障が生ずるおそれがあると認める場合において，当該重大な支障の発生を防止するため特に必要があると認めるときは，販売業者等に対し，当該検定対象機械器具等の回収を図ること等必要な措置をとるべきことを命ずることができる（法 21 の 13）．

2. 自主表示制度

　自主表示対象機械器具等（検定対象機械器具等以外の消防の用に供する機械器具等のうち，一定の形状等を有しないときは火災の予防若しくは警戒，消火又は人命の救助等のために重大な支障を生ずるおそれのあるものであつて，政令で定めるもの）は，規定の表示が付されているものでなければ，販売し，又は販売の

目的で陳列してはならず，また，自主表示対象機械器具等のうち消防の用に供する機械器具又は設備は，規定表示が付されているものでなければ，その設置，変更又は修理の請負に係る工事に使用してはならない（法 21 の 16 の 2，**表 3・28**）．

表 3・28　自主表示対象機械器具等（消令 41）

1	動力消防ポンプ
2	消防用ホース
3	消防用吸管
4	消防用ホースに使用する差込式又はねじ式の結合金具及び消防用吸管に使用するねじ式の結合金具
5	エアゾール式簡易消火具
6	漏電火災警報器

　自主表示対象機械器具等の製造又は輸入を業とする者は，自主表示対象機械器具等について，その形状等が総務省令で定める自主表示対象機械器具等に係る技術上の規格に適合しているかどうかについて総務省令で定める方法により検査を行い，その形状等が当該技術上の規格に適合する場合には，総務省令で定めるところにより，当該技術上の規格に適合するものである旨の表示をすることができる（法 21 の 16 の 3，**図 3・2**）．

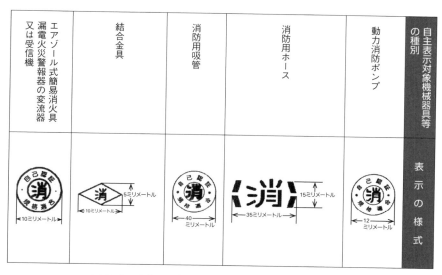

図 3・2　自主表示対象機械器具等の表示（消則別表 4）

3·2 消防設備士制度

1 消防用設備士

消防用設備等，又は特殊消防用設備等の工事又は整備は「軽微な整備を除き，消防設備士でなければ行ってはならない」とされている．

● 1. 消防設備士の免状

(1) 消防設備士免状の種類

消防設備士免状には，

- ・ 甲種消防設備士免状（特類，及び第1類から第5類）
- ・ 乙種消防設備士免状（第1類から第7類）

があり，消防設備士試験に合格し，都道府県知事から交付されるものである．

(2) 免状の交付

ア 都道府県知事は，同一人に対し，日を同じくして2以上の種類の免状を交付するときは，1の種類の免状に他の種類の免状に係る事項を記載して，当該他の種類の免状の交付に代える．

イ 都道府県知事は，免状の交付を現に受けている者に対し，既得免状の種類と異なる種類の免状を交付するときは，当該異なる種類の免状に既得免状に係る事項を記載して交付する．
この場合において，免状の交付の申請の際，既得免状の写しを添付した者に対しては，既得免状と引き換えに免状を交付する．

ウ 免状の交付を現に受けている者は，**既得免状と同一の種類の免状の交付を重ねて受けることができない**．

エ 免状の記載事項は，免状の交付年月日及び交付番号，氏名及び生年月日，本籍地の属する都道府県，免状の種類及び**過去10年以内に撮影した写真**である．

オ 免状の記載事項に変更を生じたときは，遅滞なく，当該免状に必要書類を添えて，当該免状を交付した都道府県知事，又は居住地若しくは勤務地を管轄する都道府県知事にその書換えを申請しなければならない．

カ 免状を亡失し，滅失し，汚損し，又は破損した場合には，当該免状の交付又は書換えをした都道府県知事に，その再交付を申請することができる．
なお，免状を亡失してその再交付を受けた者は，亡失した免状を発見した

場合には，これを 10 日以内に免状の再交付をした都道府県知事に提出しなければならない（マスターpoint 参照）．

免状に関する都道府県知事の責務

① 都道府県知事は，次に該当する者に対しては，免状の交付を行わないことができる．

- 消防設備士免状の返納を命ぜられ，その日から起算して 1 年を経過しない者．
- 法又は法に基づく命令の規定に違反して罰金以上の刑に処せられた者で，その執行を終わり，又は執行を受けることがなくなった日から起算して 2 年を経過しないもの．

② 消防設備士が法又は法に基づく命令の規定に違反しているときは，消防設備士免状を交付した都道府県知事は，当該消防設備士免状の返納を命ずることができる．

③ 都道府県知事は，その管轄する区域において，他の都道府県知事から消防設備士免状の交付を受けている消防設備士が，法又は法に基づく命令の規定に違反していると認めるときは，その旨を当該他の都道府県知事に通知しなければならない．

▶ 2.　消防設備士試験の種類

　消防設備士試験には，甲種消防設備士試験及び乙種消防設備士試験があり，消防用設備等又は特殊消防用設備等の設置及び維持に関して，必要な知識及び技能について，行うものである（マスターpoint 参照）．

　なお，消防設備士試験は，種類ごとに，毎年 1 回以上，都道府県知事が行う．

甲種消防設備士試験の受験資格

① 大学，高等専門学校，高等学校又は中等教育学校において機械，電気，工業化学，土木又は建築に関する学科，又は課程を修めて卒業した者．

② 乙種消防設備士免状の交付を受けた後，2 年以上，工事整備対象設備等の整備の経験を有する者．

③ 前①，②に掲げる者に準ずるものとして，消則で定める者．

※ 乙種消防設備士試験の受験資格は特にない．

▶ 3. 消防設備士講習の受講義務

　消防設備士は，免状の交付を受けた日以後における最初の4月1日から2年以内に，都道府県知事等が行う工事整備対象設備等の工事又は整備に関する講習を受けなければならない．その後は，講習を受けた日以後における最初の4月1日から5年以内ごとに，講習を受けなければならない．

　なお，講習区分は，**表3・29** のとおりである．

表3・29　消防設備士講習の区分

講習区分	講習を受ける消防設備士の種類
特殊消防用設備等	特類の甲種消防設備士
消火設備	第1類・第2類・第3類の甲種・乙種消防設備士
警報設備	第4類の甲種・乙種消防設備士及び第7類の乙種消防設備士
避難設備・消火器	第5類の甲種・乙種消防設備士及び第6類の乙種消防設備士

▶ 4. 消防設備士の責務

- ・　消防設備士は，その業務を誠実に行い，工事整備対象設備等の質の向上に努めなければならない．
- ・　消防設備士は，その業務に従事するときは，**消防設備士免状を携帯して**いなければならない．

▶ 5. 消防設備士の業務

(1) 消防設備士でなければ行ってはならない業務

　消防設備士でなければ行ってはならない業務は，法10条④項の技術上の基準，又は法17条の技術上の基準に従って設置しなければならない消防用設備等，特殊消防用設備等の工事又は整備であり，**表3・30** のとおりである．

表3・30　消防設備士でなければ行ってはならない業務の一覧

消防用設備等の種類	工事	整備	除外される部分
屋内消火栓設備	○	○	工事，整備とも，電源，水源及び配管の部分を除く．
スプリンクラー設備	○	○	工事，整備とも，電源，水源及び配管の部分を除く．
水噴霧消火設備	○	○	工事，整備とも，電源，水源及び配管の部分を除く．
泡消火設備	○	○	工事，整備とも，電源の部分を除く．
不活性ガス消火設備	○	○	工事，整備とも，電源の部分を除く．
ハロゲン化物消火設備	○	○	工事，整備とも，電源の部分を除く．
粉末消火設備	○	○	工事，整備とも，電源の部分を除く．
屋外消火栓設備	○	○	工事，整備とも，電源，水源及び配管の部分を除く．
自動火災報知設備	○	○	工事，整備とも，電源の部分を除く．
ガス漏れ火災警報設備	○	○	工事，整備とも，電源の部分を除く．
消防機関へ通報する火災報知設備	○	○	
金属性避難はしご（固定式のものに限る）	○	○	
救助袋	○	○	
緩降機	○	○	
消火器		○	
漏電火災警報器		○	
特殊消防用設備等	○	○	工事，整備とも，電源，水源及び配管の部分を除く．

(2) 消防設備士でなくても行える消防用設備等の整備の範囲

　屋内消火栓設備の表示灯の交換その他，屋内消火栓設備又は屋外消火栓設備のホース又はノズル，ヒューズ類，ネジ類等部品の交換，消火栓箱，ホース格納箱等の補修，その他これらに類するものである．

6. 消防設備士免状の種類に応じた消防用設備等，又は特殊消防用設備等の工事又は整備の種類

消防設備士免状の種類に応じて行うことができる消防用設備等，又は特殊消防用設備等の工事又は整備は，**表3·31**の指定区分に応じた消防用設備等，又は特殊消防用設備等の工事又は整備である．

表3·31 指定区分に応じた消防用設備等，又は特殊消防用設備等の工事又は整備

指定区分	消防用設備等又は特殊消防用設備等の種類	甲種消防設備士	乙種消防設備士
第1類	・ 屋内消火栓設備 ・ スプリンクラー設備 ・ 水噴霧消火設備 ・ 屋外消火栓設備	工事又は整備	整備
第2類	・ 泡消火設備	工事又は整備	整備
第3類	・ 不活性ガス消火設備， ・ ハロゲン化物消火設備 ・ 粉末消火設備	工事又は整備	整備
第4類	・ 自動火災報知設備 ・ ガス漏れ火災警報設備 ・ 消防機関へ通報する火災報知設備	工事又は整備	整備
第5類	・ 金属製避難はしご ・ 救助袋，緩降機	工事又は整備	整備
第6類	・ 消火器		整備
第7類	・ 漏電火災警報器		整備
特　類	・ 特殊消防用設備等	工事又は整備	

なお，消防設備士が行うことができる，**必要とされる防火安全性能を有する消防の用に供する設備等**の工事又は整備の種類は，**表 3・32** のとおりである．

表 3・32　消防設備士が行うことができる，必要とされる防火安全性能を有する消防の用に供する設備等の工事又は整備の種類

指定区分	消防用設備等又は特殊消防用設備等の種類	甲種消防設備士	乙種消防設備士
第 1 類	・　共同住宅用スプリンクラー設備	工事又は整備	整備
第 2 類	・　特定駐車場用泡消火設備	工事又は整備	整備
第 1 類 第 2 類 第 3 類	・　パッケージ型消火設備 ・　パッケージ型自動消火設備	工事又は整備	整備
第 4 類	・　共同住宅用自動火災報知設備 ・　住戸用自動火災報知設備 ・　特定小規模施設用自動火災報知設備 ・　複合型居住施設用自動火災報知設備	工事又は整備	整備

2 消防用設備等の着工届出

　甲種消防設備士は，消防設備士でなければ行ってはならない工事を行うときは，その工事に着手しようとする日の10日前までに，工事整備対象設備等着工届出書に，消防用設備等に応じて，必要な書類の写しを添付して消防長又は消防署長に届け出なければならない（表3・33，法17の14）．

表3・33　着工届出が必要な消防用設備等（消令36の2）

消防用設備等の種類	備　考
・　屋内消火栓設備 ・　スプリンクラー設備 ・　水噴霧消火設備 ・　屋外消火栓設備	電源，水源及び配管の部分を除く．
・　泡消火設備 ・　不活性ガス消火設備 ・　ハロゲン化物消火設備 ・　粉末消火設備 ・　自動火災報知設備 ・　ガス漏れ火災警報設備	電源の部分を除く．
・　消防機関へ通報する火災報知設備 ・　金属性避難はしご 　　（固定式のものに限る） ・　救助袋 ・　緩降機	
・　特殊消防用設備等	電源，水源及び配管の部分を除く．

　"届出書類の内容"は，「工事整備対象設備等の種類，工事の場所等」であり，工事整備対象設備等着工届出書に，消防用設備等の工事の設計に関する図書の写しを添付する．

　なお，特殊消防用設備等の場合は，

　　・　当該特殊消防用設備等の工事の設計に関する図書
　　・　設備等設置維持計画，性能評価結果を記載した書面
　　・　総務大臣の認定を受けた者であることを証する書類の写し

を添付する．

3 消防設備士の点検範囲

　消防設備士が点検を行うことができる消防用設備等，又は特殊消防用設備等の種類は，表3・31，表3・32（pp.214，215）の工事又は整備ができる消防用設備等の種類のほか，**表3・34**のとおりである．

表3・34　消防設備士が点検を行うことができる消防用設備等，又は特殊消防用設備等の種類

	消防設備士の種類及び指定区分	消防用設備等の種類
①	・　第1類の甲種・乙種消防設備士 ・　第2類の甲種・乙種消防設備士	・　動力消防ポンプ設備 ・　消防用水 ・　連結散水設備 ・　連結送水管 ・　共同住宅用連結送水管
②	・　第4類の甲種・乙種消防設備士 ・　第7類の乙種消防設備士 （下段③欄に掲げる者を除く）	・　非常警報器具 ・　非常警報設備 ・　排煙設備 ・　非常コンセント設備 ・　無線通信補助設備 ・　共同住宅用非常コンセント設備 ・　加圧防排煙設備
③	・　第4類の甲種・乙種消防設備士 ・　第7類の乙種消防設備士 （電気工事士免状，第一種・第二種・第三種電気主任技術者免状の交付を受けている者）	上段②欄の消防用設備等の種類のほか， ・　誘導灯及び誘導標識
④	・　第5類の甲種・乙種消防設備士	・　金属製避難はしご ・　救助袋及び緩降機以外の避難器具
⑤	・　第6類の乙種消防設備士	・　簡易消火用具
⑥	・　第1類の甲種・乙種消防設備士 ・　第2類の甲種・乙種消防設備士 ・　第3類の甲種・乙種消防設備士	・　パッケージ型消火設備 ・　パッケージ型自動消火設備
⑦	・　第1類の甲種・乙種消防設備士	・　共同住宅用スプリンクラー設備
⑧	・　第4類の甲種・乙種消防設備士	・　共同住宅用自動火災報知設備 ・　住戸用自動火災報知設備 ・　特定小規模施設用自動火災報知設備 ・　複合型居住施設用自動火災報知設備
⑨	・　第4類の甲種・乙種消防設備士 ・　第7類の乙種消防設備士	・　共同住宅用非常警報設備
⑩	・　第2類の甲種・乙種消防設備士	・　特定駐車場用泡消火設備

4 消防設備点検資格者等による点検範囲

消防設備点検資格者が点検を行うことができる消防用設備等，又は特殊消防用設備等の種類は**表3·35**のとおりである．

表3·35　消防設備点検資格者が点検を行うことができる消防用設備等，又は特殊消防用設備等の種類

消防設備点検資格者の種類	消防用設備等又は特殊消防用設備等の種類	
特殊消防設備点検資格者	特殊消防用設備等	
第一種消防設備 点検資格者	消防用設備等	・　消火器具 ・　屋内消火栓設備 ・　スプリンクラー設備 ・　水噴霧消火設備 ・　泡消火設備 ・　不活性ガス消火設備 ・　ハロゲン化物消火設備 ・　粉末消火設備 ・　屋外消火栓設備 ・　動力消防ポンプ設備 ・　消防用水 ・　連結散水設備 ・　連結送水管
	必要とされる防火安全性能を有する消防の用に供する設備等	・　パッケージ型消火設備 ・　パッケージ型自動消火設備 ・　共同住宅用スプリンクラー設備 ・　共同住宅用連結送水管 ・　特定駐車場用泡消火設備
第二種消防設備 点検資格者	消防用設備等	・　自動火災報知設備 ・　ガス漏れ火災警報設備 ・　漏電火災警報器 ・　消防機関へ通報する火災報知設備 ・　非常警報器具 ・　非常警報設備 ・　避難器具 ・　誘導灯 ・　誘導標識 ・　排煙設備 ・　非常コンセント設備 ・　無線通信補助設備
	必要とされる防火安全性能を有する消防の用に供する設備等	・　共同住宅用自動火災報知設備 ・　住戸用自動火災報知設備 ・　共同住宅用非常警報設備 ・　共同住宅用非常コンセント設備 ・　特定小規模施設用自動火災報知設備 ・　加圧防排煙設備 ・　複合型居住施設用自動火災報知設備

3·3 その他消防同意，消防用設備等に関する専門知識

1 消防用設備等の設置単位について

　消防用設備等の設置単位は，建築物である防火対象物については，特段の規定（消令8，9，9の2，19②，20②，27②）がない限り，原則として「棟」であり，敷地ではない．

　なお，次の場合は，それぞれの規定等に従う．

3 章 消防用設備等（専攻科目）

▶ 1. 令8区画（消令8）

　防火対象物が開口部のない耐火構造（建基法2条7号に規定する耐火構造）の床，又は壁で区画されているときは，その区画された部分は，消令第3節に規定する消防用設備等の設置，及び維持の技術上の適用については，それぞれ別の防火対象物とみなす．

　なお，この「令8区画」に配管等を貫通させる場合は，一定の条件を満たす必要がある（図3·3）．

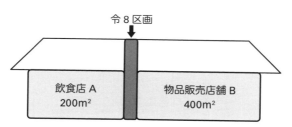

令8区画

飲食店 A
200m²

物品販売店舗 B
400m²

※　飲食店 A と物品販売店舗 B はそれぞれ別の消防用設備等の設置規制となる

図3·3　令8区画の概念図

▶ 2. 複合用途防火対象物（消令9）

　消令別表第1（16）項に掲げる「複合用途防火対象物」の部分で，同表（1）項〜（15）項のいずれかに該当する用途に供されるものは，用途ごとに，それぞれ別の消防用設備等の設置が原則適用となる．

　ただし，防火対象物全体として設置することが火災予防上，合理的と認められ

る以下の消防用設備等については，複合用途防火対象物の全体，又は階として設置する．

- ・ スプリンクラー設備
- ・ 自動火災報知設備
- ・ ガス漏れ火災警報設備
- ・ 漏電火災警報器
- ・ 非常警報設備
- ・ 避難器具
- ・ 誘導灯及び誘導標識

▶ 3. 地下街と接続している防火対象物（消令 9 の 2）

消令別表第 1
- ・ （1）項〜（4）項
- ・ （5）項イ
- ・ （6）項
- ・ （9）項イ
- ・ （16）項イ

の防火対象物の地階で，「地下街（16 の 2）項と一体を成すもの」として消防長又は消防署長が指定したものは，スプリンクラー設備，自動火災報知設備，ガス漏れ火災警報設備，及び非常警報設備については，地下街と一体とみなして消防用設備等の設置が適用となる．

▶ 4. 渡り廊下等で接続されている場合

建築物と建築物が，渡り廊下，地下連絡，又は洞道（換気，暖房又は冷房の設備の風道，給排水管，配電管等の配管類，電線類，その他これらに類するものを布設するためのもの）により接続されている場合は，原則として「1 棟」とする．

ただし，次の（1）から（3）のいずれかに該当する場合は別棟として取り扱うことができる．

(1) 渡り廊下で接続されている場合

建築物と建築物が地階以外の階において，渡り廊下で接続されている場合で，表3・36の要件に適合しているものは別棟として取り扱うことができる.

表3・36　別棟として取り扱うことができる「渡り廊下で接続されている場合」

- ○　渡り廊下が，**通行又は運搬の用途のみ**に供され，かつ，**可燃性物品等の存置**，その他**通行上の支障がない状態**にある.
- ○　渡り廊下の**有効幅員**は，接続される一方，又は双方の建築物の主要構造部が木造である場合は**3 m 未満**，その他の場合は**6 m 未満**.
- ○　接続される**建築物相互間の距離**は，**1 階は 6 m，2 階以上の階は 10 m 超**. ただし，次のアからウまでに適合する場合は，この限りでない.

　ア　接続される建築物の外壁及び屋根については，次の（A）又は（B）による（渡り廊下の接続部分からそれぞれ 3 m 以内の距離にある部分に限る. 次のイにおいて同じ）.
　　（A）耐火構造又は防火構造で造られている.
　　（B）（A）以外のものについては，耐火構造若しくは防火構造の塀，その他これらに類するもの，又は閉鎖型スプリンクラーヘッドを用いるスプリンクラー設備，若しくはドレンチャー設備で，延焼防止上，有効に防護されている.
　イ　アの外壁及び屋根には開口部を有しない. ただし，面積 4 m² 以内の開口部で，甲種防火戸，又は乙種防火戸が設けられている場合にあっては，この限りでない.
　ウ　渡り廊下については次の（A）又は（B）による.
　　（A）吹き抜け等の開放式である.
　　（B）（A）以外のものについては次の（a）から（c）までに適合するものである.
　　　（a）建基令 1 条 3 号に規定する構造耐力上，主要な部分を，鉄骨造，鉄筋コンクリート造又は鉄骨鉄筋コンクリート造とし，その他の部分を不燃材料又は準不燃材料で造ったもの.
　　　（b）建築物の両端の接続部に設けられた出入口の部分の面積はいずれも 4 m² 以下であり，当該部分には甲種防火戸，又は乙種防火戸で，随時開くことができる自動閉鎖装置付きのもの，又は煙感知器の作動と連動して自動的に閉鎖する構造のものが設けられている.
　　　（c）次の，自然排煙用開口部又は機械排煙設備が排煙上，有効な位置に，火災の際，容易に接近できる位置から手動で開放できるように，又は煙感知器の作動と連動して開放するように設けられている. ただし，閉鎖型スプリンクラーヘッドを用いるスプリンクラー設備又はドレンチャー設備が設けられているものにあってはこの限りでない.
　　　　・自然排煙用開口部は，その面積の合計が 1 m² 以上.
　　　　　かつ，「屋根又は天井に設けるもの」は，渡り廊下の幅員の 3 分の 1 以上の幅で長さ 1 m 以上，「外壁に設けるもの」は，その両側に渡り廊下の 3 分の 1 以上の長さで，高さ 1 m 以上のもの.
　　　　　その他，これらと同等以上の排煙上有効な開口部を有するもの.
　　　　・機械排煙設備は，渡り廊下の内部の煙を有効，かつ，安全に外部へ排除することができるものであり，電気で作動させるものには非常電源が附置されているもの.

(2) 地下連絡路で接続されている場合

　建物と建物が地下連絡路で接続されている場合で，**表3·37** のすべてに適合しているものは，別棟として取り扱うことができる．ただし，天井部分が直接外気に常時開放されているもの（ドライエリア形式のもの）は除かれる．

表3·37　別棟として取り扱うことができる「地下連絡路で接続されている場合」

○　接続される建築物又はその部分（地下連絡路が接続されている階の部分）の主要構造部は，耐火構造である．
○　地下連絡路は，通行又は運搬の用途のみに供され，かつ，可燃物品等の存置，その他通行上支障がない状態にある．
○　地下連絡路は，耐火構造とし，かつ，その天井及び壁，並びに床の仕上げ材料及びその下地材料は，不燃材料である．
○　地下連絡路の長さ（地下連絡路の接続する両端の出入口に設けられた防火戸相互の間隔）は6m以上，その幅員は6m未満． 　　ただし，双方の建築物の接続部に閉鎖型スプリンクラーヘッドを用いるスプリンクラー設備又はドレンチャー設備が，延焼防止上有効な方法により設けられている場合は，この限りでない．
○　建築物と地下連絡路とは，当該地下連絡路の両端の出入口*の部分を除き，開口部のない耐火構造の床，又は壁で区画されている． 　〔※：出入口の構造〕 　・　出入口の開口部の面積は4m²以下である． 　・　出入口には，甲種防火戸で随時開くことができる自動閉鎖装置付きのもの，又は随時閉鎖することができ，かつ，煙感知器の作動と連動して閉鎖するものが設けられている．
○　地下連絡路には，内部の煙を有効，かつ，安全に外部へ排除することができる排煙設備（電気で作動させるものには非常電源が附置されていること）が設置されている． 　　ただし，閉鎖型スプリンクラーヘッドを用いるスプリンクラー設備が設けられている場合は，この限りでない．

(3) 洞道で接続された場合

　建築物と建築物が洞道で接続された場合で，**表3·38** のすべてに適合しているものは，別棟として取り扱うことができる．

○　建築物と洞道とは，洞道が接続されている部分の開口部，及び当該洞道の点検又は換気のための開口部（接続される建築物内に設けられるもので 2 m² 以下のものに限る）を除き，開口部のない耐火構造の床，又は壁で区画されている．
○　洞道は耐火構造又は防火構造とし，その内側の仕上げ材料及びその下地材料は，不燃材料である．
○　洞道内の風道，配管，配線等が建築物内の耐火構造の壁，又は床を貫通する場合は，当該貫通部において，当該風道，配管，配線等と洞道，及び建築物内の耐火構造の壁又は床との隙間を不燃材料で埋めてあること．ただし，洞道の長さが 20 m を超える場合にあっては，この限りでない．
○　点検のための開口部（建築物内に設けられているものに限る）には，甲種防火戸又は乙種防火戸（開口部の面積が 2 m² 以上のものにあっては，自動閉鎖装置付きのものに限る）が設けられている．
○　換気のための開口部常時開放状態にあるものにあっては，防火ダンパーが設けられている．

▶ 5. 同一敷地内にある 2 以上の建築物の扱い（消令 19 ②，20 ②，27 ②）

　消防用設備等の設置単位の棟単位であるが，次の消防用設備等については，同一敷地内にある一定条件の建築物にあっては，1 の防火対象物として取り扱う．

(1) 屋外消火栓設備

　屋外消火栓設備の設置が必要となる建築物（耐火建築物及び準耐火建築物を除く）が 2 以上あるもので，当該建築物相互の 1 階の外壁間の中心線からの水平距離が，1 階は 3 m 以下，2 階は 5 m 以下である部分を有するものは，1 の防火対象物として，屋外消火栓設備の設置が適用となる．

(2) 動力消防ポンプ

　屋外消火栓設備の設置が必要となる建築物で，動力消防ポンプの設置が必要となる建築物については，前（1）を準用する（消令 20 ① 2）．

(3) 消防用水

　消防用水の設置が必要となる建築物のうち，消令別表第 1 (1) 項から (15) 項まで，(17) 項及び (18) 項に掲げる建築物（高さが 31 m を超え，かつ，延べ面積が 25,000 m² 以上の建築物を除く）が 2 以上ある場合に，これらの建築物が，当該建築物相互の 1 階の外壁間の中心線からの水平距離が，1 階は 3 m 以下，2 階は 5 m 以下である部分を有し，かつ，これらの建築物の床面積を，耐火建築物は 15,000 m²，準耐火建築物は 10,000 m²，その他の建築物は 5,000 m² でそれぞれ除した商の和が 1 以上となるときは，これらの建築物は，1 の防火対象物として消防用水の設置が適用となる．

2 消令別表第1に掲げる防火対象物の取扱い

消令別表第1に掲げる防火対象物の取扱基準についてまとめる.

● 1. 消令別表第1 各項の共通事項

消令1条の2②項に規定されている

> 管理についての権原,利用形態,その他の状況により他の用途に供される防火対象物の部分の従属的な部分を構成すると認められる部分

とは,次のいずれかに該当するものである.

① 消令別表第1 (1) 項～(15) 項までに掲げる防火対象物(消令別表対象物)の区分に応じ,別表(表3·39)(イ)欄に掲げる当該防火対象物の主たる用途に供される部分(これらに類するものを含む)に「機能的従属していると認められる」別表(ロ)欄に掲げる用途に供される部分(これらに類するものを含む)で,次のすべてに該当するもの

> ○ 当該従属的な部分についての管理権原を有する者が,主たる用途に供される部分の管理権原を有する者と同一.
> ○ 当該従属的な部分の利用者が,主たる用途に供される部分の利用者と同一であるか,又は密接な関係を有する.
> ○ 当該従属的な部分の利用時間が,主たる用途に供される部分の利用時間と,ほぼ同一.

② 「主たる用途に供される部分の床面積の合計」(他の用途と共用される廊下,階段,通路,便所,管理室,倉庫,機械室等の部分の床面積は,主たる用途に供される部分,及び他の独立した用途に供される部分のそれぞれの床面積に応じ,按分する.以下同じ)が「当該防火対象物の延べ面積の90 %以上」であり,かつ,「当該主たる用途以外の独立した用途に供される部分の床面積の合計が300 m² 未満」である場合における,当該独立した用途に供される部分

ただし,消令別表第1 (2) 項ニ,(5) 項イ,若しくは (6) 項イ (1) ～(3),若しくはロに掲げる防火対象物,又は消令別表第1 (6) 項ハに掲げる防火対象物(利用者を入居させ,又は宿泊させるものに限る)の用途に供される部分を除く.

表 3・39　防火対象物の取扱基準に係る別表

区分	（イ）主たる用途	（ロ）従属する部分
（1）項イ	舞台部，客席，映写室，ロビー，切符売場，出演者控室，大道具，小道具室，衣裳部屋，練習室	専用駐車場，売店，食堂，喫茶室
（1）項ロ	集会室，会議室，ホール，宴会場	食堂，喫茶室，専用駐車場，図書室，展示室
（2）項イ	客席，ダンスフロア，舞台部，調理室，更衣室	託児室，専用駐車場
（2）項ロ	遊技室，遊技機械室，作業室，更衣室，待合室，景品場，ゲームコーナー，ダンスフロア，舞台部，客席	売店，食堂，喫茶室，専用駐車場
（2）項ハ	客室，通信機械室，リネン室，物品庫，更衣室，待合室，舞台部，休憩室，事務室	託児室，専用駐車場，売店
（3）項イ	客席，客室，厨房	結婚式場，専用駐車場
（3）項ロ	客席，客室，厨房	結婚式場，専用駐車場
（4）項	売場，荷さばき室，商品倉庫，食堂，事務室	催物場，写真室，遊技場，結婚式場，専用駐車場，美・理容室，診療室，集会室
（5）項イ	宿泊室，フロント，ロビー，厨房，食堂，浴室，談話室，洗濯室，配膳室，リネン室	娯楽室，宴会場，結婚式場，バー，会議室，ビアガーデン，両替所，旅行代理店，専用駐車場，美・理容室
（5）項ロ	居室，寝室，厨房，食堂，教養室，休憩室，浴室，共同炊事場，洗濯室，リネン室	売店，専用駐車場
（6）項イ	診療室，病室，産室，手術室，検査室，薬局，事務室，機能訓練室，面会室，談話室，研究室，厨房，付添人控室，洗濯室，リネン室，医師等当直室	食堂，売店，専用駐車場
（6）項ロ	居室，集会室，機能訓練室，面会室，食堂，厨房	売店
（6）項ハ	教室，職員室，遊技室，休養室，講堂，厨房，体育館	食堂
（7）項	教室，職員室，体育館，講堂，図書室，会議室，厨房，研究室，クラブ室，保健室	食堂，売店
（8）項	閲覧室，展示室，書庫，ロッカー室，ロビー，工作室，保管格納庫，資料室，研究室，会議室，休憩室	食堂，売店
（9）項イ	脱衣場，浴室，休憩室，体育室，待合室，マッサージ室，ロッカー室，クリーニング室	食堂，売店，専用駐車場

3
章

消防用設備等（専攻科目）

表 3·39（続き）

区分	（イ）主たる用途	（ロ）従属する部分
(9) 項ロ	脱衣場，浴室，休憩室，クリーニング室	専用駐車場
(10) 項	乗降場，待合室，運転指令所，電力指令所，手荷物取扱所，一時預り所，ロッカー室，仮眠室	売店，食堂，旅行案内所
(11) 項	本堂，拝殿，客殿，礼拝堂，社務所，集会室	宴会場，厨房，結婚式場，専用駐車場
(12) 項イ	作業所，設計室，研究室，事務室，更衣室，物品庫	売店，食堂，専用駐車場，託児室
(12) 項ロ	撮影室，舞台部，録音室，道具室，衣裳室，休憩室	売店，食堂，専用駐車場
(13) 項イ	車庫，車路，修理場，洗車場，運転手控室	売店，食堂
(13) 項ロ	格納庫，修理場，休憩室，更衣室	専用駐車場
(14) 項	物品庫，荷さばき室，事務室，休憩室	売店，食堂，専用駐車場
(15) 項	事務室，休憩室，会議室	売店，食堂，専用駐車場

2. 一般住宅の取扱い

一般住宅（個人の住居の用に供されるもので，寄宿舎，下宿，及び共同住宅以外のもの）の用途に供される部分が存する防火対象物については，次のとおりに取り扱う．

① 「消令別表対象物の用途に供される部分の床面積の合計」が，「一般住宅の用途に供される部分の床面積の合計」よりも小さく，かつ，当該消令別表対象物の用途に供される部分の床面積の合計が 50 m² 以下の場合（**図 3･4**）は，当該防火対象物は**一般住宅**に該当する．

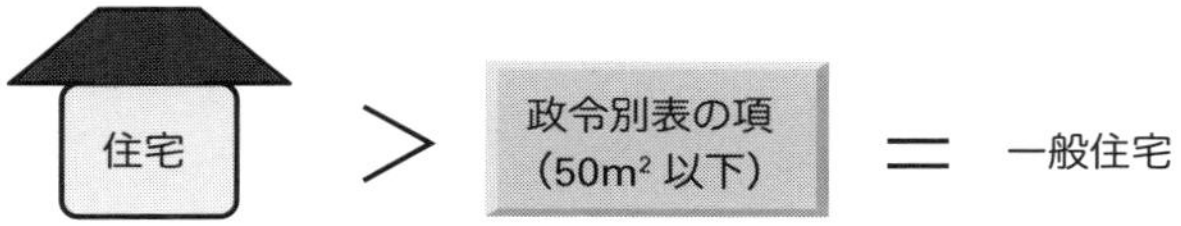

図 3･4　一般住宅の取扱い例

② 以下のいずれかの場合は，当該防火対象物は**消令別表対象物**又は**複合用途防火対象物**に該当する（**図 3･5**）．

- 「消令別表対象物の用途に供される部分の床面積の合計」が，「一般住宅の用途に供される部分の床面積の合計」よりも大きい場合
- 「消令別表対象物の用途に供される部分の床面積の合計」が，「一般住宅の用途に供される部分の床面積の合計」よりも小さく，かつ，「当該消令別表対象物の用途に供される部分の床面積の合計」が 50 m² を超える場合

③ 「消令別表対象物の用途に供される部分の床面積の合計」が，「一般住宅の用途に供される部分の床面積の合計」と，概ね等しい場合は，当該防火対象物は**複合用途防火対象物**に該当する（図3·5）.

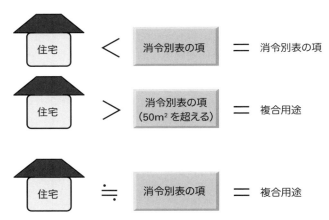

図 3·5　消令別表の項を含んだ一般住宅の取扱い例

3 建築防火と避難安全

　建基法は，建築物の敷地，構造，設備及び用途に関する最低の基準を定めて，国民の生命，健康及び財産の保護を図り，もって公共の福祉の増進に資することを目的としている．

　※　建基法及び建基令で定義される用語については1・2節4項，確認申請等については1・3節1項参照．

▶ 1. 耐火建築物等としなければならない特殊建築物（建基法27）

　一定の特殊建築物については，主要構造部を特殊建築物の全ての在館者が当該特殊建築物から地上までの避難を終了するまでの間，通常の火災による建築物の倒壊及び延焼を防止するために必要とされる性能を有し，かつ，延焼するおそれがある外壁の開口部であって建築物の他の部分から当該開口部へ延焼するおそれがあるものとして政令で定めるものに，防火戸等の防火設備（その構造が遮炎性能に関して政令で定める技術的基準に適合するもので，国土交通大臣が定めた構造方法を用いるもの又は国土交通大臣の認定を受けたものに限る）を設けなければならない（建基法27）．

　また，防火地域及び準防火地域内の建築物についても構造が規定されている（建基法61）．

▶ 2. 防火区画（建基令112）

　建築物内で火災が発生した場合，延焼防止や煙の拡散防止を図るため，①一定の床面積ごと（面積区画・高層区画（11階以上の面積区画）），②異種用途ごと（異種用途区画），③階段等の吹き抜き等の竪穴ごと（竪穴区画）に区画を設けることとされている．

▶ 3. 避難施設

　建基法35条に基づく避難施設として，①廊下・避難階段・出入口（建基令117〜126），②排煙設備（建基令126の2〜126の3），③非常用の照明装置（建基令126の4〜126の5），④非常用の進入口（建基令126の6〜126の7），⑤敷地内の避難上及び消火上必要な通路等（建基令127〜128の3）が規定されている．

▶ 4．避難上の安全検証（建基令128の16〜129の2）

建築物内において火災時に，当該建築物の個々の状態に応じて在館者の避難の安全性を検証することにより安全性が確かめられた場合，排煙設備の設置，内装制限等の避難関係規定の一部が適用除外とされる．検証の対象となるのは，①建築物全体，②建築物の階全体，③階の区画部分である（**表3・40**）．

表3・40　避難安全検証法により適用が除外される避難関係規定（概要）

適用除外規定	全館避難 （建基令129の2）	階避難 （建基令129）	区画避難 （建基令128の6）
高層区画	○		
竪穴区画	○		
異種用途区画	○		
廊下の幅	○	○	
直通階段までの歩行距離	○	○	
避難階段の構造	○		
屋外避難階段の構造	○		
特別避難階段付室の構造	○	○（一部）	
特別避難階段付室の面積	○		
物品販売店舗の避難階段の幅等	○	○（一部）	
排煙設備の設置・構造	○	○	○
内装制限	○	○	○

注）　○：適用が除外となる．

[その他消防同意，消防用設備等に関する専門的知識]

問題 1

　　建築確認が必要な建築物に関する記述であるが，**誤っているもの**はどれか．
(1) 準耐火構造平屋建ての寄宿舎を建築する場合で床面積が 90 m²
(2) 木造 3 階建ての住宅を建築する場合で延べ床面積が 100 m²
(3) 耐火構造 2 階建ての集会場を建築する場合で床面積が 250 m²
(4) 準防火地域に増築するもので，増築部分の床面積の合計が 10 m² の倉庫

解説

確認申請が必要となる建築物は，以下の表のとおりである．

	建築物の種類	規 模 等
①	建基法別表第 1（い）欄に掲げる用途に供する特殊建築物	その用途に供する部分の床面積の合計が 200 m² を超えるもの
②	木造の建築物	3 以上の階数を有し，又は延べ面積が 500 m²，高さが 13 m 若しくは軒の高さが 9 m を超えるもの
③	木造以外の建築物	2 以上の階数を有し，又は延べ面積が 200 m² を超えるもの
④	前①から③の建築物を除くほか，次のいずれか． ・都市計画区域若しくは準都市計画区域（都道府県知事が都道府県都市計画審議会の意見を聴いて指定する区域を除く） ・「景観法」74 ①の準景観地区（市町村長が指定する区域を除く）内 ・都道府県知事が関係市町村の意見を聴いてその区域の全部若しくは一部について指定する区域内における建築物	

　防火地域及び準防火地域外において建築物を増築し，改築し，又は移転しようとする場合で，その増築，改築，又は移転に係る部分の床面積の合計が **10 m² 以内**である場合は，**建築確認を要しない**（建基法 6 ②）．

【解答　(1)】

問題2

消防用設備等に関する政令が改正された際，現に存する防火対象物の消防用設備等の中で，改正後の基準に適合させなければならないものとして**正しいもの**はどれか．
(1) 屋内消火栓設備
(2) 動力消防ポンプ設備
(3) 非常警報設備
(4) 非常用コンセント

解説

法17条の2の5では，

現に存する同条第1項の防火対象物における消防用設備等（**消火器，避難器具その他政令で定めるもの**を除く）がこれらの規定に適合しないときは，当該消防用設備等については，当該規定は，適用しない

とされている．

ここで，「**その他政令で定めるもの**」（消令34）とは，次の消防用設備等である．

① **簡易消火用具**
② **自動火災報知設備**（消令別表第1 (1) 項〜 (4) 項，(5) 項イ，(6) 項，(9) 項イ，(16) 項イ，及び (16の2) 項〜 (17) 項に掲げる防火対象物に設けるものに限る）
③ **ガス漏れ火災警報設備**（消令別表第1 (1) 項〜 (4) 項，(5) 項イ，(6) 項，(9) 項イ，(16) 項イ，(16の2) 項及び (16の3) 項に掲げる防火対象物，並びに，これらの防火対象物以外の防火対象物で，消令21の2①3に掲げるものに，設けるものに限る）
④ **漏電火災警報器**
⑤ **非常警報器具及び非常警報設備**
⑥ **誘導灯及び誘導標識**
⑦ **必要とされる防火安全性能を有する消防の用に供する設備等**であって，消火器，避難器具及び前各号に掲げる消防用設備等に類するものとして消防庁長官が定めるもの

【解答 (3)】

問題 3

　消防用設備等に関する政令が改正された際，現に存する防火対象物の中で，改正後の基準に適合させなければならない防火対象物として**誤っているもの**はどれか．

（1）工事の着手が基準時以後である増築又は改築に係る防火対象物の部分の床面積の合計が 1,000 m² 以上となる防火対象物

（2）工事の着手が基準時以後である増築又は改築に係る防火対象物の部分の床面積の合計が，基準時における防火対象物の延べ面積の 3 分の 1 以上となる防火対象物

（3）防火対象物の主要構造部である壁について行う過半の修繕又は模様替えをする防火対象物

（4）消令別表第 1（1）項から（4）項まで，（5）項イ，（6）項，（9）項イ及び（16）項イ，（16 の 2）項（16 の 3）項に掲げる防火対象物

解説

延べ面積の **2 分の 1 以上**である（消令 34 の 2）．

【解答　(2)】

［その他消防同意，消防用設備等に関する専門的知識］

問題 4

　消防用設備等の技術基準が改正になった場合，**遡及適用とならないもの**は次のうちどれか．

（1）消令別表 1 の（8）項に設置されている誘導灯

（2）消令別表 1 の（13）項に設置されている泡消火設備

（3）消令別表 1 の（15）項に設置されている放送設備

（4）消令別表 1 の（7）項に設置されている救助袋

解説

　法 17 条の 2 の 5 に規定する消防用設備等の技術基準が改正になった場合の遡及適用に係る設問である．泡消火設備については，非特定防火対象物である（13）項は遡及適用から除外されている（消令 34 第 1 号）．

【解答　(2)】

右側余白：**3** 章　消防用設備等（専攻科目）

問題 5

　検定対象機械器具に関する記述であるが，検定対象機械器具に**該当しないもの**はどれか.

(1) 消火器
(2) 動力消防ポンプ
(3) 住宅用防災警報器
(4) 金属製避難はしご

解説

　消令 41 条に記されている自主表示対象機械器具は次表のとおりであり，動力消防ポンプは検定対象機械器具に該当しない.

（自主表示対象機械器具）

①　動力消防ポンプ
②　消防用ホース
③　消防用吸管
④　消防用ホースに使用する差込式又はねじ式の結合金具，及び消防用吸管に使用するねじ式の結合金具
⑤　エアゾール式簡易消火具
⑥　漏電火災警報器

【解答　(2)】

問題 6

検定に関する次の説明のうち，**誤っているもの**はどれか．
(1) 型式適合検定とは，検定対象機械器具等の形状等が型式承認を受けた検定対象機械器具等の型式に係る形状等に適合しているかどうかについて行う検定をいう．
(2) 検定対象機械器具等は検定に合格した旨の表示が付されているものでなければ，販売し，又は販売の目的で陳列してはならない．
(3) 型式承認を受けようとする者は，あらかじめ，日本消防検定協会又は法人であって総務大臣の登録を受けたものが行う検定対象器具等についての試験を受けなければならない．
(4) 型式承認とは，検定対象器具等の型式に係る性能が総務省令で定める検定対象機械器具等に係る技術上の基準に適合している旨の承認をいう．

解説

法 21 条の 2，法 21 条の 3 に規定する検定についての説明である．検定対象器具等の型式に係る**形状等**が規定の型式に係る**形状等**に適合している．

【解答　(4)】

問題 7

消防設備士の免状に関する記述であるが，**誤っているもの**はどれか．
(1) 消防設備士免状の種類は，甲種消防設備士免状が特類及び第 1 類から第 5 類，乙種消防設備士免状が第 1 類から第 7 類である．
(2) 免状の記載事項に変更を生じたときは，遅滞なく，当該免状を交付した都道府県知事又は居住地若しくは勤務地を管轄する都道府県知事にその書換えを申請しなければならない．
(3) 免状の記載事項は，免状の交付年月日及び交付番号，氏名及び生年月日，本籍地の属する都道府県，免状の種類及び過去 10 年以内に撮影した写真である．
(4) 免状を亡失して再交付を受けた者は，亡失した免状を発見した場合は，7 日以内に免状の再交付をした都道府県知事に提出しなければならない．

解説

亡失した免状を発見した場合は，**10 日以内**に免状の再交付をした都道府県知事に提出しなければならない（消令 36 の 6 ②）．

【解答　(4)】

問題 8

消防設備士でなければできない消防用設備等の工事に関する記述であるが，**誤っているもの**はどれか．
(1) 屋内消火栓設備（電源，水源及び配管の部分を除く）
(2) 消防機関へ通報する火災報知設備
(3) 放送設備（スピーカー部分を除く）
(4) 金属性避難はしご（固定式のものに限る）

解説

消防設備士でなくても工事ができる消防用設備等には，**動力消防ポンプ，漏電火災警報器，非常警報設備，誘導灯**などがある（消令 36 の 2）．

【解答 (3)】

問題 9

消火器に関する記述であるが，**誤っているもの**はどれか．
(1) キャバレー（延べ床面積 50 m²）には，設置が必要である．
(2) 少量危険物又は指定可燃物がある場合には，設置が必要である．
(3) 消火器具は，防火対象物の階ごとに，防火対象物の各部分から，水平距離が 20 m 以下となるように配置しなければならない．
(4) 消火器具は，床面からの高さが 1.5 m 以下の箇所に設けること．

解説

消火器具は，防火対象物の階ごとに，防火対象物の各部分から，それぞれ一の消火器具に至る**歩行距離**が 20 m 以下となるように配置しなければならない（消則 6 ⑥）．

【解答 (3)】

問題 10

　屋内消火栓設備の設置が必要な防火対象物に関する記述であるが，**誤っているもの**はどれか．

　なお，いずれも壁，天井等の室内に面する部分を難燃材料で仕上げをしたものである．

(1) 映画館（耐火 2 階建て，延べ面積 1,800 m²）
(2) 図書館（準耐火 4 階建て，延べ面積 1,500 m²）
(3) 事務所（耐火 5 階建て，延べ面積 2,800 m²）
(4) 地下街（耐火，延べ面積 500 m²）

解説

事務所は，**耐火の場合，延べ面積 3,000 m² 以上**で設置が必要となる（消令 11 ②）．

【解答　(3)】

[その他消防同意，消防用設備等に関する専門的知識]

問題 11

　屋内消火栓設備（2 号消火栓設備）に関する記述であるが，**誤っているもの**はどれか．

(1) 屋内消火栓は，防火対象物の階ごとに，その階の各部分から一のホース接続口までの水平距離が 15 m 以下となるように設けること．
(2) ホースの長さは，屋内消火栓設備のホース接続口からの水平距離が 15 m の範囲内の当該階の各部分に有効に放水することができる長さとすること．
(3) 水源は，その水量が屋内消火栓の設置個数が最も多い階における当該設置個数（設置個数が 2 を超えるときは，2 とする）に 1.2 m³ を乗じた量以上の量となるように設けること．
(4) 屋内消火栓設備は，いずれの階においても，当該階のすべての屋内消火栓を同時に使用した場合（設置個数が 2 を超えるときは，2 個の屋内消火栓とする）に，それぞれのノズルの先端において，放水圧力が 0.25 MPa 以上で，かつ，放水量が 80 ℓ毎分以上の性能のものとすること．

解説

屋内消火栓設備は**放水量が 60 ℓ毎分以上**の性能のものとする（消令 11 ③ 2 イ）．

【解答　(4)】

問題12

スプリンクラー設備の設置が必要な防火対象物又はその部分に関する記述であるが，**正しいもの**はどれか.

(1) 平屋建て延べ面積 5,100 m² の物品販売店舗
(2) 診療科目が内科で 5 名以上の患者を入院させる施設を有する診療所
(3) 天井の高さ 7.5 m で延べ面積 900 m² のラック式倉庫
(4) 延べ面積 900 m² の地下街

解説

診療所は，内科，整形外科，リハビリテーション科などの**特定診療科目**で，**4 人以上の患者を入院させる施設**を有する場合は，面積にかかわらず，設置が該当となる（消令別表第 1 (6) 項イ (2)）.

なお，物品販売店舗は，**平屋建て以外**で延べ面積 3,000 m² 以上が該当となる（消令 12 ① 4）. ラック式倉庫は，天井の高さ **10 m 超**，かつ延べ面積 700 m²（準耐火 1,400 m²，耐火 2,100 m²）が該当となる（消令 12 ① 5）.

また，地下街は，延べ面積 **1,000 m² 以上**が該当となる（消令 12 ① 6）.

【解答　(2)】

問題 13

　スプリンクラー設備の設置，維持等の基準に関する記述であるが，**誤っているも
の**はどれか．
(1) 補助散水栓は階ごとに，その階の各部分からホース接続口までの水平距離
　　15 m 以下となるよう設けること．
(2) 制御弁は，開放型スプリンクラーヘッドを用いるスプリンクラー設備は放水
　　区域ごとに，閉鎖型スプリンクラーヘッドを用いるスプリンクラー設備は当該防
　　火対象物の階ごとに床面からの高さが 0.8 m 以上 1.5 m 以下の箇所に，それぞれ
　　設けること．
(3) 閉鎖型スプリンクラーの標準型ヘッドは，スプリンクラーヘッドのデフレク
　　ターから下方 0.3 m 以内で，かつ，水平方向 0.45 m 以内には，何も設けられ，
　　又は置かれていないこと．
(4) 閉鎖型スプリンクラーヘッドを用いるスプリンクラー設備の配管の末端には，
　　流水検知装置又は圧力検知装置の作動を試験するための弁（末端試験弁）を設け
　　ること．

解説

　デフレクターから**下方 0.45 m** 以内で，かつ，**水平方向 0.3 m** 以内には，何も置いて
はいけない（消則 13 の 2 ④）．

【解答　(3)】

問題 14

　不活性ガス消火設備に関する記述であるが，**誤っているもの**はどれか．
(1) 常時人がいない部分以外の部分には，全域放出方式又は局所放出方式の不活
　　性ガス消火設備を設けてはならない．
(2) 防護区画の換気装置は，消火剤放射前に停止できる構造とすること．
(3) 不活性ガス消火設備を設置した場所には，その放出された消火剤及び燃焼ガ
　　スを安全な場所に排出するための措置を講じること．
(4) 二酸化炭素を放射するものは，起動装置の放出用スイッチ，引き栓等の作動
　　から貯蔵容器の容器弁又は放出弁の開放までの時間が 15 秒以上となる遅延装置
　　を設けること．

3 章
消防用設備等（専攻科目）

　二酸化炭素を放射するものは，起動装置の放出用スイッチ等の作動から貯蔵容器の容器弁等の開放までの時間が **20 秒以上**となる遅延装置を設ける必要がある（消則 19 ⑤ 19）．

【解答　（4）】

［その他消防同意，消防用設備等に関する専門的知識］

問題 15

　屋外消火栓消火設備に関する記述であるが，**誤っているもの**はどれか．

(1)　同一敷地内にある二以上の消令別表第 1（1）項から（15）項まで，（17）項及び（18）項に掲げる建築物（耐火建築物及び準耐火建築物を除く）で，当該建築物相互の 1 階の外壁間の中心線からの水平距離が，1 階は 3 m 以下，2 階は 5 m 以下である部分を有するものは，一の建築物とみなす．

(2)　屋外消火栓は，建築物の各部分から一のホース接続口までの水平距離が 40 m 以下となるように設けること．

(3)　耐火構造 3 階建て，延べ面積 9,000 m²（各階 3,000 m²）の飲食店は，屋外消火栓設備の設置が必要である．

(4)　すべての屋外消火栓を同時に使用した場合に，それぞれのノズルの先端において，放水圧力が 0.25 MPa 以上で，かつ，放水量が 350 ℓ 毎分以上の性能のものとすること．

━━ 解説 ━━

　屋外消火栓設備は，消令別表第 1（1）項〜（15）項，（17）項及び（18）項に掲げる建築物で，床面積が，耐火建築物は 9,000 m² 以上，準耐火建築物は 6,000 m² 以上，その他の建築物は 3,000 m² 以上のものについて設置する（消令 19 ①）．

　なお，床面積は地階を除く階数が 1 であるものは 1 階の床面積，地階を除く階数が 2 以上であるものは 1 階及び 2 階の部分の床面積の合計である．

【解答　（3）】

問題 16

動力消防ポンプ設備に関する記述であるが，**誤っているもの**はどれか．

(1) 屋内消火栓設備又は屋外消火栓設備の設置が必要なすべての防火対象物には，動力消防ポンプの設置が必要である．

(2) 動力消防ポンプ設備の消防用ホースの長さは，水源からの水平距離が当該動力消防ポンプの規格放水量が $0.5\,m^3$ 毎分以上のものは $100\,m$，$0.4\,m^3$ 毎分以上 $0.5\,m^3$ 毎分未満のものは $40\,m$，$0.4\,m^3$ 毎分未満のものは $25\,m$ の範囲内の当該防火対象物の各部分に有効に放水することができる長さとすること．

(3) 水源は，その水量が当該動力消防ポンプを使用した場合に規格放水量で 20 分間放水することができる量以上の量となるように設けること．

(4) 動力消防ポンプ設備の設置が必要な防火対象物に屋外消火栓設備を技術上の基準に従い，又は当該技術上の基準の例により設置した場合は，当該設備の有効範囲内の部分について動力消防ポンプ設備を設置しないことができる．

解説

動力消防ポンプ設備は，次の各号に掲げる防火対象物又はその部分について設置するものである（消令 20 ①）．

・消令 11 条①項各号 **（4 の「地下街」を除く）** に掲げる防火対象物又はその部分

・消令 19 条①項の建築物

【解答　(1)】

問題 17

自動火災報知設備に関する記述であるが，**誤っているもの**はどれか.

(1) 自動火災報知設備の警戒区域は，消則で定める場合を除き，防火対象物の 2 以上の階にわたらないものとすること.

(2) 主音響装置及び副音響装置をダンスホール，カラオケボックス等の室内又は室外の音響が聞き取りにくい場所に設ける場合は，他の警報音又は騒音と明らかに区別して聞き取ることができるように措置されていること.

(3) P 型 1 級受信機の発信機は，各階ごとに，その階の各部分から一の発信機までの歩行距離が 50 m 以下となるように設けること.

(4) 地区音響装置を地階を除く階数が 3 以上で延べ面積が 5,000 m² を超える防火対象物又はその部分に設ける場合は，出火階が，2 階以上の階の場合は出火階及びその直上階，1 階の場合は出火階，その直上階及び地階，地階の場合は出火階，その直上階及びその他の地階に限って警報を発することができるものであること.

解説

地区音響装置を地階を除く**階数が 5 以上**で，**延べ面積が 3,000 m²** を超える防火対象物，又はその部分に設ける場合である（消則 24 ① 5 ハ）.

【解答 (4)】

問題 18

自動火災報知設備の感知器の設置にあたり，点検その他の維持管理ができないため，感知器を設置してはならない場所と感知器の組み合わせであるが，**誤っているもの**はどれか.

(1) 炎感知器 ⇒ 取付面の高さが 20 m 以上である場所

(2) 作動式スポット型感知器 ⇒ 天井裏で天井と上階の床との間の距離が 0.5 m 未満の場所

(3) 煙感知器 ⇒ 腐食性ガスが発生するおそれのある場所

(4) 炎感知器 ⇒ 水蒸気が多量に滞留する場所

解説

感知器（**炎感知器を除く**）の取付面の高さが 20 m 以上である場所には設置できない（消則 23 ④）.

【解答 (1)】

問題 19

　ガス漏れ火災警報設備に関する記述であるが，**誤っているもの**はどれか．
（1）1,000 m² 以上の地下街には，ガス漏れ火災警報設備が義務設置である．
（2）ガス漏れ火災警報設備の警戒区域は，一の警戒区域の面積が 500 m² 以下，かつ，警戒区域が 2 の階にわたる場合を除き，防火対象物の 2 以上の階にわたらないものとすること．
（3）検知対象ガスの空気に対する比重が 1 未満の場合には検知器の下端は，天井面等の下方 0.5 m 以内の位置に設けること．
（4）音声によりガス漏れの発生を防火対象物の関係者及び利用者に警報する音声警報装置のスピーカーは，各階ごとに，その階の各部分から一のスピーカーまでの水平距離が 25 m 以下となるように設けること．

解説

　検知対象ガスの空気に対する比重が 1 未満の場合には検知器の下端は，天井面等の**下方 0.3 m 以内**の位置に設ける（消則 24 の 2 の 3 ① 1 イ（ニ））．

【解答　（3）】

問題 20

　漏電火災警報器の設置が必要な防火対象物関する記述であるが，**誤っているもの**はどれか．
　なお，下地を準不燃材料以外の材料で造った鉄網入りの壁，床，天井等を有する防火対象物である．
（1）延べ面積が 350 m² の飲食店
（2）延べ面積が 200 m² の共同住宅
（3）延べ面積が 1,200 m² の倉庫
（4）契約電流容量が 50 A（アンペア）の事務所

解説

　消令別表第 1（1）項〜（6）項，（15）項及び（16）項に掲げる建築物で，当該建築物における契約電流容量が **50 A を超えるもの**に設置が必要である（消令 22 ① 7）．

【解答　（4）】

[その他消防同意，消防用設備等に関する専門的知識]

問題 21

消防機関へ通報する火災報知設備に関する記述であるが，**誤っているもの**はどれか．
(1) 延べ面積が 600 m² の物品販売店舗は設置が必要である．
(2) 消防機関からの歩行距離が 450 m にある延べ面積 1,000 m² のホテルは設置が必要である．
(3) 延べ面積が 500 m² の飲食店に消防機関へ常時通報することができる電話を設置した場合は，設置をしないことができる．
(4) 火災通報装置は，火災通報装置の機能に支障を生ずるおそれのない電話回線のうち，当該電話回線を適切に使用することができ，かつ，他の機器等が行う通信の影響により当該火災通報装置の機能に支障を生ずるおそれのない部分に接続すること．

■■■ 解説 ■■■

消令別表第 1 (1) 項，(2) 項，(4) 項，(5) 項イ，(6) 項イ (4)，ハ及びニ，(12) 項，並びに (17) 項に掲げる防火対象物で，延べ面積が 500 m² 以上のものにあっても，消防機関からの歩行距離が **500 m 以下**である場所には，設置しないことができる（消則 25 ① 2）．

【解答　(2)】

[その他消防同意，消防用設備等に関する専門的知識]

問題 22

非常警報設備（放送設備）に関する記述であるが，**誤っているもの**はどれか．
(1) スピーカーの音圧は，スピーカーから 1 m 離れた位置で，L 級は 90 dB（デシベル）以上とすること．
(2) 消令別表第 1 (2) 項ニ，(16) 項イ，(16 の 2) 項及び (16 の 3) 項の防火対象物のうち，遊興のためにヘッドホン，イヤホン等を客に利用させる個室があるものは，個室において警報音を確実に聞き取ることができるように措置されていること．
(3) スピーカーは，階段又は傾斜路以外の場所に設置する場合，放送区域ごとに，放送区域の各部分から一のスピーカーまでの水平距離が 10 m 以下となるように設けること．
(4) 他の設備と共用するものは，火災の際，非常警報以外の放送を遮断できる機構を有するものであること．

スピーカーの音圧は，以下のとおりである（消則 25 ② 3）．

種類	音圧の大きさ（dB）
L 級	**92 以上**
M 級	87 以上 92 未満
S 級	84 以上 87 未満

【解答　(1)】

3
章

消防用設備等（専攻科目）

［その他消防同意，消防用設備等に関する専門的知識］

問題 23

　避難器具の設置に関する記述であるが，**誤っているもの**はどれか．
(1) 病院の 3 階に適応する避難器具として，避難タラップは設置できない．
(2) 避難器具は，避難に際して容易に接近することができ，階段，避難口その他の避難施設から適当な距離にあり，かつ，当該器具を使用するについて安全な構造を有する開口部に設置すること．
(3) 避難器具は，防火対象物の避難階及び 10 階以上の階を除く階に設置するものである．
(4) 避難器具を設置する開口部は，避難上支障のないものを除き，相互に同一垂直線上にない位置に設置すること．

━━ 解説 ━━

　避難器具は，防火対象物の階（避難階及び 11 階以上の階を除く）に設置する（消令 25 ①）．

【解答　(3)】

問題 24

　誘導灯に関する記述であるが，**誤っているもの**はどれか.

(1) 消令別表第 1（1）項から（16）項までに掲げる防火対象物の階のうち，居室の各部分から主要な避難口を容易に見通し，かつ，識別することができる階で，避難口に至る歩行距離が避難階は 30 m 以下となるものには，避難口誘導灯の設置が不要である.

(2) 小規模特定用途複合防火対象物（消令別表第 1（1）項から（4）項まで，（5）項イ，（6）項又は（9）項に掲げる防火対象物の用途以外の用途に供される部分が存しないものを除く）の地階，無窓階及び 11 階以上の部分以外の部分には，避難口誘導灯及び通路誘導灯の設置が不要である.

(3) 避難口誘導灯及び通路誘導灯（階段又は傾斜路に設けるものは除く）は，常時点灯しているものであるが，利用形態により特に暗さが必要である場所に設置する場合で自動火災報知設備の感知器の作動と連動して点灯し，かつ，当該場所の利用形態に応じて点灯するように措置されているときは，消灯していてもよい.

(4) 避難器具を設置している場所には，避難口誘導灯の設置は不要である.

解説

　消令別表第 1（1）項〜（16）項に掲げる防火対象物の階のうち，居室の各部分から主要な避難口を容易に見通し，かつ，識別することができる階で，避難口に至る歩行距離が**避難階は 20 m 以下**，避難階以外の階は 10 m 以下となるものには，避難口誘導灯の設置が不要である（消則 28 の 2 ① 1）.

【解答　(1)】

問題 25

　次の防火対象物で，消令 28 条に規定する排煙設備の**設置を要しないもの**はどれか.

（1）地上 11 階・地下 2 階である百貨店で，地階の床面積がそれぞれ 1,000 m² であるもの.

（2）地下街で延べ面積が 1,000 m² であるもの.

（3）地上階が 2 である劇場で，1 階と 2 階の舞台部の床面積の合計が 500 m² であるもの.

（4）地下 1 階に設けられた駐車場で，延べ面積が 1,000 m² であるもの.

解説

　消令 28 条①項に掲げる設置対象についての選択肢である.

　劇場については，舞台部の床面積が 500 m² であるものが設置対象となる．本選択肢では，合計の床面積が 500 m² であるが，**それぞれの床面積は 500 m² 未満**となり設置を要しない.

【解答　(3)】

［消防用設備等の技術上の基準関係に関する専門的知識］

問題 26

　連結送水管の技術上の基準について，**正しいもの**はどれか.

（1）地階を除く階数が 11 以上である建築物については，階数 3 以内ごとに放水用器具格納箱を放水口に附置する.

（2）送水口は双口形とし，ホース接続口は地盤面からの高さが 0.5 m 以上 1 m 以下の位置に設ける.

（3）地階を除く階数が 11 以上で高さ 31 m を超える建築物には，加圧送水装置を設ける.

（4）地階を除く階数が 11 以上である建築物については，放水口は立管の数だけ設置する.

3 章

消防用設備等（専攻科目）

連結送水管についての技術上の基準である（消令29，消則31）.

(1) 放水器具格納庫は，11階以上の階の放水口に附置する（消令29②4ハ）.

(3) 加圧送水装置は，11階以上で高さ70mを超える建築物に設ける（消令29②4ロ，消則31第6号イ）.

(4) 放水口ではなく，送水口のホース接続口は送水管の立管の数以上の数を設ける（消則31第1号）.

【解答　(2)】

[消防用設備等の技術上の基準関係に関する専門的知識]

問題 27

パッケージ型消火設備の設置について，次のうち**誤っているもの**はどれか.

(1) 地階，無窓階，火災のとき煙が著しく充満するおそれのある場所には設置できない.

(2) パッケージ型自動消火設備を設置する防火対象物で，直接外気に開放されている廊下部分に設置することができる.

(3) 消令別表1の(15)項の耐火建築物（地上7階建て）で，延べ面積が3,000 m² のものにはⅠ型のパッケージ型消火設備を設置することができる.

(4) 消令別表1の(4)項の耐火建築物（地上4階建て）で，延べ面積が1,500 m² のものにはⅡ型のパッケージ型消火設備を設置することができる.

解説

Ⅰ型を設置することができる耐火建築物は，地階を除く階数が**6以下**で，延べ面積が3,000 m²以下に限られる（「パッケージ型消火設備の設置及び維持に関する技術上の基準を定める件」（平成16年5月31日付 消防庁告示第12号）.

※ (2)については，消則13条③項6号の部分にはパッケージ型自動消火設備の放出口を設けないとされているので，当該部分にはパッケージ型消火設備を設置することができる.

【解答　(3)】

問題 28

　消令 29 条の 4 に規定する「必要とされる防火安全性能を有する消防の用に供する設備等」について，次の説明のうち**誤っているもの**はどれか．

（1）通常用いられる消防用設備等と同等以上の防火安全性能を有すると認めるのは，消防長又は消防署長である．

（2）防火安全性能とは，火災の拡大を初期に抑制する性能，火災時に安全に避難することを支援する性能又は消防隊による活動を支援する性能をいう．

（3）必要とされる防火安全性能を有する消防の用に供する設備等とは，消防の用に供する設備，消火活動上必要な施設（消防用水を除く）であって，同等以上の防火安全性能を有するものをいう．

（4）必要とされる防火安全性能を有する消防の用に供する設備等を用いる場合，その関係者は，通常用いられる設備等と同等以上の防火安全性能を有するように設置し，及び維持しなければならない．

解説

　消令 29 条の 4 に関する設問で，条文の内容についての選択肢である．消防用水が除かれているので誤りである（消令 29 の 4 ①）．

【解答　(3)】

問題 29

　高さ 31 m を超える次の建築物のうち，非常用エレベーターを設置する**必要のないもの**はどれか．

（1）高さ 31 m を超える部分を昇降機の機械室としている建築物

（2）高さ 31 m を超える部分の各階の床面積の合計が 800 m² の建築物

（3）高さ 31 m を超える部分の階数が 5 であって，主要構造部を耐火構造とした建築物で，当該部分が床面積の合計 100 m² 以内ごとに耐火構造の床若しくは壁で区画されているもの

（4）高さ 31 m を超える部分を可燃性の物品を保管する倉庫の用途に供する建築物で主要構造部が不燃材料で造られたもの

3 章 消防用設備等（専攻科目）

　いずれも建基令 129 条の 13 の 2 に規定される非常用エレベーターの設置を要しない建築物についての選択肢である.

　高さ 31 m を超える部分の各階の床面積の合計は **500 m² 以下**の建築物が正しい（建基令 129 の 13 の 2）. また，高さ 31 m を超える部分の階数が **4 以下**が正しい.

　高さ 31 m を超える部分を**不燃性**の物品を保管する倉庫の用途が正しい.

【解答　(1)】

[消防用設備等の技術上の基準関係に関する専門的知識]

問題 30

　主要構造部が準耐火構造である建築物のうち，2 以上の直通階段が**必要なもの**は次のどれか.
(1) 地上階が 3 である公会堂で，3 階に客席を有するもの.
(2) 床面積の合計が 1,000 m² で，階数が 3 であるスーパーマーケットで 1 階と 2 階に売場を有するもの.
(3) 各階に客室を有する階数が 5 のホテルで，各階における客室の床面積の合計が 150 m² であるもの.
(4) 階数が 5 のマンションで，各階における居室の床面積の合計が 200 m² であるもの.

━━ **解説** ━━

　建基令 121 条①項，同②項による 2 以上の直通階段の設置に係る規定である.

　物品販売店舗については，床面積の合計が 1,500 m² を超えるものが該当する.

　また，倍読み規定（建基令 121 ②）により，各階の床面積の合計が 200 m² を超えるものが該当する. 共同住宅の場合は，各階の床面積の合計が 2 階は 400 m² を超えるもの，3 階〜5 階は各階とも 200 m² を超えるものが該当する.

【解答　(1)】

問題 31

建築基準法に定める非常用進入口について，設置しなくてもよいとされる場合の次の記述の（　）に入る数値として**正しい組み合わせ**はどれか.

道又は道に通ずる幅員（①）m 以上の通路その他の空地に面する各階の外壁面に窓その他の開口部（直径（②）m 以上の円が内接することができるもの又はその幅及び高さが，それぞれ，75 cm 以上及び 1.2 m 以上のもので，格子その他の屋外からの進入を妨げる構造を有しないものに限る）を当該壁面の長さ（③）m 以内ごとに設けている場合

(1)　①5　　②1　　③8
(2)　①4　　②1.5　③8
(3)　①4　　②1　　③10
(4)　①5　　②1.5　③10

解説

建基令 126 条の 6 に規定する非常用進入口（建築物の高さ 31 m 以下の部分にある 3 階以上の階に設置）について，設置しなくてもよいとする同条第 2 号の条文の穴埋め問題である.

【解答　(3)】

問題 32

建基令 112 条に規定する防火区画について，次のうち**誤っているもの**はどれか.
(1) 建物の 11 階以上の部分で，各階の床面積の合計が 100 m² を超えるものは，床面積の合計 100 m² 以内ごとに耐火構造の床，壁で区画しなければならない.
(2) 建築物の一部に他の用途が存する場合は，当該用途の床面積にかかわらず，その他の部分と準耐火構造とした壁で区画しなければならない.
(3) 主要構造部を準耐火構造とした建築物で 3 階に居室のあるものは，エレベーター昇降路の周囲を準耐火構造の床，壁で区画しなければならない.
(4) 主要構造部を耐火構造とした建築物は，1,500 m² 以内ごとに準耐火構造の床，壁で区画しなければならない.

解説

異種用途区画については，自動車車庫の場合，その床面積の合計が 50 m² を超えるものが該当する（建基令 112 ⑫，建基法 24 第 2 号）.

【解答　(2)】

[建基法（避難安全検証）]

問題 33

避難上の安全の検証について，**正しいもの**はどれか.

(1) 避難安全検証法は，建築物全体についての「全館避難安全検証法」及び建築物の階についての「階避難安全検証法」である.

(2) 全館避難安全性能とは，当該建築物のいずれの火災室で火災が発生した場合においても，在館者の全てが当該建築物から地上までの避難を終了するまでの間，当該建築物の廊下，階段において，避難上支障がある高さまで煙又はガスが降下しないものであることをいう.

(3) 全館避難安全性能が確認された建築物については，竪穴区画の規定が除外される.

(4) 区画避難安全性能が確認され建築物の階の区画部分については，排煙設備の設置のみが除外される.

解説

(1) 避難安全検証法は，「**区画避難安全検証法**（建基令 128 の 6）」，「**階避難安全検証法**（建基令 129）」，「**全館避難安全検証法**（建基令 129 の 2）」の **3 種類**である.

(2) 全館避難安全性能は，当該建築物の各居室及び各居室から地上に通ずる主たる**廊下，階段その他の建築物の部分が検証の対象**となる（建基令 129 の 2 ③）.

(3) 適用除外される避難関係規定に竪穴区画が含まれる（建基令 129 の 2 ①）.

(4) 区画避難安全性能が確認される場合は，**排煙機の設置，排煙機の構造，内装制限**についての規定が**適用除外**となる（建基令 128 の 6 ①）.

【解答　(3)】

問題 34

　消火活動上必要な施設について，次のうち**誤っているもの**はどれか.

（1）連結散水設備を設置する主要構造部を耐火構造とした防火対象物のうち，耐火構造の壁・床又は自動閉鎖の防火戸で区画された部分で，床面積が 50 m² 以下の部分については散水ヘッドを設けなくてもよい.

（2）連結送水管を設置する場合，排煙設備の設置を要しない防火対象物の部分には，連結散水設備を設置しないことができる.

（3）非常コンセント設備を，消令別表第 1 に掲げる建築物で，地階を除く階数が 11 以上のものに設置する場合，階ごとにその階の各部分から一の非常コンセントまでの水平距離が 50m 以下となるように設置する.

（4）無線通信補助設備は，地下街で延べ面積が 1,000 m² 以上のものに，消防隊相互の無線連絡が容易に行われるように設置する.

解説

　非常コンセントの設置は，地階を除く階数が 11 以上の建築物の**11 階以上の階に設置すること**とされている（消令 29 の 2）.

【解答　（3）】

4章

危険物（専攻科目）

重要 Point

　専攻科目の危険物には，「許可審査関係（許認可等の手続きのほか，製造所等の位置，構造，設備の基準を含む）」，「貯蔵・取扱基準」，「移送・運搬基準」，「製造所等に対する保安規制」，「危険物取扱者等」のほか，共通科目と関連する「危険物の性質等」，及び「消防活動阻害物質等」が試験範囲に含まれている．

- 危険物関係法令の制度と概要：仮貯蔵・仮取扱い
- 許可審査関係：①許可・仮使用，②譲渡・引渡し，③製造所・特例適用の一般取扱所，④移動タンク貯蔵所，⑤給油取扱所，⑥消火設備
- 貯蔵・取扱基準：各類共通基準（危令24）
- 移送・運搬：①移送基準，②運搬容器
- 消防活動阻害物質等：①消防活動阻害物質（数量），②指定可燃物（該当物質）
- 保安規制：①定期点検，②予防規程
- 危険物の性質等：指定数量の倍数計算（第四類）
- 危険物取扱者等：①危険物取扱者免状，②保安監督者
- その他：①使用停止命令，②基準維持命令，③応急措置命令

1 危険物の定義と範囲

▶ 1. 危険性状と試験方法

「消防法」上の危険物とは，

> 消防法別表第1の品名欄に掲げる物品で，同表に定める区分に応じ同表の性質欄に掲げる性状を有するものをいう．

と定義されている（法2⑦）．

また，それぞれの危険物の「性状」は，「法別表第1の備考」に類別に定義されている（1章1·7節，p.42参照）．

すなわち，ある物品が危険物であるか否かを判定するには，①まず**その成分組成から法別表第1に品名が該当するかどうか**，②該当する場合は，当該物品が法別表第1の性質欄に掲げられている性状をもっているかどうかを確認する．③その性状がわからない場合は，**試験（表4·1）を実施して**一定の危険性状を示すものが危険物となる．

危険性状が明らかであること等により試験のいかんにかかわらず，危険物とされる物品は，**表4·2**のとおりである．

表4·1 各類の危険性状と試験方法

類別	危険性状	試験
第一類	酸化力の潜在的な危険性	燃焼試験，大量燃焼試験（粉粒状以外）
	衝撃に対する敏感性	落球式打撃感度試験，鉄管試験（粉粒状以外）
第二類	火炎による着火の危険性	小ガス炎着火試験
	引火の危険性	引火点測定試験
第三類	空気中での発火の危険性	自然発火性試験
	水と接触して発火し，又は可燃性ガスを発生する危険性	水との反応性試験
第四類	引火の危険性	引火点測定試験
第五類	爆発の危険性	熱分析試験
	加熱分解の激しさ	圧力容器試験
第六類	酸化力の潜在的な危険性	燃焼試験

表4・2 危険性状を示すものとみなされる物品

類　別	品　名
第二類	硫化りん，赤りん，硫黄，鉄粉
第三類	カリウム，ナトリウム，アルキルアルミニウム，アルキルリチウム，黄りん

● 2. 指定数量

　原則として，各類ごとに，試験により示される**危険性状に応じて危険性のラン**クが定められており，それぞれのランクごとに指定数量が定められている（危令別表第3，**表4・3**）．

　このため，同一の品名に属する物品であっても，それぞれの物品の有する危険性のランクが異なり，指定数量を異にする場合がある．

表4・3　指定数量（危令別表第3）

類別	品　名	性　質	指定数量
第一類		第一種酸化性固体	50 kg
		第二種酸化性固体	300 kg
		第三種酸化性固体	1,000 kg
第二類	硫化りん		100 kg
	赤りん		100 kg
	硫黄		100 kg
		第一種可燃性固体	100 kg
	鉄粉		500 kg
		第二種可燃性固体	500 kg
	引火性固体		1,000 kg
第三類	カリウム		10 kg
	ナトリウム		10 kg
	アルキルアルミニウム		10 kg
	アルキルリチウム		10 kg
		第一種自然発火性物質及び禁水性物質	10 kg
	黄りん		20 kg
		第二種自然発火性物質及び禁水性物質	50 kg
		第三種自然発火性物質及び禁水性物質	300 kg

表 4·3 （続き）

第四類	特殊引火物		50 ℓ
	第一石油類	非水溶性液体	200 ℓ
		水溶性液体	400 ℓ
	アルコール類		400 ℓ
	第二石油類	非水溶性液体	1,000 ℓ
		水溶性液体	2,000 ℓ
	第三石油類	非水溶性液体	2,000 ℓ
		水溶性液体	4,000 ℓ
	第四石油類		6,000 ℓ
	動植物油類		10,000 ℓ
第五類		第一種自己反応性物質	10 kg
		第二種自己反応性物質	100 kg
第六類			300 kg

　また，指定数量以上の危険物を製造，貯蔵し，又は取り扱う危険物施設（「製造所等」）については，その位置，構造，設備の基準のほかに，貯蔵・取扱基準も定められており，**指定数量の倍数（当該製造所等における危険物の貯蔵し，又は取り扱う数量をその危険物の指定数量で除して得た値）**によって適用基準が異なる場合がある（**図 4·1**）.

同一の場所で指定数量の異なる X，Y，Z の 3 種類の危険物を貯蔵している場合

$$\frac{\text{X の貯蔵量}}{\text{X の指定数量}} + \frac{\text{Y の貯蔵量}}{\text{Y の指定数量}} + \frac{\text{Z の貯蔵量}}{\text{Z の指定数量}} = 指定数量の倍数$$

図4·1　指定数量の倍数の計算例（品名又は指定数量を異にする 2 以上の危険物の場合）

▶ 3. 危険等級

危険物は危険性のランクに応じて**危険等級Ⅰ**，**危険等級Ⅱ**，**危険等級Ⅲ**に区分される（危則39の2，**表4・4**）．

表4・4　危険等級

危険等級	類　別	品　名　等
Ⅰ	第一類	第一種酸化性固体の性状を有するもの
	第三類	カリウム・ナトリウム・アルキルアルミニウム・アルキルリチウム・黄りん・第一種自然発火性物質及び禁水性物質の性状を有するもの
	第四類	**特殊引火物**
	第五類	第一種自己反応性物質の性状を有するもの
	第六類	すべて
Ⅱ	第一類	第二種酸化性固体の性状を有するもの
	第二類	硫化りん・赤りん・硫黄・第一種可燃性固体の性状を有するもの
	第三類	第三類の危険物で危険等級Ⅰに掲げる危険物以外のもの
	第四類	**第一石油類・アルコール類**
	第五類	第五類の危険物で危険等級Ⅰに掲げる危険物以外のもの
Ⅲ	**第一・二・四類**	**上記以外の危険物**

2 危険物規制法令の概要

▶ 1. 危険物規制法令

法で規定する危険物については，

- 指定数量以上の場合 → 法，危令，危則，告示による全国一律の基準
  （法 10～16 の 9）
- 指定数量未満の場合及び指定可燃物 → 市町村の条例
  （火災予防条例等）

により規制される（法 9 の 4）.

また，「危険物の運搬」については，その数量のいかんにかかわらず，法により規制される（法 16）.

なお，航空機，船舶，鉄道，軌道による危険物の貯蔵，取扱い，運搬については消防法の適用はない（法 16 の 9）.

▶ 2. 危険物の貯蔵，取扱いの規制

指定数量以上の危険物は，位置，構造，設備が基準に適合しており**市町村長等**の許可を受けた**貯蔵所**において貯蔵し，**製造所，貯蔵所，取扱所**において取り扱うこととされている（法 10 ①，法 11 ①，**表 4・5**）.

ただし，**所轄消防長又は消防署長の承認を受けた場合は，指定数量以上の危険物を 10 日以内の期間に限り，仮に貯蔵し，又は取り扱うことができる**（法 10 ①ただし書き）.

表4·5 法第3章（10条〜16条の9）による規制項目

規制項目	法条
危険物の貯蔵・取扱いの制限等	10
製造所等（製造所，貯蔵所，取扱所）の設置，変更等	11
製造所等の完成検査前検査	11の2
危険物保安技術協会	11の3
貯蔵又は取り扱う危険物の品名，数量，指定数量の倍数変更の届出	11の4
危険物の貯蔵・取扱基準適合命令	11の5
製造所等の維持，管理	12
製造所等の許可の取消し等	12の2
製造所等の緊急使用停止命令等	12の3
関係市町村長の要請等	12の4
応急措置に関する市町村長との協議	12の5
製造所等の廃止の届出	12の6
危険物の保安統括管理者	12の7
危険物の保安監督者	13
危険物取扱者免状	13の2
危険物取扱者試験	13の3
危険物取扱者講習	13の23
危険物保安監督者，危険物保安監督者の解任	13の24
危険物施設保安員	14
予防規程	14の2
保安検査，その審査の委託	14の3
製造所等の定期点検等	14の3の2
自衛消防組織の設置	14の4
映写室の構造，設備の基準	15
危険物の運搬基準	16
危険物の移送	16の2
製造所等についての応急措置，通報，措置命令	16の3
危険物流出等の事故原因調査	16の3の2
手数料	16の4
質問，検査等	16の5
無許可貯蔵等の危険物に対する措置命令	16の6
行政庁の変更と行政処分等の効力	16の7
地方公共団体が処理する事務	16の8
緊急時における総務大臣の指示	16の8の2
適用除外	16の9

※ 本表では法13条の4〜13条の22（試験事務関係）については省略した.

4·2 許可審査関係（位置，構造及び設備の基準を含む）

1 許可審査と完成検査

● 1. 許可・完成検査

　指定数量以上の危険物を恒常的に製造，貯蔵，取り扱う場合は，製造所等（製造所，取扱所，貯蔵所）を設置しなければならない（10 日以内の臨時的な危険物の貯蔵，取扱いについては仮貯蔵・仮取扱いによる）．

　製造所等を設置しようとする者は，その施設区分ごとに許可を受けなければならない．また，製造所等の位置，構造，設備を変更しようとする場合も許可を受けなければならない（法 11 ①，**表 4·6**）．

表 4·6　危険物施設の設置区域と許可をする者

設置区域	許可をする者
消防本部及び消防署を置く市町村（移送取扱所を除く）	当該市町村長
消防本部及び消防署を置かない市町村（移送取扱所を除く）	当該市町村を管轄する都道府県知事
消防本部及び消防署を置く市町村の区域のみに設置される移送取扱所	当該市町村長
・消防本部及び消防署を置かない市町村の区域のみに設置される移送取扱所 ・2 以上の市町村の区域にわたって設置される移送取扱所	当該区域を管轄する都道府県知事
2 以上の都道府県にわたって設置される移送取扱所	総務大臣

　法 11 条①項の許可を受けた者は，「製造所等を設置したとき」，又は「製造所等の位置，構造，設備を変更し工事が完成したとき」は，市町村長等に申請をして，**市町村長等が行う完成検査**を受け，これらが法 10 条④項の技術上の基準に適合していると認められた後でなければ，これを使用することはできない（法 11 ⑤，危令 8）．

　ただし，危険物施設の一部を変更する場合，**変更工事に係る部分以外**については，市町村長等に仮使用の申請をして**承認**を受ければ使用することができる（法 11 ⑤ただし書き）．

● 2. 完成検査前検査

設置許可又は変更許可を受けた製造所等について，液体の危険物を貯蔵し，取り扱うタンク（容量が指定数量以上のもの）を設置又は変更する場合は，その製造所等の完成検査を受ける前に，**工事の工程ごとに特定事項について，市町村長等が行う完成検査前検査**を受けなければならない（法11の2①，**表4・7，図4・2**）．

表4・7　完成検査前検査の対象

対象となる製造所等	液体危険物タンクを有するもの（容量が指定数量以上の液体危険物タンクを有しない製造所，一般取扱所を除く）	
対象となる工事の工程		特定事項
①液体危険物タンクに配管，その他の附属設備を取り付ける前のタンク本体（③を除く）		・　タンク本体の水圧検査又は水張検査
②容量が1,000kℓ以上の屋外タンク貯蔵所（岩盤タンクを除く）の基礎及び地盤		・　基礎・地盤検査
③容量が1,000kℓ以上の屋外タンク貯蔵所（岩盤タンクを除く）に配管，その他の附属設備を取り付ける前のタンク本体		・　タンク本体の水圧検査又は水針検査 ・　タンク本体の溶接部検査

注）本表については，屋外タンク貯蔵所の岩盤タンク，特殊液体危険物タンク（地中タンク，海上タンク）については省略した．

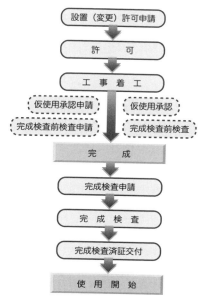

図4・2　製造所等に係る設置許可申請から使用開始までのフローチャート

4章 危険物（専攻科目）

なお，次のものについては完成検査前検査の一部が省略される（危令8の2④）．

- 高圧ガス保安法による特定設備検査に合格したもの，特定設備基準適合証の交付を受けたもの．
- 「労働安全衛生法」による検査に合格したもの，検定に合格したもの．
- タンク底部に係る工事（タンクの側板に係る工事を含むものを除く）で，当該変更の工事の際に行われた保安検査により，溶接部に関する事項が基準に適合していると認められたもの．
- 国際海事機関が採択した危険物の運送に関する規程に定める基準（水圧試験に関する部分）に適合している旨の表示がされているもの．

2 各種届出

　製造所等においては，変更許可申請のほかに許可権者である市町村長等に対して**表4・8**のような届出をするよう規定されている．

表4・8　製造所等に係る届出一覧

届出事項（根拠法令）	内　容	届出の時期
製造所等の譲渡又は引渡し （法11⑥）	製造所等の譲渡又は引渡しがあったとき，許可を受けた者の地位を継承した者が届け出なければならない． ※　譲受人又は引渡しを受けた者は，許可を受けた者の地位を継承する．	遅滞なく
危険物の品名，数量，又は指定数量の倍数の変更 （法11の4①）	製造所等の位置，構造，設備を変更しないで，貯蔵又は取り扱う危険物の品名，数量，又は指定数量の倍数を変更する場合は，変更しようとする者は，届出をしなければならない．	変更しようとする日の10日前まで
製造所等の廃止 （法12の6）	製造所等の用途を廃止したときは，その所有者，管理者又は占有者は，届け出なければならない．	遅滞なく
危険物保安統括管理者の選任・解任 （法12の7②）	一定規模の製造所等を所有し，管理し，又は占有する者は，危険物保安統括管理者を定めたとき，解任したときは届け出なければならない．	遅滞なく
危険物保安監督者の選任・解任 （法13②）	一定規模の製造所等の所有者，管理者又は占有者は，危険物保安監督者を定めたとき，解任したときは届け出なければならない．	遅滞なく

3 製造所の基準（危令9）

　"製造所" とは，「原料が危険物であっても非危険物であっても，危険物である最終製品を製造する施設」をいう.

● 1. 位置の基準

(1) 保安距離

　製造所については，建築物等の間に一定の距離を保つこと（危令9①1）として，保安距離が定められている.

　ただし，**表4・9**の①〜③までの建築物については，防火上有効な塀（不燃材料）を設けるなど，「市町村長等が安全であると認めた場合」は，その定めた距離とすることができる.

表4・9　保安距離

①	同一敷地外にある住居	10 m 以上
②	学校，病院，劇場等	30 m 以上
③	重要文化財，重要有形民俗文化財，史跡，美術品として認定された建造物	50 m 以上
④	高圧ガス施設，液化石油ガス施設	20 m 以上
⑤	特別高圧架空電線 （7,000 V〔ボルト〕を超え 35,000 V 以下のもの）	3 m 以上 （水平距離）
⑥	特別高圧架空電線 （35,000 V を超えるもの）	5 m 以上 （水平距離）

(2) 保有空地

　製造所については，危険物を取り扱う建築物その他の工作物（危険物移送配管，これに準ずる工作物を除く）の周囲に一定の幅の空地を保有すること（危令9①2, **表4・10**）として，保有空地が定められている.

　ただし，防火上有効な隔壁を設けたときは，この限りではない.

表4・10　保有空地

指定数量の倍数が 10 以下の製造所	3 m 以上
指定数量の倍数が 10 を超える製造所	5 m 以上

(3) 標識と掲示板の設置

　また，製造所については，見やすい箇所に標識（製造所である旨の表示，**表4・11**）と掲示板（防火に関し必要な事項を掲示，**表4・12**）を設けること（危令9①3）とされている．

表4・11　製造所の標識に係る規定

> 大きさ：幅 0.3 m 以上，長さ 0.6 m 以上
> 色　　：地を白色，文字を黒色

標識の例

表4・12　掲示板の表示内容と注意事項

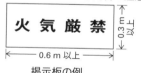

掲示板の例

〔表示内容〕

> 取り扱う危険物の類，品名，貯蔵最大数量又は取扱最大数量，指定数量の倍数，（保安監督者の氏名又は職名）

〔注意事項〕

取り扱う危険物	表示する注意事項	掲示板の色
・ 第一類の危険物のうちアルカリ金属の過酸化物（含有物を含む） ・ 第三類の危険物のうち禁水性物品	禁水	地　：青色 文字：白色
第二類の危険物（引火性固体を除く）	火気注意	地　：赤色 文字：白色
・ 第二類の危険物のうち引火性固体 ・ 第三類の危険物のうち自然発火性物品 ・ 第四類の危険物 ・ 第五類の危険物	火気厳禁	地　：赤色 文字：白色

禁水性物品　　：水との反応試験において危険性状を示すもの（カリウム，ナトリウム，アルキルアルミニウム，アルキルリチウムを含む）（危令10①10）
自然発火性物品：自然発火性試験において危険性状を示すもの，アルキルアルミニウム，アルキルリチウム，黄りん（危令25①3）

● 2. 構造の基準

製造所の構造の基準は**表4·13**のとおりである.

表4·13 製造所の構造の基準

建築物の構造	基 準
階	地階を有しない.
壁, 柱, はり, 階段	不燃材料（延焼のおそれのある外壁は, 出入口以外の開口部を有しない耐火構造とする）
屋根	不燃材料で造り, 金属板等の軽量な不燃材料でふく.
窓, 出入口	防火設備を設ける（延焼のおそれのある外壁に設ける出入口には, 随時開けることのできる自動閉鎖の特定防火設備を設ける）.
窓・出入口のガラス	網入りガラス
床（液状危険物の取扱い）	危険物の浸透しない構造とし, 適当な傾斜をつけ, 貯留設備を設ける.

● 3. 設備の基準

製造所の設備の基準は**表4·14**のとおりである.

表4・14　製造所の設備の基準

設備名等	基準の内容
採光，照明，換気設備	採光，照明，換気設備を設ける．
排出設備	可燃性蒸気，可燃性微粉を屋外の高所に排出する設備を設ける．
流出防止措置	・　液状の危険物を取り扱う設備（屋外）の周囲には高さ0.15 m以上の囲いを設ける． ・　危険物の浸透しないコンクリート等でおおう ・　（第四類の危険物のうち，水に溶けないものは）適当な傾斜を付け，貯留設備を設ける．
漏れ，あふれ，飛散防止構造	危険物取扱い機械器具等の設備の構造とする．
温度測定装置	加熱，冷却，温度変化の起こる設備に温度測定装置を設置する．
加熱，乾燥設備	加熱，乾燥設備には直火を用いない．
圧力計，安全装置	加圧設備，圧力上昇のおそれのある設備に圧力計，安全装置を設置する．
電気設備	電気工作物に係る法令の規定により，電気設備を設置する．
静電気除去装置	静電気の発生するおそれのある設備に静電気除去装置を設置する．
避雷設備	指定数量の倍数が10以上の製造所には避雷設備を設置する．
危険物の取扱いタンク	危険物の取扱いタンクは，それぞれの形態のタンクの基準の例による（容量が指定数量の1/5未満のものを除く）．
配　管	配管は次のものを使用する． ・　十分な強度（最大常用圧力の1.5倍以上の圧力で水圧試験を実施して確認する）をもつもの ・　取扱い危険物によって劣化しない外面防食等の処理をしてあるもの
電動機，ポンプ，弁，継手	電動機，ポンプ，弁，継手は，火災予防上支障のない位置に取り付ける．

4 章　危険物（専攻科目）

● 4. 特例基準

このほか製造所に関しては，表4・15のとおり特例基準がある．

表4・15　製造所に係る特例基準

対象（根拠法令）	特例の内容
基準の特例を定めることができる製造所（危令9②）	**高引火点危険物（引火点が100 ℃以上の第四類の危険物）** を100 ℃未満の温度で取り扱う．
危険物の性質に応じ，基準を超える特例を定めることができる製造所（危令9③）	アルキルアルミニウム，アルキルリチウム，アセトアルデヒド，酸化プロピレン等を取り扱う．

4 一般取扱所の基準（危令 19）

　一般取扱所の位置，構造，設備の基準については，製造所の基準（危令9①）を準用する．さらに，危険物の取扱形態，種類・数量により特例基準が定められている（危令 19②，表4·16）．

　一方，高引火点危険物を 100℃ 未満の温度で取り扱う一般取扱所については，危令 19 条①項，危令 19 条②項に掲げる基準の特例を定めることができる（危令19③）．ここで，"高引火点危険物"とは「引火点が 100℃ 以上の第四類の危険物」のことである．

　また，アルキルアルミニウム，アルキルリチウム，アセトアルデヒド，酸化プロピレン等を取り扱う一般取扱所についても，危令 19 条①項に掲げる基準を超える特例を定めることができる（危令 19④）．

表4·16　特例を定めることができる一般取扱所（危令 19②）

類　型	取扱い内容	取扱い危険物【指定数量の倍数】
吹付塗装作業	塗装，印刷，塗布	・　第二類 ・　第四類（特殊引火物を除く）【30 未満】
洗浄作業	洗浄	・　第四類（引火点が 40℃ 以上）【30 未満】
焼入れ作業	焼入れ，放電加工	第四類（引火点が 70℃ 以上）【30 未満】
ボイラー消費等	ボイラー，バーナー等	第四類（引火点が 40℃ 以上）【30 未満】
充てん	車両に固定されたタンクに注入（容器詰替えを併設するものを含む）	液体の危険物（アルキルアルミニウム等，アセトアルデヒド等，ヒドロキシルアミン等を除く）
詰替え	・　固定注油設備による容器詰替え ・　車両に固定された容量 4,000 ℓ 以下のタンクに注入	第四類（引火点が 40℃ 以上）【30 未満】
油圧装置等	油圧装置，潤滑油循環装置	高引火点危険物のみを 100℃ 未満で取り扱う．【50 未満】
切削装置等	切削装置，研削装置	高引火点危険物のみを 100℃ 未満で取り扱う．【30 未満】
熱媒体油循環装置	熱媒体油循環装置（非危険物を加熱）	高引火点危険物のみ【30 未満】
蓄電池設備	蓄電池設備	第四類【30 未満】

5 屋内貯蔵所・屋外貯蔵所の基準

● 1. 屋内貯蔵所の基準（危令10）

　"屋内貯蔵所"とは，「屋内の場所において危険物を貯蔵し，又は取り扱う貯蔵所」をいう（**表4·17**）.

　屋内貯蔵所は，平屋建ての独立した専用の建築物とすることとされているが（危令10①，**表4·18**），貯蔵し，又は取り扱う危険物の種類，指定数量の倍数により，平屋建て以外の独立した建築物（危令10②），及び，建築物の一部に設けることのできるもの（危令10③）がある.

　さらに，基準の特例が適用できるもの（危令10④，⑤），基準を超える特例を定めることができるものがある（危令10⑥）

表4·17　屋内貯蔵所の類型

平屋建ての独立した専用の屋内貯蔵所			危令10①
屋内貯蔵所特例を適用できる	構造によるもの	平屋建て以外の屋内貯蔵所	危令10②
		他用途部分を有する建築物内に設置する屋内貯蔵所	危令10③
	指定数量の倍数によるもの	指定数量の倍数が50以下の屋内貯蔵所	危令10④
	危険物の種類によるもの	高引火点危険物のみの屋内貯蔵所	危令10⑤
		指定過酸化物，アルキルアルミニウム，アルキルリチウム，ヒドロキシルアミン等の屋内貯蔵所	危令10⑥

表4・18 「平屋建ての独立した専用の建築物」の屋内貯蔵所の基準

位置	保安距離	製造所の基準の例による.
	保有空地	壁, 柱, 床が耐火構造であるか, それ以外の構造であるかにより, 指定数量の倍数に応じて [0] ～ [15 m 以上] となる.
	標識, 掲示板	製造所の例による.
構造	軒 高	6 m 未満（平屋建て）, 床は地盤面以上. ※ 第二類, 第四類の危険物のみの場合は, 20 m 未満とすることができる.
	床面積	1,000 m² 以下
	材料・構造	壁, 柱, 床：耐火構造 はり ：不燃材料 延焼のおそれのある外壁 ：出入口以外の開口部を有しない ※ 指定数量の 10 倍以下, 又は第二類（引火性固体を除く）, 第四類（引火点が 70 ℃未満を除く）のみの場合は, 延焼のおそれのない外壁, 柱, 床を不燃材料とすることができる.
	屋 根	金属板等の軽量な不燃材料とし, 天井を設けない. 第二類（粉状, 引火性固体を除く）のみの場合： 屋根を耐火構造とすることができる. 第五類のみの場合： 天井（難燃性, 不燃材料）を設けることができる.
	窓, 出入口	防火設備を設ける. 延焼のおそれのある外壁の出入口： 随時開けることのできる自動閉鎖の特定防火設備を設ける. ガラス ：網入りガラス
	床	アルカリ金属の過酸化物等（第一類）, 金属粉等（第二類）, 禁水性物品（第三類）, 第四類： 水が浸入・浸透しない構造 液状の危険物： 危険物が浸透しない構造, 適当な傾斜, 貯留設備
設備	架 台	不燃材料, 容器の落下防止措置等
	換気等	採光, 照明, 換気設備 引火点が 70 ℃未満の危険物： 可燃性蒸気を屋根上に排出する設備.
	電気設備, 避雷設備 （指定数量の 10 倍以上）	製造所の基準の例による.

● 2. 屋外貯蔵所の基準（危令 16）

　"屋外貯蔵所" とは，「屋外の場所において，限定された第二類又は第四類の危険物を貯蔵し，又は取り扱う貯蔵所」をいう（**表 4・19**）．
　また，屋内貯蔵所と同様に，特例が定められている（**表 4・20**）．

表 4・19　屋外貯蔵所の基準

位 置	保安距離	製造所の基準による．
	保有空地	指定数量の倍数により［3 m 以上］〜［30 m 以上］の幅の空地が必要． 硫黄等のみ：減ずることができる．
構造・設備	地 盤	湿潤でなく，排水のよい場所であること．
	区 画	貯蔵取扱い場所の周囲に，さく等を設けること．
	標識，掲示板	製造所の例による．
	架 台	・　不燃材料で堅固な地盤面に固定する． ・　高さは 6 m 未満． ・　危険物を収納した容器の落下防止措置をする．
貯蔵できる危険物	第二類	・　硫黄，硫黄のみを含有するもの ・　引火性固体（引火点が 0 ℃以上のもの）
	第四類	・　第一石油類（引火点が 0 ℃以上のもの） ・　アルコール類 ・　第二石油類 ・　第三石油類 ・　第四石油類 ・　動植物油類

※　このほか，塊状の硫黄等のみを，地盤面状に設けた囲いの中に貯蔵する屋外貯蔵所の基準が規定されている（危令 16 ②）．

表 4・20　屋外貯蔵所に係る特例

対象【根拠法令】	内容
基準の特例を定める屋外貯蔵所 【危令 16 ③】	高引火点危険物のみの貯蔵・取扱い
基準を超える特例を定める屋外貯蔵所 【危令 16 ④】	引火性固体（引火点が 21 ℃未満のもの），第一石油類，アルコール類の貯蔵・取扱い

6 屋外タンク貯蔵所・屋内タンク貯蔵所の基準

表4・21 屋外タンク貯蔵所の基準

位置	保安距離	製造所の基準の例による.
	敷地内距離	タンクの側板から敷地境界線までの間に一定の距離を保たなければならない（タンクの容量，貯蔵する危険物の引火点による）.
	保有空地	指定数量の倍数に応じて，「3 m以上」～「15 m以上」となる.
構造	標識，掲示板	・「屋外タンク貯蔵所」である旨を表示した標識を設ける. ・防火に関し，必要な事項を掲示した掲示板（製造所の例による）を設ける.
	基礎，地盤	特定屋外タンク貯蔵所，準特定屋外タンク貯蔵所について，それぞれ基準が定められている.
	材質等	厚さ3.2 mm以上の鋼板とし（特定・準特定屋外貯蔵タンク以外），水張試験（圧力タンク以外）又は水圧試験（圧力タンク）に合格する.
	溶接部の試験	特定屋外タンク貯蔵所の溶接部は放射線透過試験等による基準に適合する.
	強度，耐火性	地震，風圧に耐える構造とし，支柱は一定の耐火性能を有するものとする.
	放爆構造	内圧が異常に上昇した場合に，タンク内部のガス・蒸気を上部に放出できる構造とする.
	腐食防止	タンクの外面にさび止めの塗装をする. 底板が地盤面に接しているものは，底板の外面に防食措置をする.
設備	通気管，安全装置	通気管（圧力タンク以外），安全装置（圧力タンク）を設ける.
	液面計（液体危険物）	危険物の量を自動的に表示する装置を設ける.
	注入口（液体危険物）	火災予防上，支障のない場所に設ける. ※ ガソリン，ベンゼン等の，静電気による災害発生危険のある液体危険物の注入口には設置電極を設ける. ※ 引火点が21℃未満の注入口には，「注入口であること」，及び，「防火に関して必要な事項を掲示」した掲示板を設ける.
	ポンプ設備	周囲に3 m以上の空地を確保する等，ポンプ室の位置，構造，設備の基準が定められている.
	配管	製造所の配管の例による.
	電気設備	製造所の基準の例による.
	避雷設備	指定数量の倍数が10以上の屋外タンク貯蔵所には，避雷設備を設ける.
	防油堤	液体危険物の屋外貯蔵タンクの周囲には，危険物漏洩時の流出を防止するための防油堤を設ける.
	その他の設備	弁，水抜管，浮き屋根についての基準が定められている.

● 1. 屋外タンク貯蔵所の基準（危令11）

"屋外タンク貯蔵所"とは，「屋外にあるタンクにおいて危険物を貯蔵し，又は取り扱う貯蔵所」をいう（**表4·21**）.

なお，容量が500 kℓ以上1,000 kℓ未満の液体危険物を貯蔵するものは**準特定屋外タンク貯蔵所**，容量が1,000 kℓ以上の液体危険物を貯蔵するものは**特定屋外タンク貯蔵所**と定義され，基礎，地盤等についてそれぞれ技術基準が定められている.

また，**表4·22**のとおり，それぞれ基準の特例が定められている.

表4·22　基準の特例が定められている屋外タンク貯蔵所

対　象	内容【根拠法令】
高引火点危険物のみを貯蔵・取り扱う屋外タンク貯蔵所	【危令11③】
アルキルアルミニウム，アルキルリチウム，アセトアルデヒド，酸化プロピレン等を貯蔵・取り扱う屋外貯蔵タンク	基準を超える特例が定められている.【危令11④】
岩盤タンク，**地中タンク**，**海上タンク**	【危令11⑤】

※　このほか，「浮き蓋付きの特定屋外タンク貯蔵所」についても特例基準が定められている（危令11②）.

表 4・23 「平屋建ての建築物内のタンク専用室」に設置する屋内タンク貯蔵所の基準

位置	・ 保安距離 ・ 保有空地	必要ない.
タンクの構造・設備	タンクの周囲の距離	・ タンクとタンク専用室の壁との間→　0.5 m 以上 ・ 複数のタンクを同一の専用室に 　 設置する場合のタンク間　　　→　0.5 m 以上
	・ 標識 ・ 掲示板	・ 「屋内タンク貯蔵所」である旨を表示した標識 ・ 防火に関し，必要な事項を掲示した掲示板（製造所の例による） を設ける.
	タンク容量	**指定数量の 40 倍以下**とする. **（第四石油類・動植物油類以外の第四類の危険物**については**20,000 ℓ 以下**とする） ※　同一のタンク専用室に，複数のタンクを設置する場合は， 　　その合計数量とする.
	タンク構造， さび止め塗装	屋外タンク貯蔵所の基準を準用する.
	・ 通気管 ・ 安全装置 ・ 液面計 ・ 注入口 ・ 弁 ・ 水抜管 ・ 配管	屋外タンク貯蔵所の基準とほぼ同じである.
タンク専用室の構造・設備	主要構造部等	・ 壁，柱，床　→　耐火構造，はり　→　不燃材料 ・ 延焼のおそれのある外壁　→　開口部は出入口のみ ・ 第四類の危険物（引火点が 70 ℃以上）の場合は，延焼の 　 おそれのない外壁，柱，床　→　不燃材料で造ることができる.
	屋　根	・ 不燃材料とする. ・ 天井は設けない.
	・ 窓 ・ 出入口 ・ ガラス	・ 防火設備を設ける. ・ 「延焼のおそれのある外壁」に設ける出入口には，随時開 　 けることができる自動閉鎖の特定防火設備を設ける. ・ 出入口に用いるガラスは網入りガラスとする.
	床（液状の危険物）	危険物の浸透しない構造，及び，適当な傾斜を付けて貯留設備 を設ける.
	出入口の敷居の高さ	敷居は床面から 0.2 m 以上.
	・ 採光 ・ 照明 ・ 換気・排出設備	屋内貯蔵所の基準の例による.
	電気設備	製造所の基準の例による.

"屋内タンク貯蔵所"とは，「屋内にあるタンクにおいて危険物を貯蔵し，又は取り扱う貯蔵所」をいう（**表4・23**）．

　屋内タンク貯蔵所は，原則，**平屋建ての建築物内のタンク専用室に設置すること**とされているが，貯蔵する危険物により，基準の特例が定められている（**表4・24**）．

表4・24　基準の特例が定められている屋内タンク貯蔵所

対　象	内容【根拠法令】
引火点が40℃以上の第四類の危険物のみを貯蔵するもの	建築物の一部に設置する屋内タンク貯蔵所とすることができる（基準の特例を適用できる）． 【危令12②】
アルキルアルミニウム，アルキルリチウム，アセトアルデヒド，酸化プロピレン等を貯蔵するもの	基準を超える特例が定められている． 【危令12③】

7 地下タンク貯蔵所・簡易タンク貯蔵所・移動タンク貯蔵所の基準

● 1. 地下タンク貯蔵所の基準（危令13）

"地下タンク貯蔵所" とは，「地盤面下に埋没されているタンクにおいて危険物を貯蔵し，又は取り扱う貯蔵所」をいう．

地下貯蔵タンクは，

- ・ 鋼製（一重殻）タンク（表4·25）
- ・ 二重殻タンク（鋼製，鋼製強化プラスチック，強化プラスチック）
- ・ 漏れ防止構造タンク（コンクリート被覆鋼製タンク）

があり，このうち，漏れ防止構造の地下貯蔵タンク（鋼製タンクをコンクリートで被覆したもの）は，直接，地盤面下に埋設することができる（位置，構造，設備の基準：危令13③）．

表4·25　鋼製タンクを地盤面下のタンク室に設置する地下タンク貯蔵所の基準（危令13①）

位置	タンク室との間隔	タンク室の内壁とタンクとの間隔は 0.1 m 以上とし，タンクの周囲に乾燥砂を詰める．
	タンク頂部	タンクの頂部は 0.6 m 以上，地盤面から下にする．
	タンク間距離	タンクを 2 以上隣接して設置する場合は，相互間隔を 1 m とする（タンクの合計容量が指定数量の 100 倍以下　→　0.5 m）．
	標識，掲示板	・ 「地下タンク貯蔵所」である旨の標識 ・ 防火に関して必要な事項を掲示した掲示板 を設ける．
構造・設備	タンク本体	厚さ 3.2 mm 以上の鋼板，又は同等以上の機械的性質を有する材料で気密につくる． ・ 圧力タンクを除くタンク　→　70 kPa の圧力 ・ 圧力タンク　→　最大常用圧力の 1.5 倍の圧力 **水圧試験（10 分間）において漏れ，変形しない．**
	外面保護	タンクの外面は塗覆装，電気防食等で保護する．
	・ 通気管 ・ 安全装置 ・ 自動液面表示装置 ・ 注入口（屋外設置） ・ ポンプ設備 ・ 電気設備	製造所の例による．
	配　管	・ タンクの頂部に取り付ける． ・ その他は製造所の例による．
	漏洩検知装置	タンクの周囲に漏洩検査管を 4 か所以上設ける等．
	タンク室	荷重に対して必要な強度，防水措置を有する．

※ 二重殻タンクについても，一定の基準を満たせば，直接地盤面下に埋設することができる（**表4·26**）.

なお，アルキルアルミニウム，アルキルリチウム，アセトアルデヒド，酸化プロピレン等の地下貯蔵タンク貯蔵所については，その危険物の性質に応じ，基準を超える特例が定められている（危令13④）.

表4·26 鋼製強化プラスチック製二重殻タンク（地下貯蔵タンクに強化プラスチックを「間隙を有するように」被覆したもの）を直接埋設する地下タンク貯蔵所の基準（危令13②）

<table>
<tr><td colspan="2">貯蔵・取扱い危険物</td><td>**第四類の危険物に限る.**</td></tr>
<tr><td rowspan="6">タンクの材質・構造・設備</td><td>材料・構造</td><td>厚さ3.2mm以上の鋼板で気密に造る.</td></tr>
<tr><td>漏洩検知設備</td><td>鋼製のタンク本体と被覆された強化プラスチックとの間隙に漏れた，危険物を検知する設備を設ける.</td></tr>
<tr><td>ふた</td><td>・タンクの水平投影より縦・横ともに0.6m以上大きく，厚さ0.3m以上の鉄筋コンクリート造とする.
・ふたにかかる重量が直接タンクにかからない構造とする.</td></tr>
<tr><td>タンクの固定</td><td>堅固な基礎の上に固定する.</td></tr>
<tr><td>・タンク頂部の埋設深さ
・タンク間距離
・標識・掲示板
・タンク本体の水圧試験
・通気管
・安全装置
・自動液面表示装置
・注入口
・ポンプ設備
・配管
・配管取付位置
・電気設備</td><td>タンク室に設置する鋼製地下タンク貯蔵所の基準による.</td></tr>
</table>

● 2. 簡易タンク貯蔵所の基準（危令14）

"簡易タンク貯蔵所"とは，「簡易タンクにおいて危険物を貯蔵し，又は取り扱う貯蔵所」をいう（**表4・27**）．

表4・27　簡易タンク貯蔵所の基準（危令14）

位置	設置場所	屋外に設置する. ※　屋内に設置できる場合 　　屋内タンク貯蔵所のタンク専用室の基準に適合する**専用室**に設置 　　（構造・材料，窓・出入口，採光・照明・換気排出設備）.
	保有空地	・　屋外設置の場合は，タンクの周囲に1m以上の幅の空地を確保する. ・　専用室に設置の場合は，タンクと専用室の壁との間隔を0.5m以上とする.
	標識，掲示板	「簡易タンク貯蔵所」の標識，防火上の必要事項の掲示板を設ける.
構造・設備	固　定	地盤面，架台等に固定する.
	容　量	タンク1基の容量は600ℓ以下とする.
	設置基数	同一の簡易タンク貯蔵所に，タンクを「3基」まで設置できる. ※　同一品質の危険物のタンクは「1基だけ」設置できる.
	タンクの材質・構造	・　厚さ3.2mm以上の鋼板で気密に造る. ・　水圧試験（70kPaで10分間）で漏れ，変形しない.
	さび止め塗装	タンクの外面にさび止め塗装を施す.
	通気管	タンクには通気管を設ける.
	給油・注油設備	給油設備，注油設備を設置する場合は，給油取扱所の固定給油設備，固定注油設備の例による.

● 3. 移動タンク貯蔵所の基準（危令15）

"移動タンク貯蔵所"とは，「車両に固定されたタンクにおいて，危険物を貯蔵し，又は取り扱う貯蔵所」をいう．

なお，移動タンク貯蔵所は，タンクの形態，貯蔵危険物の種類，国際規格に適合するものにより，**表4・28**のように区分されて技術基準が適用になる．

表4・28　移動タンク貯蔵所の基準

積載式以外の移動タンク貯蔵所	・　危令15①
積載式移動タンク貯蔵所	・　危令15② ・　特例基準適用
航空機，船舶の燃料タンクに直接給油するための給油設備を備えた移動タンク貯蔵所（給油タンク車）	・　危令15③ ・　特例基準適用
アルキルアルミニウム，アルキルリチウム，アセトアルデヒド，酸化プロピレン等の移動タンク貯蔵所	・　危令15④ ・　基準を超える特例を適用
国際海事機関が採択した危険物の輸送に関する規程に定める基準に適合する移動タンク貯蔵所	・　危令15⑤ ・　特例基準適用

位置	常置場所	・ 屋外の防火上，安全な場所 ・ 屋内の場合：建築物（「壁，床，はり，屋根を耐火構造」「不燃材料で造ったもの」）の 1 階
構造	タンクの構造	・ 厚さ 3.2 mm 以上の鋼板，同等以上の機械的性質を有する材料で気密に造る． ・ 水圧試験（圧力タンク以外 → 70 kPa の圧力で 10 分間，圧力タンク→最大常用圧力の 1.5 倍の圧力で 10 分間）で，漏れ，変形しないこと． ・ タンクの外面に，さび止めの塗装をする．
	タンクの間仕切り	・ タンクの容量は 30,000 ℓ 以下とし，内部に 4,000 ℓ 以下ごとに完全な間仕切りを設ける（厚さ 3.2 mm 以上の鋼板，又はそれと同等以上の機械的性質を有する材料を使用する）．
設備	マンホール，安全装置	タンクの間仕切り板により仕切られた各タンク室に設置する．
	防波板	厚さ 1.6 mm 以上の鋼板，又は同等以上の機械的性質を有する材料で造る（容量が 2,000 ℓ 以上のタンク室については，タンク室の 2 箇所に移動方向等と平行に，高さ又は間仕切りからの距離を異にする等）．（危則 24 の 2 の 9）
	マンホール，注入口のふた	厚さ 3.2 mm 以上の鋼板，又はそれと同等以上の機械的性質を有する材料で造る．
	可燃性蒸気回収設備	設ける場合は，可燃性蒸気の漏れるおそれのない構造とする．
	側面枠，防護枠	マンホール，注入口，安全装置が上部に突出しているタンクには，これらの損傷を防止するために設ける．
	底弁の構造（タンク下部に排出口）	・ 手動閉鎖装置と自動閉鎖装置を設ける（「引火点が 70 ℃ 以上の第四類の危険物のタンク」，又は「直径 40 mm 以下の排出口」の底弁には自動閉鎖装置を設けなくてもよい）． ・ 手動閉鎖装置には長さ 15 cm 以上のレバーを設け，その直近に表示をする． ・ 外部からの衝撃による底弁の損傷を防止する措置を講ずる．
	配管の弁	配管の先端部に弁を設ける．
	電気設備	可燃性蒸気の滞留するおそれのある場所に設ける電気設備は，可燃性蒸気に引火しない構造とする．
	接地導線	**ガソリン，ベンゼン等**の「**静電気**による災害が発生するおそれのある液体の危険物」のタンクには接地導線を設ける．
	注入ホース	液体の移動貯蔵タンクには，危険物の貯蔵・取扱いタンクの注入口と結合できる結合金具（真鍮等の摩擦などによって火花を発しがたい材料）を備えた注入ホースを設ける．
	計量棒	計量棒によりタンク内の危険物の量を計量するものは，計量時の静電気災害を防止するための装置を設ける（ガソリン，ベンゼン等の「静電気による災害が発生するおそれのある液体の危険物」のタンク）．
	表示設備標識	・ タンクには，貯蔵・取扱い危険物の「類」「品名」「最大数量」を表示する設備を見やすい箇所に設ける． ・ 車両の前後に標識（[危]，大きさ→0.3 m 平方以上 0.4 m 平方以下）を設ける．

4
章

危険物（専攻科目）

8 給油取扱所・販売取扱所・移送取扱所の基準

▶ 1. 給油取扱所の基準（危令17）

"給油取扱所"とは，「給油設備によって，自動車等の燃料タンクに直接給油するために，危険物を取り扱う取扱所」をいう．

なお，給油取扱所において灯油若しくは軽油を容器に詰め替え，又は車両に固定された容量 4,000 ℓ 以下のタンク（容量 2,000 ℓ を超えるタンクにあっては，その内部を 2,000 ℓ 以下ごとに仕切ったものに限る）に注入するため，「固定した注油設備によって危険物を取り扱う取扱所を含む」とされている．

また，給油取扱所は，形態別に

- 屋外給油取扱所（危令 17 ①）
- 屋内給油取扱所（危令 17 ②）

に区分され，さらに特例基準を定める給油取扱所がある（**表 4・29**，**表 4・30**）．

表 4・29　給油取扱所の種類

航空機給油取扱所	危令 17 ③
船舶給油取扱所	
鉄道給油取扱所	
圧縮天然ガス等充てん設備設置給油取扱所	
圧縮水素ガス充てん設備設置給油取扱所 (燃料電池自動車用)	
自家用給油取扱所	
メタノール等・エタノール等の給油取扱所※	危令 17 ④
顧客に自ら給油等をさせる給油取扱所※	危令 17 ⑤

※　基準を超える特例を定める給油取扱所

表 4・30　屋外給油取扱所の基準（危令 17 ①）

構造・設備	給油空地	・ ホース機器の周囲・下方に，**間口 10 m 以上，奥行 6 m 以上**の空地を保有する． ・ 漏れた危険物が浸透しないよう舗装する．
	注油空地	・ 容器詰替え，又は車両に固定されたタンクに注入するための空地を「給油空地以外の場所」に設ける． ・ 漏れた危険物が浸透しないよう舗装する．
	滞留・流出防止措置	給油・注油空地には，漏れた危険物・可燃性蒸気が滞留せず，危険物等の液体が空地外に流出しないよう，貯留設備等を設置する．

構造・設備	固定給油設備，固定注油設備	・ ポンプ機器とホース機器で構成（固定式，懸垂式）され，漏れるおそれがない等の火災予防上，安全な構造とする．先端に弁を設けた5 m以下（懸垂式については，半径3 m以内の円）のホースと，ホースの先端に蓄積される静電気を除去する装置を設ける． ・ **懸垂式**の場合，「ホース機器の引出口の高さは地盤面から4.5 m以下とする」及び「専用タンクからの危険物の移送を緊急に停止できる装置を設ける」． ・ 見やすい箇所に防火に関し，必要な事項を表示する．
	固定給油設備の位置	固定給油設備の区分，給油ホースの長さに応じて，道路境界線，敷地境界線，建築物の壁から一定の距離をとる．
	固定注油設備の位置	固定注油設備の区分に応じて，固定給油設備，道路境界線，敷地境界線，建築物の壁から一定の距離をとる．
	専用タンク	固定給油・注油設備には，地盤面下に埋設された専用タンク及び廃油タンク（容量10,000 ℓ以下）を接続する． ※ 防火地域等には，固定給油設備に接続する簡易タンク（容量600 ℓ以下）を，「同一品質の危険物ごとに1個」ずつ，「合計で3個」まで設けられる． ※ 専用・廃油タンク，簡易タンクは地下タンク貯蔵所，簡易タンク貯蔵所の基準の例による．
	配　管	固定給油・注油設備に危険物を注入する配管は，専用タンク，簡易タンクからの配管のみとする．
	建築物	・ 給油・給油附帯業務以外の用途の建築物，工作物は設けない． ・ 事務所，作業場等，他の者が出入りする建築物等の床面積の合計は300 m²以下とする． ・ 建築物は，壁，柱，床，はり，及び屋根を耐火構造とするか，又は不燃材料で造る．窓，出入口に防火設備を設ける． ※ 「給油取扱所の所有者等の住居部分等」とは，開口部のない耐火構造の床，壁で区画する． ・ 火気を使用する事務所等は，漏れた可燃性蒸気の流入しない構造とする．
	防火へい	給油取扱所の周囲には，自動車の出入りする側を除き，高さ2 m以上の耐火構造，又は不燃材料で造ったへい（塀）を設ける．
	ポンプ室等	ポンプ室等は，危険物が浸透しない構造等とし，必要な採光等の設備を設ける．
	電気設備	製造所の基準の例による．
	附随設備	自動車等の洗浄設備等，必要な設備以外は設けない． ※ 給油業務に支障があると認められる設備を設けることはできない．
	標識，掲示板	・ 「給油取扱所」を表示した標識 ・ 防火に関し必要な事項を掲示した掲示板 を設ける．

4・2　許可審査関係（位置，構造及び設備の基準を含む）　　283

　"屋内給油取扱所" とは，給油取扱所のうち「建築物内に設置するもの」及び「建築物の給油取扱所の用に供する部分の水平投影面積から当該部分のうち区画面積（床又は壁で区画された部分の一階の床面積）を減じた面積の，給油取扱所の敷地面積から区画面積を減じた面積に対する割合が 1/3 を超えるもの（当該割合が 2/3 までのものであって，かつ，火災の予防上安全であると認められるものを除く）」をいう（**図 4・3**）．

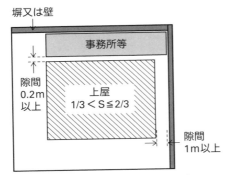

2面が道路に面している（上屋：単独）
上屋が塀又は壁から1m以上離れている

1/3<S≦　かつ　上屋の周りに隙間があり　かつ　敷地形状が複雑でない

$$S = \frac{\text{給油取扱所の用に供する部分の水平投影面積} - \text{区画面積}}{\text{給油取扱所の敷地面積} - \text{区画面積}}$$

（屋内給油取扱所の範囲に係る運用について（令和3.7.21 消防危 172））

図 4・3　上屋（キャノピー）の割合が 2/3 までのものであって，かつ，
火災の予防上安全であると認められるもの（例）

　屋内給油取扱所は，消令別表第 1 （6）項の用途（病院，幼稚園，福祉施設等）が存しない建築物に設置するとともに，

　　・　二方が開放されている屋内給油取扱所
　　・　一方が開放されている屋内給油取扱所
　　・　上部に上階を有する屋内給油取扱所

の形態別に，通風・避難のための空地，避難上安全な空地，上階への危険物の拡大防止及び延焼防止措置等の基準が定められている．

店舗において，容器入りのままで販売するため，危険物を取り扱う取扱所は，

- 第一種販売取扱所：指定数量の倍数が 15 以下のもの（危令 18 ①，**表 4・31**）
- 第二種販売取扱所：指定数量の倍数が 15 を超え 40 以下のもの（危令 18 ②）

に区分される．

第二種販売取扱所の基準は，第一種販売取扱所の基準より厳しくなっている（**表 4・32**）．

表 4・31　第一種販売取扱所の基準（危令 18 ①）

位置	設置位置	建築物の 1 階に設置する．
	標識，掲示板	・　見やすい箇所に「第一種販売取扱所」である旨を表示した標識 ・　防火に関し必要事項を掲示した掲示板 を設置する．
構造・設備	構　造	準耐火構造とする（他の部分との隔壁は耐火構造）．
	はり，天井	不燃材料とする．
	上階の床，屋根	上階の床を耐火構造とする（上階のない場合は屋根を耐火構造，又は不燃材料で造る）．
	窓，出入口	防火設備を設ける（ガラスを用いる場合は網入りガラス）．
	電気設備	製造所の基準の例による．
	配合室	・　壁で区画し，床面積は 6 m² 以上 10 m² 以下とする． ・　床は危険物の浸透しない構造，適当な傾斜，貯留設備． ・　出入口は随時開けることのできる自動閉鎖の特定防火設備． ・　出入口の敷居の高さは 0.1 m 以上とする． ・　排出設備（内部に滞留した可燃性蒸気・可燃性微粉を屋根上に排出）を設ける．

表 4・32　第二種販売取扱所に付加される基準

構　造	壁，柱，床，はり　→　耐火構造
延焼防止措置	上階への延焼防止措置，上階の床　→　耐火構造（屋根は耐火構造）
窓	延焼のおそれのない部分に設置する（防火設備を設置する）．
出入口	延焼のおそれのある壁には随時開けることができる自動閉鎖の特定防火設備を設ける．

4 章　危険物（専攻科目）

● 4. 移送取扱所の基準（危令18の2）

"移送取扱所"とは，「配管，ポンプ，附随設備によって危険物の移送の取扱いを行う取扱所」をいう．危険物を運搬する船舶から陸上への移送については，配管と附随設備となる（マスターpoint参照）．

移送取扱所の位置，構造，設備の技術上の基準は，「石油パイプライン事業法」の規定に基づく技術上の基準に準じて，危則28条の3〜28条の53で定められている．

また，第六類の危険物のうち過酸化水素等を取り扱うもの等については，基準の特例（危則28の53）が定められている（危令18の2②）．

> **マスターpoint**
>
> **移送取扱所に関する留意点**
>
> 危険物の移送が「当該取扱所に係る施設（配管以外）の敷地」，及び，「一団の土地を形成する事業所の用に供する土地内」にとどまる構造であるものは移送取扱所には該当しない．
>
> 「危険物の移送するための配管の延長が15 kmを超えるもの」，又は，「危険物を移送するための配管に係る最大常用圧力が0.95 MPa以上で，危険物を移送する配管の延長が7 km以上のもの」を**特定移送取扱所**という．

9 消火設備の基準

▶ 1. 建築物・工作物，危険物の種類と消火設備

危険物施設の消火設備（警報設備，避難設備）については，防火対象物としての「法17条による消火設備の基準」ではなく，「法10条④項に基づき設置する」.

また，設置すべき消火設備（**表4・33**）は，危険物施設の規模，貯蔵し，取り扱う危険物の品名・最大数量等に応じて基準（**表4・34**）が定められている.

表4・33　消火設備の種別

第1種消火設備	屋内消火栓設備，屋外消火栓設備
第2種消火設備	スプリンクラー設備
第3種消火設備	水蒸気消火設備，水噴霧消火設備，泡消火設備，不活性ガス消火設備，ハロゲン化物消火設備，粉末消火設備
第4種消火設備	大型消火器
第5種消火設備	小型消火器，水バケツ・水槽，乾燥砂，膨張ひる石・膨張真珠岩

表4・34　火災発生時の消火困難性に応じて設置する消火設備

著しく消火困難と認められるもの【危則33】	第1種，第2種，第3種のいずれか ＋ 第4種と第5種
消火が困難と認められるもの【危則34】	第4種と第5種
その他（上記以外のもの）【危則35】	第5種 ※ 移動タンク貯蔵所には，自動車用消火器（2個）を設置する. ※ 地下タンク貯蔵所には，第5種の消火設備を2個以上設置する. ※ 電気設備に対する消火設備は，電気設備のある場所の面積 100 m² ごとに1個以上設置する（危則36）.

さらに，危険物施設における建築物その他の工作物，電気設備，危険物の類ごとに，適応する消火設備が定められている（危令別表第5，**表4・35**）.

4章 危険物（専攻科目）

表 4・35　第四類の危険物に適応する消火設備（危令別表第 5 より）

第 3 種	・ 水蒸気消火設備 ・ 水噴霧消火設備 ・ 泡消火設備 ・ 不活性ガス消火設備 ・ ハロゲン化消火設備 ・ 粉末消火設備（りん酸塩類等，炭酸水素塩類等）
第 4 種・第 5 種	・ 霧状の強化液消火器 ・ 泡消火器 ・ 二酸化炭素消火器 ・ ハロゲン化物消火器 ・ 粉末（りん酸塩等，炭酸水素塩類等）消火器
第 5 種	・ 乾燥砂 ・ 膨張ひる石 ・ 膨張真珠岩

● 2. 所要単位と能力単位（危則 29）

"所要単位"とは，「消火設備の設置の対象となる建築物，その他の工作物の規模，又は危険物の量の基準の単位」である．所要単位の計算方法は**表 4・36**にまとめた．

消火器の能力単位は，「消火器の技術上の規格を定める省令」（昭和 39 年　自治省令　第 27 号）により，第 5 種については 1 以上，第 4 種については次のとおり決められている．

- ・ B 火災（第四類の危険物，指定可燃物のうち可燃性固体類と可燃性液体類の火災）対応　→　20 以上
- ・ A 火災（B 火災以外の火災）対応　→　10 以上

また，**"能力単位"**とは，「所要単位に対応する消火設備の消火能力の基準の単位」である．

表 4・36　所要単位の計算方法（危則 30）

危険物施設の構造，危険物の数量		1 所要単位
製造所，取扱所	外壁：耐火構造	延べ面積 100 m²
	外壁：耐火構造でない	延べ面積 50 m²
貯蔵所	外壁：耐火構造	延べ面積 150 m²
	外壁：耐火構造でない	延べ面積 75 m²
屋外にある工作物 （製造所等）	外壁を耐火構造とし，工作物の水平最大面積を建坪とする建築物とみなして算定する．	
危険物	指定数量の 10 倍	

10 警報設備・避難設備の基準

▶ 1. 警報設備の基準 (危令21)

　指定数量の倍数が10以上の危険物を貯蔵し，又は取り扱う製造所等（移動タンク貯蔵所を除く）には，火災が発生した場合，自動的に作動する火災報知設備等の警報設備を設置しなければならない．

　警報設備には次の種類がある．
- ・　自動火災報知設備
- ・　消防機関に報知ができる電話
- ・　非常ベル装置
- ・　拡声装置
- ・　警鐘

　自動火災報知設備の設置が求められる製造所等の区分を**表4・37**にまとめた．同表に記載がなく，移動タンク貯蔵所，移送取扱所を除く製造所等であって，指定数量の倍数が10以上のものについては，消防機関に報知ができる電話，非常ベル装置，拡声装置，警鐘のうち，1種類以上の設置が求められる．

▶ 2. 避難設備の基準 (危令21の2)

　火災が発生したとき，避難が容易に避難できるように，誘導灯を設置しなければならない製造所等として，次の給油取扱所が規定されている（危則38の2）．
- ・　給油取扱所の建築物の2階に，店舗，飲食店，展示場を有するもの．
- ・　一方のみが開放されている屋内給油取扱所のうち，給油取扱所の敷地外に直接通ずる避難口があるもの．

表 4·37　自動火災報知設備の設置基準（危則 38 ① 1）

製造所等の区分	構造，数量等
製造所， 一般取扱所	・　延べ面積が 500 m² 以上のもの ・　指定数量の倍数が 100 以上のもので，屋内にあるもの 　※　高引火点危険物のみを 100 ℃未満の温度で取り扱うもの 　　　を除く． ・　一般取扱所の用に供する部分以外の部分を有する建築物に設け 　　る一般取扱所 　※　当該建築物の一般取扱所の用に供する部分以外の部分と， 　　　開口部のない耐火構造の床，又は壁で区画されているもの 　　　を除く．
屋内貯蔵所	・　指定数量の倍数が 100 以上のもの 　※　高引火点危険物のみを貯蔵し，又は取り扱うものを除く． ・　貯蔵倉庫の延べ面積が 150 m² を超えるもの 　※　当該貯蔵倉庫が 150 m² 以内ごとに，不燃材料で造られた 　　　開口部のない隔壁で完全に区分されているもの 　※　又は第二類，第四類の危険物（引火性固体及び引火点が 　　　70 ℃未満の第四類の危険物を除く）のみを貯蔵し，若し 　　　くは取り扱うものにあっては，貯蔵倉庫の延べ面積が 　　　500 m² 以上のものに限る． ・　軒高が 6 m 以上の平家建てのもの ・　屋内貯蔵所の用に供する部分以外の部分を有する建築物に設け 　　る屋内貯蔵所 　※　建築物の屋内貯蔵所の用に供する部分以外の部分と，開口 　　　部のない耐火構造の床，又は壁で区画されているもの 　※　及び，第二類又は第四類の危険物（引火性固体及び引火点 　　　が 70 ℃未満の第四類の危険物を除く）のみを貯蔵し，又 　　　は取り扱うものを除く．
屋外タンク貯蔵所	岩盤タンク貯蔵所
屋内タンク貯蔵所	階層設置の屋内タンク貯蔵所で**著しく消火困難**であるもの
給油取扱所	・一面開放の屋内給油取扱所 ・上部に上階を有する屋内給油取扱所

4·3 貯蔵及び取扱いの基準関係

製造所等における危険物の貯蔵又は取扱いは，危令24～27条で定める技術上の基準に従わなければならない（法10③）.

1 共通基準と類ごとの基準

製造所等における危険物の貯蔵及び取扱いについて，すべてに共通する技術上の基準（危令24）を表4·38に，危険物の類ごとの共通基準を**表4·39**にまとめた.

表4·38 すべてに共通する技術上の基準（危令24）

- 設置許可（変更許可を含む）及び品名・数量の届出に係る品名以外の危険物，数量又は指定数量の倍数を超える危険物を貯蔵し，又は取り扱わないこと.
- みだりに火気を使用しないこと.
- **係員以外の者**をみだりに出入りさせないこと.
- 常に整理及び清掃を行うとともに，みだりに空箱その他の不必要な物件を置かないこと.
- 貯留設備又は油分離装置にたまった危険物は，あふれないように**随時くみ上げる**こと.
- 危険物のくず，かす等は，**1日に1回以上**，当該危険物の性質に応じて安全な場所で廃棄，その他適当な処置をすること.
- 危険物を貯蔵し，又は取り扱う建築物，その他の工作物又は設備は，**当該危険物の性質に応じ，遮光又は換気**を行うこと.
- 危険物は，温度計，湿度計，圧力計，その他の計器を監視して，当該危険物の性質に応じた適正な温度，湿度又は圧力を保つように貯蔵し，又は取り扱うこと.
- 危険物を貯蔵し，又は取り扱う場合においては，当該危険物が漏れ，あふれ，又は飛散しないように必要な措置を講ずること.
- 危険物を貯蔵し，又は取り扱う場合においては，危険物の変質，異物の混入等により，当該危険物の危険性が増大しないように必要な措置を講ずること.
- 危険物が残存し，又は残存しているおそれがある設備，機器器具，容器等を修理する場合は，安全な場所において，**危険物を完全に除去した後**に行うこと.
- 危険物を容器に収納して貯蔵し，又は取り扱うときは，その容器は，当該危険物の性質に適応し，かつ，破損，腐食，裂け目等がないものであること.
- 危険物を収納した容器を貯蔵し，又は取り扱う場合は，みだりに転倒させ，落下させ，衝撃を加え，又は引きずる等粗暴な行為をしないこと.
- 「可燃性の液体，可燃性の蒸気若しくは可燃性のガスが漏れ，若しくは滞留するおそれのある場所」又は「**可燃性の微粉が著しく浮遊**するおそれのある場所」では，**電線と電気器具とを完全に接続**し，かつ，火花を発する機械器具，工具，履物等を使用しないこと.
- 危険物を保護液中に保存する場合は，当該危険物が保護液から露出しないようにすること.

表 4·39　類ごとに共通する技術上の基準（危令 25）

類別	類ごとの共通基準
第一類	・可燃物との接触若しくは混合，**分解を促す物品との接近**又は過熱，衝撃若しくは摩擦を避ける． ・**アルカリ金属の過酸化物**，及び，これを含有するものにあっては，**水との接触**を避ける．
第二類	・酸化剤との接触若しくは混合，炎，火花若しくは高温体との接近又は過熱を避ける． ・**鉄粉，金属粉及びマグネシウム**，並びにこれらのいずれかを含有するものにあっては**水又は酸との接触を避ける．** ・引火性固体にあっては，みだりに蒸気を発生させない．
第三類	・自然発火性物品※にあっては炎，火花若しくは高温体との接近，過熱又は空気との接触を避ける． 　※　第三類の危険物のうち「自然発火性試験（危令 1 の 5 ②）において一定の性状（危令 1 の 5 ③）を示すもの」並びに「アルキルアルミニウム，アルキルリチウム及び黄りん」をいう． ・禁水性物品にあっては水との接触を避ける．
第四類	・**炎，火花若しくは高温体との接近，又は過熱を避ける．** ・**みだりに蒸気を発生させない．**
第五類	・炎，火花若しくは高温体との接近，過熱，衝撃又は摩擦を避ける．
第六類	・可燃物との接触若しくは混合，分解を促す物品との接近又は過熱を避ける．

※　なお，危険物を貯蔵し，又は取り扱うにあたって，これらの基準によらないことが通常である場合においては，適用しない．ただし，この場合は，貯蔵・取扱いについては，災害の発生を防止するため，十分な措置を講じなければならない．

2 貯蔵基準と取扱基準

● 1. 貯蔵の基準（危令26）

　貯蔵所において危険物を貯蔵する場合は，前4・3節1項の基準によるほか，**表4・40** の基準が定められている．

　なお，アルキルアルミニウム，アルキルリチウム，アセトアルデヒド，酸化プロピレン等の危険物の貯蔵の技術上の基準は，当該危険物の性質に応じ，さらに特別の基準が定められている（危則40の3〜40の3の5）.

表4・40　貯蔵所において危険物を貯蔵する場合の基準

〔共通〕

- ・ 貯蔵所においては，**危険物以外の物品を貯蔵しない**．ただし，危険物に該当せず，危険物と反応しない不燃性の物品等は貯蔵できる（危則38の4）.
- ・ **類の異なる危険物**は，同一の貯蔵所（耐火構造の隔壁で完全に区分された室が2以上ある貯蔵所においては，同一の室）において貯蔵しない.
  - ※ 「第一類の危険物と第六類の危険物」のように認められる場合もある（危則39）.
- ・ 第三類の危険物のうち，黄りんその他水中に貯蔵する物品と禁水性物品とは，同一の貯蔵所において貯蔵しない.

〔屋内貯蔵所〕

- ・ 危険物は，容器に収納して貯蔵する.
  - ※ 塊状の硫黄等は，容器に収納しないことができる（危則40①）.
- ・ 同一品名の自然発火するおそれのある危険物，又は災害が著しく増大するおそれのある危険物を多量貯蔵するときは，**指定数量の10倍以下ごとに区分**し，かつ，0.3m以上の間隔を置いて貯蔵する.
  - ※ 第一類の危険物のうち塩素酸塩類等，第二類の危険物のうち硫黄等，第五類の危険物のうち硝酸エステル類等については，この限りでない（危則40②）.
- ・ 危険物を貯蔵する場合においては，**原則として高さ3m**（第四類の危険物のうち，第三石油類・第四石油類及び動植物油類は4m）を超えて容器を積み重ねない（危則40の2）.
- ・ 容器に収納して貯蔵する危険物の温度が**55℃を超えない**ように必要な措置を講ずる.

〔屋外貯蔵所〕

- ・ 塊状の硫黄等のみを貯蔵する場合を除き，危険物は，容器に収納して貯蔵する（危則39の3）.
- ・ 危険物を貯蔵する場合においては，原則として高さ3m（第四類の危険物のうち，第三・四石油類，動植物油類は4m）を超えて容器を積み重ねない（危則40の2）.
- ・ 危険物を収納した容器を架台で貯蔵する場合には，高さ6mを超えて容器を貯蔵しない（危則40の2の5）.
- ・ 「塊状の硫黄等のみを地盤面に設けた囲いの内側で貯蔵する」ものは，硫黄等を囲いの高さ以下に貯蔵するとともに，硫黄等があふれ，又は飛散しないように囲い，全体を難燃性又は不燃性のシートでおおい，当該シートを囲いに固着しておく.

〔屋外タンク貯蔵所，屋内タンク貯蔵所，地下タンク貯蔵所，簡易タンク貯蔵所〕

- 屋外貯蔵タンク，屋内貯蔵タンク，地下貯蔵タンク，又は簡易貯蔵タンクの計量口は，計量するとき以外は閉鎖しておく．
- 屋外貯蔵タンク，屋内貯蔵タンク，又は地下貯蔵タンクの元弁※及び注入口の弁又はふたは，危険物を入れ，又は出すとき以外は，閉鎖しておく．
  ※ 液体の危険物を移送するための配管に設けられた弁のうち，タンクの直近にあるものをいう．
- 屋外貯蔵タンクの周囲に**防油堤**がある場合は，その**水抜口を通常は閉鎖**しておくとともに，当該防油堤の内部に滞油し，又は滞水した場合は，遅滞なくこれを排出する．

〔移動タンク貯蔵所〕

- 移動貯蔵タンクには，当該タンクが貯蔵し，又は取り扱う**危険物の類，品名**及び**最大数量**を表示する．
- 移動貯蔵タンク，及び，その安全装置，並びにその他の附属の配管は，裂け目，結合不良，極端な変形，注入ホースの切損等による漏れが起こらないようにするとともに，当該タンクの**底弁**は，**使用時以外は完全に閉鎖**しておく．
- 被牽引自動車に固定された移動貯蔵タンクに危険物を貯蔵するときは，当該被牽引自動車に牽引自動車を結合しておく．
  ※ 鉄道上の車両への積み込み・取り卸す場合等は除かれる（危則40の2の2）．
- 積載式移動タンク貯蔵所以外の移動タンク貯蔵所にあっては，危険物を貯蔵した状態で移動貯蔵タンクの積替えを行わない．
- 移動タンク貯蔵所には，**完成検査済証，定期点検記録等の書類**を備え付ける（危則40の2の3）．
- **アルキルアルミニウム等**の危険物を貯蔵し，又は取り扱う移動タンク貯蔵所には，緊急時における連絡先，その他応急措置に関し，**必要な事項を記載した書類及び防護服等の用具**を備え付けておく（危則40の2の4）．

● 2. 取扱いの基準（危令27）

　製造所等において危険物を取り扱う場合について，前4・3節1項の基準によるほか，**表4・41**の基準が定められている．

　なお，航空機給油取扱所，船舶給油取扱所，鉄道給油取扱所，顧客自らに給油等させる給油取扱所については，別途基準が定められている（危則40の3の7～40の3の10）．

　また，積載式の移動タンク貯蔵所についても，別に基準が定められている（危則40の8）ほか，アルキルアルミニウム，アルキルリチウム，アセトアルデヒド，酸化プロピレン，メタノール等の危険物については，これらの危険物の性質に応じて基準が定められている（危則40の10～40の14）．

表 4・41　取扱所において危険物を取り扱う場合の基準

製造	・ 蒸留工程においては，危険物を取り扱う設備の内部圧力の変動等により，液体，蒸気，又はガスが漏れないようにする． ・ 抽出工程においては，抽出罐の内圧が異常に上昇しないようにする． ・ 乾燥工程においては，危険物の温度が**局部的に上昇しない方法**で加熱し，又は乾燥する． ・ 粉砕工程においては，危険物の粉末が著しく浮遊し，又は危険物の粉末が著しく機械器具等に附着している状態で当該機械器具等を取り扱わない．
詰替え	・ 危険物を容器に詰め替える場合は，**容器及び収納基準**（危則 39 条の 3）による． ・ 危険物を詰め替える場合は，防火上，安全な場所で行う． ・ ガソリンを販売するため容器に詰め替えるときは，顧客の本人確認，使用目的の確認及び当該販売に関する記録の作成をしなければならない（危則 39 条の 3 の 2）．
消費	・ 吹付塗装作業は，防火上，有効な隔壁等で区画された安全な場所で行う． ・ 焼入れ作業は，**危険物が危険な温度に達しないように**して行う． ・ 染色又は洗浄の作業は，可燃性の蒸気の換気をよくして行うとともに，廃液をみだりに放置しないで安全に処置する． ・ バーナーを使用する場合においては，バーナーの逆火を防ぎ，かつ，危険物があふれないようにする．
廃棄	・ 焼却する場合は，安全な場所で，かつ，燃焼又は爆発によって他に危害又は損害を及ぼすおそれのない方法で行うとともに，見張り人を付ける． ・ 埋没する場合は，**危険物の性質に応じ，安全な場所**で行う． ・ 危険物は，原則として海中又は水中に流出させ，又は投下しない．
給油取扱所（航空機給油取扱所，船舶給油取扱所，鉄道給油取扱所，顧客自らに給油等させる給油取扱所を除くもの）	・ 自動車等に給油するときは，固定給油設備を使用して直接給油する． ・ 自動車等に給油するときは，自動車等の原動機を停止させる． ・ 自動車等の一部又は全部が給油空地からはみ出たままで給油しない． ・ 固定注油設備から「灯油若しくは軽油を容器に詰め替え」，又は「車両に固定されたタンクに注入するとき」は，容器又は車両の一部若しくは全部が注油空地からはみ出たままで灯油を容器に詰め替え，又は車両に固定されたタンクに注入しない． ・ 移動貯蔵タンクから専用タンク又は廃油タンク等に危険物を注入するときは，移動タンク貯蔵所を専用タンク又は廃油タンク等の注入口の付近に停車させる． ・ 給油取扱所の専用タンク又は簡易タンクに危険物を注入するときは，当該タンクに接続する**固定給油設備**，又は**固定注油設備の使用を中止**するとともに，自動車等を当該タンクの注入口に近づけない． ・ 固定給油設備又は固定注油設備には，当該固定給油設備又は固定注油設備に接続する専用タンク又は簡易タンクの配管以外のものによって，危険物を注入しない． ・ 自動車等に給油するとき，及び，移動タンク貯蔵所から専用タンクに危険物を注入するときは，「固定給油設備又は専用タンクの注入口の周囲（3〜6 m）」「通気管の周囲 1.5 m 以内の部分」においては（危則 40 の 3 の 4），**他の自動車等が駐車することを禁止**するとともに，自動車等の点検若しくは整備，又は洗浄を行わない． ・ **避難空地**（危令 17 ② 9）には，**自動車等が駐車又は停車することを禁止**するとともに，避難上支障となる物件を置かない． ・ **一方開放の屋内給油取扱所**において，専用タンクに引火点が 40 ℃未満の危険物を注入するときは，可燃性の蒸気の放出を防止するため**可燃性蒸気回収設備**を用いる．

販売取扱所	・ 自動車等の洗浄を行う場合は，引火点を有する液体の洗剤を使用しない． ・ **物品の販売等の業務**は，原則として建築物（屋内給油取扱所にあっては，建築物の屋内給油取扱所の用に供する部分）の **1 階のみ**で行う． ・ 給油の業務が行われていないときは，係員以外の者を出入りさせないため必要な措置を講ずる． ・ 顧客に自ら自動車等に給油させ，灯油・軽油を容器に詰め替えさせ，車両に固定されたタンクに注入させない． ・ 危険物は，運搬容器の基準に適合するものに収納し，**容器入りのままで販売**する． ・ 塗料類等の危険物（危則 40 の 3 の 11）の配合，詰替えは**配合室以外**では行わない．
移送取扱所	・ 危険物の移送は，危険物を移送するための配管及びポンプ，並びにこれらに附属する設備の安全を確認した後に開始する． ・ 危険物の移送中は，移送する危険物の圧力及び流量を常に監視し，並びに 1 日に 1 回以上，危険物を移送するための配管及びポンプ，並びにこれらに附属する設備の安全を確認するための巡視を行う． ・ 移送取扱所を設置する地域について，地震を感知し，又は地震の情報を得た場合には，直ちに，災害の発生又は拡大を防止するため，必要な措置を講ずる．
移動タンク貯蔵所	・ 移動貯蔵タンクから危険物を貯蔵し，又は取り扱うタンクに液体の危険物を注入するときは，当該タンクの**注入口に移動貯蔵タンクの注入ホースを緊結**する． 　※ **注入ホースの先端部に手動開閉装置が付いた注入ノズルで，容量が指定数量未満のタンクに引火点が 40 ℃以上の第四類の危険物**を注入するときは，この限りでない． ・ 移動貯蔵タンクから液体の危険物を容器に詰め替えない． 　※ 注入ホースの先端部に**手動開閉装置付きの注入ノズル（開放の状態で固定する装置のものを除く）**を用い，安全な注油速度で，基準に適合する運搬容器に引火点が 40 ℃以上の第四類の危険物を詰め替えるときは，この限りでない． ・ ガソリン，ベンゼン，その他静電気による災害が発生するおそれのある液体の危険物を移動貯蔵タンクに入れ，又は移動貯蔵タンクから出すときは，当該移動貯蔵タンクを**接地**（導線により設置電極等と緊結）する． ・ 移動貯蔵タンクから危険物を貯蔵し，又は取り扱うタンクに引火点が 40 ℃未満の危険物を注入するときは，移動タンク貯蔵所の**原動機を停止**させる． ・ ガソリン，ベンゼン，その他静電気による災害が発生するおそれのある液体の危険物を移動貯蔵タンクにその上部から注入するときは，注入管を用いて**先端を移動貯蔵タンクの底部**に着ける． ・ ガソリンを貯蔵していた移動貯蔵タンクに灯油若しくは軽油を注入するとき，又は灯油若しくは軽油を貯蔵していた移動貯蔵タンクにガソリンを注入するときは，静電気等による災害を防止するための措置を講ずる．

4・4 移送及び運搬の基準関係

1 移送の基準（法16の2，危令30の2）

　"危険物の移送"とは，「移動タンク貯蔵所に危険物を荷積み（注入）して，荷卸しの目的地に向かって出発する直前から，目的地に到着して，荷卸しの所定の位置に停車するまでの間」をいう（**図4・4**）．

　したがって，危険物を積載（貯蔵）した状態で常置させている場合や休憩のための駐停車中は，移送中であるとされている．なお，移動貯蔵タンクに危険物を収納していない場合は，移送の基準は適用されない．

　危険物の移送にあたっては，移送している危険物を取り扱うことができる**危険物取扱者が乗車**していなければならず，また**危険物取扱者免状を携帯**していなければならない（運転者が危険物取扱者の資格を有していなくても，同乗者が危険物取扱者の資格を有していればよい）．

　また，乗車している危険物取扱者は，**表4・42**の基準（危令30の2）を遵守し，危険物の保安の確保について細心の注意を払わなければならない（**マスターpoint**参照）．

荷積み　　　　危険物を貯蔵　　　　荷卸し終了
　　　　　　　（移送）　　　　　（危険物の貯蔵量なし）

図4・4　移送の基準適用

表4·42　移送中に乗車している危険物取扱者の遵守事項（危令30の2）

① 危険物の移送をする者は，移送の開始前に，移動貯蔵タンクの底弁，その他の弁，マンホール，注入口のふた，消火器等の点検を十分に行う．
② 危険物の移送をする者は，**長時間**にわたるおそれがある移送であるときは，**2人以上の運転要員**を確保する．
　※ "長時間にわたるおそれがある移送"とは，「移送の経路，交通事情，自然条件，その他の条件から判断して，次のいずれかに該当すると認められる場合」である．
　　　・ 1の運転要員による連続運転時間（1回が連続10分以上であり，合計が30分以上の運転の中断をすることなく連続して運転する時間）が，4時間を超える移送
　　　・ 1の運転要員による運転時間が，1日当たり9時間を超える移送
　※ "2人以上の運転要員を確保する必要のない危険物"とは，以下のものである．
　　　・ 第二類の危険物
　　　・ 第三類の危険物のうち，カルシウム又はアルミニウムの炭化物，及び，これのみを含有するもの
　　　・ 第四類の危険物のうち，第一石油類，第二石油類（原油分留品，酢酸エステル，ぎ酸エステル，メチルエチルケトンに限る），アルコール類，第三石油類，第四石油類，動植物油類
③ 危険物の移送をする者は，移動タンク貯蔵所を休憩，故障等のため一時停止させるときは，安全な場所を選ぶ．
④ 危険物の移送をする者は，移動貯蔵タンクから危険物が著しく漏れる等，災害が**発生するおそれがある場合**には，災害を防止するため**応急措置**を講ずるとともに，最寄りの消防機関，その他の関係機関に**通報**する．
⑤ 第三類の危険物のうち，アルキルアルミニウム，アルキルリチウム，これらのいずれかを含有するものの移送をする場合には，**移送の経路等を記載した書面を関係消防機関に送付**するとともに，この書面の写しを**携帯**し，書面に**記載された内容に従う**．
　※ 災害その他やむをえない理由がある場合には，記載された内容に従わないことができる．

イエローカードについて

危険物等の運搬又は移送中における事故については，運転者等の適切な初期対応及び消防機関等に対する適切な情報提供が重要であることを踏まえ，一般社団法人 日本化学工業協会では消防庁の指導の下，化学物品の危険性等に関し，関係者への情報提供を目的とした措置・連絡用資料（通称「イエローカード」）のモデルを作成し，会員各社においてはこれをもとに，物品ごとに措置・連絡用資料を作成するとともに連絡体制等の整備を行い，**運搬又は移送時**に，これを車両に積載することとしている（運搬容器には「容器イエローカード（ラベル方式）」を貼付する）．

2 運搬の基準（法16）

"危険物の運搬"とは，「危険物が収納された容器を，車両等により別の場所に移動すること」をいう．指定数量未満の危険物についても規制されるので注意が必要である．

運搬容器，積載方法，運搬方法のそれぞれについて技術上の基準が定められている．なお，航空機，船舶，鉄道・軌道による危険物の運搬については，法の適用除外となっている（法16の9）．

▶ 1. 運搬容器の基準（危令28）

(1) 運搬容器の材質

運搬容器の材質は，鋼板，アルミニウム板，ブリキ板，ガラスのほか，金属板，紙，プラスチック，ファイバー板，ゴム類，合成繊維，麻，木，陶磁器が定められている（危則41）．

(2) 運搬容器の構造

運搬容器の構造は，「堅固で容易に破損するおそれがなく，その口から収納された危険物が漏れるおそれがないもの」とされている（危則42）．

機械により荷役する構造を有する容器（IBC：Intermediate Bulk Containers）**と，それ以外の容器**とに区分されており，さらに，それぞれの容器に収納するものが，液体の危険物か固体の危険物かによって構造と最大容積が規定されている．

なお，機械により荷役する構造を有する容器については，構造上の安全基準が付加されている（危則43 ① 2）

また，**専ら乗用の用に供する車両**（乗用の用に供する車室内に貨物の用に供する部分を有する構造のものを含む）により，引火点が40℃未満の危険物のうち，**自動車の燃料用のガソリンの運搬容器は，金属製ドラム**（天板固定式のもの）**及び金属製容器**であって，最大容積が22ℓとされている（危則43 ②，危告示68の4）．

(3) 運搬容器の性能

運搬容器の性能は，落下試験，気密試験，内圧試験，積み重ね試験等に適合するものでなければならない．これらの試験基準が適用されない運搬容器については，表4・43にまとめた．

表4·43　試験基準が適用されない運搬容器

機械により荷役する構造を有する容器以外のもの（危告示68の6）	・ 第四類の危険物のうち，第二石油類（引火点が60℃以上のもの），第三石油類，第四石油類，動植物油類を収納するもの ・ 第一類，第二類，第四類の危険物のうち，**危険等級Ⅰ**の危険物以外のものを収納する最大容積500mℓ以下の内装容器（紙袋，プラスチックフィルム袋を除く）を最大収容重量30kg以下の外装容器に収納するもの ※ 第四類の危険物の場合は，危険等級Ⅰ（特殊引火物），危険等級Ⅱ（第1石油類，アルコール類），危険等級Ⅲ（Ⅰ及びⅡ以外のもの）
機械により荷役する構造を有する容器（危告示68の6の3）	第四類の危険物のうち，第二石油類（引火点が60℃以上のもの），第三石油類，第四石油類，動植物油類を収納するもの

▶ 2. 積載方法（危令29）

(1) 収納基準

　危険物は，前1.で述べた運搬容器に**収納**して積載しなければならない（塊状の硫黄等を運搬する場合，又は同一敷地内の危険物施設内で危険物を運搬する場合を除く）．

　この収納にあたる基準を**表4·44**にまとめる．なお，「機械により荷役する構造を有する運搬容器」については，別に基準が定められている（危則43の3②）．

表4·44　収納基準（危則43の3①）

・ 危険物は，温度変化等により，危険物が漏れないように運搬容器を**密封**して収納する（**内圧が上昇するおそれのある場合**は，発生ガスが毒性，又は引火性を有していないものに限り**ガス抜き口**を設けることができる）． ・ 危険物は，収納する危険物と**危険な反応を起こさない**など，危険物の性質に適応した材質の運搬容器に収納する． ・ 原則として固体の危険物は，「運搬容器の内容積の95％以下」の収納率で運搬容器に収納する． ・ 原則として**液体の危険物**は，「運搬容器の**内容積の98％以下**」の収納率であって，かつ，**55℃の温度**において漏れないように十分な空間容積を有して収納する． ・ 原則として，一の外装容器には，**類を異にする危険物を収納しない**． ・ 第三類の危険物については，その危険性状を勘案してさらに付加基準が定められている．

(2) 運搬容器の外部への表示（危則44）

運搬容器の外部に

- ・　危険物の品名
- ・　**危険等級**
- ・　**化学名**
- ・　（第四類の危険物のうち水溶性のものは）「**水溶性**」
- ・　危険物の**数量**
- ・　危険物に応じた**注意事項**

を表示して積載する.

なお,「機械により荷役する構造を有する運搬容器」の外部には, さらに表示項目が追加される（危則44⑥）.

(3) 積載時の注意事項

積載時には, 以下に注意する.

- ・　運搬容器が転落, 落下, 転倒, 破損しないように積載する.
- ・　運搬容器は, 収納口を上方に向けて積載する.
- ・　同一の車両等には, **類を異にする危険物**, 又は, 災害を発生させるおそれのある物品を混載しない（**表4・45**）.
- ・　危険物容器を積み重ねる場合は, 高さを**3m以下**とする.

表4・45　混載の禁止されている危険物（危則別表4）
（ただし, 本表は, 指定数量の1/10以下の危険物については, 適用されない）

×：混載禁止, ○：混載可

	第一類	第二類	第三類	第四類	第五類	第六類
第一類		×	×	×	×	○
第二類	×		×	○	○	×
第三類	×	×		○	×	×
第四類	×	○	○		○	×
第五類	×	○	×	○		×
第六類	○	×	×	×	×	

（注） 次の危険物は，直射日光を避けるため**遮光性の被覆**でおおわなければならない．

- ・ 第一類の危険物
- ・ 自然発火性物品
- ・ 第四類の特殊引火物
- ・ 第五類の危険物
- ・ 第六類の危険物

このほか，雨水の浸透を防ぐための防水性の被覆や，保冷コンテナに収納する等の適正な温度管理を要する危険物がある．

また，機械により荷役する構造を有する運搬容器については，衝撃等を防止する措置を講じなければならない（危険等級Ⅱの固体危険物をフレキシブルの運搬容器，ファイバ板製の運搬容器，木製の運搬容器以外の運搬容器に収納して積載する場合を除く）．

▶ 3. 運搬方法（危令30）

危険物を収納した運搬容器の運搬については，

- ・ 著しく摩擦又は動揺を起こさないように運搬する．
- ・ 危険物の運搬中，危険物が著しく漏れる等，災害が発生するおそれのある場合は，災害を防止するため**応急の措置**を講ずるとともに，最寄りの消防機関その他の関係機関に**通報**する．

ことのほか，**指定数量以上の危険物を運搬**する場合の付加基準が設けられている（**表4・46**）．

表4・46 指定数量以上の危険物を運搬する場合の付加基準（危令30①2〜4）

- ・ 車両の前後の見やすい箇所に「危」と表示した**標識**を掲げなければならない．
- ・ 積替え，休憩，故障等のため，車両を一時停止させるときは，**安全な場所**を選び，かつ，運搬する危険物の保安に注意する．
- ・ 運搬する危険物に適応する**第5種の消火設備**（消火器）を備える．

4·5 圧縮アセチレンガス等，指定可燃物及び少量危険物関係

1 圧縮アセチレンガス等（消防活動阻害物質）（法9の3）

　圧縮アセチレンガス，液化石油ガス，その他の火災予防又は消火活動に重大な支障を生ずるおそれのある物質を一定数量以上貯蔵し，又は取り扱う者は，あらかじめ，その旨を所轄消防長又は消防署長に届け出なければならない（表4·47）．

　また，貯蔵，又は取扱いを廃止する場合も届け出なければならない．

表4·47　届出対象物質と数量

圧縮アセチレンガス	40 kg 以上
無水硫酸	200 kg 以上
液化石油ガス	300 kg 以上
生石灰（酸化カルシウムの含有率が 80 ％以上のもの）	500 kg 以上
毒物（シアン化水素，シアン化ナトリウム，水銀，セレン等）	30 kg 以上
劇物（アンモニア，塩化水素，クロルスルホン酸，硫酸等）	200 kg 以上

〔届出をする必要のない場合〕

船舶，自動車，航空機，鉄道，軌道により貯蔵，取り扱う場合（法9の3①）
「高圧ガス保安法」，「ガス事業法」，「液化石油ガスの保安の確保及び取引の適正化に関する法律」の規定により，消防庁長官，消防長に通報があった施設において，**液化石油ガス**を貯蔵，取り扱う場合（危令1の10②）

2 指定可燃物（法9の4）

　"指定可燃物"とは，「火災が発生した場合にその拡大が速やかであり，又は消火の活動が著しく困難となるものとして，危険物の規制に関する政令別表第4の品名欄に掲げる物品で，同表の数量欄に定める**数量以上のもの**」をいう（危令1の12，**表4·48**）．

　また，指定可燃物，その他指定可燃物に類する物品を貯蔵し，又は取り扱う場所の位置，構造及び設備の技術上の基準は，**市町村条例で定める**（貯蔵及び取扱いの技術上の基準も市町村条例で定める）．

3 指定数量未満の危険物（法9の4）

　指定数量未満の危険物を貯蔵し，又は取り扱う場所の位置，構造，設備の技術

上の基準は，**市町村条例**で定める（貯蔵及び取扱いの技術上の基準も，市町村条例で定める）.

表4·48　指定可燃物（品名と数量）

品名		数量
綿花類		200 kg
木毛及びかんなくず		400 kg
ぼろ及び紙くず		1,000 kg
糸類		1,000 kg
わら類		1,000 kg
再生資源燃料		1,000 kg
可燃性固体類		3,000 kg
石炭・木炭類		10,000 kg
可燃性液体類		2 m³
木材加工品及び木くず		10 m³
合成樹脂類	発泡させたもの	20 m³
	その他のもの	3,000 kg

※　**数量以上のものが指定可燃物となる.**
- "綿花類" とは，「不燃性又は難燃性でない綿状，又はトップ状の繊維及び麻糸原料」をいう.
- "ぼろ及び紙くず" は，「不燃性又は難燃性でないもの（動植物油がしみ込んでいる布又は紙，及びこれらの製品を含む）」をいう.
- "糸類" とは，「不燃性又は難燃性でない糸（糸くずを含む）及び繭（まゆ）」をいう.
- "わら類" とは，「乾燥わら，乾燥藺及びこれらの製品，並びに干し草」をいう.
- "再生資源燃料" とは，「「資源の有効な利用の促進に関する法律」に規定する再生資源を原料とする燃料」をいう.
- "可燃性固体類" とは，「固体で，次の①，③又は④のいずれかに該当するもの（1気圧において，温度20 ℃を超え，40 ℃以下の間において液状となるもので，次の②，③又は④のいずれかに該当するものを含む）」をいう.
  - ①　引火点が40 ℃以上100 ℃未満のもの
  - ②　引火点が70 ℃以上100 ℃未満のもの
  - ③　引火点が100 ℃以上200 ℃未満で，かつ，燃焼熱量が34 kJ/g以上であるもの
  - ④　引火点が200 ℃以上で，かつ，燃焼熱量が34 kJ/g以上であるもので，融点が100 ℃未満のもの
- "石炭・木炭類" は，コークス，粉状の石炭が水に懸濁しているもの，豆炭，練炭，石油コークス，活性炭，及びこれらに類するものを含む.
- "可燃性液体類" とは，
  - －法別表第1備考第14号の総務省令で定める物品で，液体であるもの
  - －法別表第1備考第15号及び第16号の総務省令で定める物品で，1気圧において温度20 ℃で液状であるもの
  - －法別表第1備考第17号の総務省令で定めるところにより貯蔵保管されている動植物油で，1気圧において温度20 ℃で液状であるもの
  - －引火性液体の性状を有する物品（1気圧において，温度20 ℃で液状であるものに限る）で，1気圧において引火点が250 ℃以上のもの
  - をいう.
- "合成樹脂類" とは，「不燃性又は難燃性でない固体の合成樹脂製品，合成樹脂半製品，原料合成樹脂及び合成樹脂くず（不燃性又は難燃性でないゴム製品，ゴム半製品，原料ゴム及びゴムくずを含む）」をいい，合成樹脂の繊維，布，紙，及び糸並びにこれらのぼろ，及びくずを除く.

4·6 危険物施設に関する保安規制関係

1 予防規程，自衛消防組織（法14の2）

● 1．予防規程（法14の2）

　一定規模以上の製造所等の**所有者，管理者，占有者**は製造所等の**火災を予防**するため，自主保安基準としての予防規程を定め，**市町村長等の認可を受けなけれ**ばならない．なお，予防規程を変更する場合も，同様に認可を受けなければならない（法14の2①）．

　対して，市町村長等は，予防規程が法10条③項の技術上の基準（危険物の貯蔵・取扱基準）に適合していないとき，その他火災の予防のために適当でないと認めるときは，許可をしてはならない（法14の2②）．

　また，市町村長等は，火災の予防のため必要があるときは，予防規程の変更を命ずることができる．なお，**命令をした場合は，公示をしなければならない**（法14の2③，⑤）．

　製造所等の所有者，管理者，占有者，**その従業者は予防規程を守らなければな**らない（法14の2④，**表4·49，表4·50**）．

表4·49　予防規程を定めなければならない製造所等

- ・　製造所（指定数量の倍数が10以上）
- ・　屋内貯蔵所（指定数量の倍数が150以上）
- ・　屋外タンク貯蔵所（指定数量の倍数が200以上）
- ・　屋外貯蔵所（指定数量の倍数が100以上）
- ・　給油取扱所
- ・　移送取扱所
- ・　一般取扱所（指定数量の倍数が10以上）

〔対象とならないもの〕
- ・　「鉱山保安法」による保安規程を定めている製造所等
- ・　「火薬類取締法」による危害予防規程を定めている製造所等
- ・　自家用給油取扱所のうち，屋内給油取扱所以外のもの
- ・　指定数量の倍数が30以下で，かつ，引火点が40℃以上の第四類危険物のみを容器に詰め替える一般取扱所

表 4・50　予防規程に定める事項（危則 60 の 2）

- 危険物の保安に関する業務を管理する者の職務及び組織に関すること.
- 危険物保安監督者が, 旅行, 疾病その他の事故によって, その職務を行うことができない場合に, その職務を代行する者に関すること.
- 化学消防自動車の設置, その他自衛の消防組織に関すること.
- 危険物の保安に係る作業に従事する者に対する保安教育に関すること.
- 危険物の保安のための巡視, 点検及び検査に関すること.
- 危険物施設の運転又は操作に関すること.
- 危険物の取扱作業の基準に関すること.
- 補修等の方法に関すること.
- 施設の工事における火気の使用, 若しくは取扱いの管理, 又は危険物等の管理等, 安全管理に関すること.
- 製造所及び一般取扱所にあっては, 危険物の取扱い工程, 又は設備等の変更に伴う危険要因の把握, 及び当該危険要因に対する対策に関すること.
- 顧客に自ら給油等をさせる給油取扱所にあっては, 顧客に対する監視, その他保安のための措置に関すること.
- 移送取扱所にあっては, 配管の工事現場における責任者の条件, その他配管の工事現場における保安監督体制に関すること.
- 移送取扱所にあっては, 配管の周囲において移送取扱所の施設の工事以外の工事を行う場合における, 当該配管の保安に関すること.
- 災害その他の非常の場合にとるべき措置に関すること.
- 地震が発生した場合, 及び地震に伴う津波が発生し, 又は発生するおそれがある場合における施設及び設備に対する点検, 応急措置等に関すること.
- 危険物の保安に関する記録に関すること.
- 製造所等の位置, 構造及び設備を明示した書類, 及び図面の整備に関すること.
- このほか, 危険物の保安に関し, 必要な事項.

※　地震防災強化地域に指定されている地域では, 警戒宣言の伝達, 大規模な地震に係る防災訓練等について定めることとされている（危則 60 の 2 ②）.

● 2. 自衛消防組織（法 14 の 4）

　一定規模以上の製造所等の所有者, 管理者, 占有者は, その存する事業所に自衛消防組織を置かなければならない.

（1）自衛消防組織を置くべき事業所（危令 38）

　自衛消防組織を置くべき事業について, 表 4・51 にまとめた.

　自衛消防組織を設置する事業所は, 危険物保安統括管理者を定めるべき事業所と同一である.

表4・51　自衛消防組織を置くべき事業所

製造所, 一般取扱所	指定数量の3,000倍以上の第四類の危険物を取り扱うもの
移送取扱所	指定数量以上の第四類危険物を取り扱うもの

〔対象とならないもの（危則47の4）〕
- ボイラー, バーナー等の装置で危険物を消費する一般取扱所
- 車両に固定されたタンク等に危険物を注入する一般取扱所
- 容器に危険物を詰め替える一般取扱所
- 油圧装置, 潤滑油循環装置等で危険物を取り扱う一般取扱所
- 「鉱山保安法」の適用を受ける製造所, 移送取扱所又は一般取扱所
- 特定移送取扱所以外の移送取扱所
- 特定移送取扱所で, 配管の延長のうち, 海域に設置される部分以外の部分に係る延長が7km未満のもの

(2) 自衛消防組織の編成

事業所での取扱い危険物の最大数量に応じて, 編成すべき人員, 化学消防車の台数が定められている（危令38の2）.

なお,「火災発生時等における相互応援」に関する協定を締結している事業所については,「これらの事業所における取扱い危険物の数量を合算」して編成することができる（危則64の2, **表4・52**）.

表4・52　自衛消防組織の編成基準

事業所の区分 （指定施設において取り扱う第四類危険物の最大数量）	人員数	化学消防自動車の台数
指定数量の〜12万倍未満である事業所	5人	1台
指定数量の12万倍以上〜24万倍未満である事業所	10人	2台
指定数量の24万倍以上〜48万倍未満である事業所	15人	3台
指定数量の48万倍以上〜である事業所	20人	4台

参考）指定施設：第四類の危険物を取り扱う製造所, 一般取扱所, 移送取扱所のうち, 危則47の4で定めるもの以外のものをいう（危令30の3①）.

2 定期点検，保安検査

● 1. 定期点検（法14の3の2）

一定の製造所等について，その所有者，管理者，占有者は，位置，構造，設備について定期に点検し，点検記録を作成し，これを保存しなければならない．

この定期点検の実施対象について，**表4·53**にまとめた．

表4·53 実施対象（危令8の5）

製造所	指定数量の倍数が10以上，又は地下タンクを有するもの
屋内貯蔵所	指定数量の倍数が150以上
屋外タンク貯蔵所	指定数量の倍数が200以上
屋外貯蔵所	指定数量の倍数が100以上
地下タンク貯蔵所	すべて
移動タンク貯蔵所	すべて
給油取扱所	地下タンクを有するもの
移送取扱所	すべて
一般取扱所	指定数量の倍数が10以上，又は地下タンクを有するもの

〔定期点検の実施対象から除かれるもの（危令8の3，危則9の2）〕
- 「鉱山保安法」による保安規程を定めている製造所等
- 「火薬類取締法」による危害予防規程を定めている製造所等
- 移送取扱所のうち，配管の延長が15 kmを超えるもの，及び配管に係る最大常用圧力が0.95 MPa以上で，かつ，配管の延長が7 km以上15 km以下のもの
- 指定数量の倍数が30以下であり，かつ，引火点が40℃以上の第四類危険物のみを容器に詰め替える一般取扱所

(1) 点検時期（危則62の4）

定期点検は1年に1回以上行う．

(2) 内部点検と漏れの点検（危則62の5〜62の5の4）

引火点を有する液体危険物の屋外タンク貯蔵所（岩盤タンク，海上タンクを除く）で，容量が1,000 kℓ以上10,000 kℓ未満のものは，一定期間ごと（13年又は15年）に，**タンクの内部を点検**しなければならない（危則62の5）．

また，地下貯蔵タンク，二重殻タンクの強化プラスチック製の外殻，地下埋設配管，移動貯蔵タンクについては，併せて，**漏れの点検**を一定期間ごとに実施しなければならない（危則62の5の2〜62の5の4，**表4·54**）．

表 4・54　漏れの点検の実施対象

地下貯蔵タンク （二重殻タンクの内殻を除く）	1 年以内に 1 回以上（一定の条件を満たすものは 3 年以内に 1 回以上）
二重殻タンクの強化プラスチック製の外殻	3 年以内に 1 回以上
地下埋設配管	1 年以内に 1 回以上（一定の条件を満たすものは 3 年以内に 1 回以上）
移動貯蔵タンク	5 年以内に 1 回以上

(3) 点検実施者（危則 62 の 6）

　点検実施者は，以下のとおりであるが，地下貯蔵タンク等の漏れの点検については，**点検の方法に関する知識及び技能を有する者**が実施しなければならない．

- ・　危険物取扱者
- ・　危険物施設保安員
- ・　危険物取扱者以外の者（危険物取扱者が立ち会う場合）

(4) 点検の記録事項（危則 62 の 7）

　点検における記録事項は以下のとおりである．

- ・　点検をした製造所等の名称
- ・　点検の方法，結果
- ・　点検年月日
- ・　点検を行った危険物取扱者，危険物施設保安員，点検に立ち会った危険物取扱者の氏名

(5) 点検記録の保存期間（危則 62 の 8）

　点検記録の保存期間は**表 4・55** のとおりである．

表 4・55　点検記録の保存期間

点検記録の種類	保存期間
屋外貯蔵タンクの内部点検記録	26 年（30 年）
地下貯蔵タンク，二重殻タンクの強化プラスチック製の外殻の漏れの点検記録	3 年間
地下埋設配管の漏れの点検記録	
移動貯蔵タンクの漏れの点検記録	10 年間
上記以外の点検記録	**3 年間**

● 2. 保安検査（法14の3）

　一定規模以上の屋外タンク貯蔵所，移送取扱所の所有者，管理者，占有者は一定期間ごとに特定の事項について，市町村長等による**保安検査**を受けなければならない（法14の3①，**表4·56**）．

　なお，特定屋外タンク貯蔵所（容量が1,000 kℓ以上のもの）については，不等沈下等の事由が発生した場合には，**臨時に保安検査**を受けなければならない（法14の3②）．

表4·56　保安検査の種類と内容

定期保安検査	検査対象	屋外タンク貯蔵所 （容量 10,000 kℓ 以上）	移送取扱所（配管の延長が 15 km を超えるもの，配管の最大常用圧力が 0.95 MPa 以上で延長が 7 km 以上 15 km 以下）
	検査時期	原則として 8 年に 1 回 （一定の保安措置により最長 15 年）	原則として 1 年に 1 回
	検査事項	・　タンク底部の板厚，溶接部 ・　岩盤タンクの構造，設備	移送取扱所の構造，設備
臨時保安検査	検査対象	屋外タンク貯蔵所（容量 1,000 kℓ 以上）	
	検査事由	・　1/100 以上の不等沈下の発生 ・　岩盤タンク，地中タンクについては，危険物又は可燃性蒸気の漏洩のおそれがあると認められること．	
	検査事項	・　タンク底部の板厚，溶接部 ・　岩盤タンクの構造，設備	

危険物の性質及び火災の予防並びに消火の方法

4·7

　以下では，類ごとに，それぞれの危険物の性質，及びそれに係る火災の予防，並びに消火の方法を表にまとめた（**表4·57**）.

　なお，各類の危険物の類別概要及び危険性状については，1章1·7節（p.41），及び本章4·1節1項（p.256）を参照すること.

表4·57　各類危険物の性質及び火災の予防並びに消火の方法

〔第一類（酸化性固体）〕

性質	・　一般的にそれ自体は不燃性である. ・　加熱，衝撃，摩擦等により分解して，分子構造中の**酸素を放出する**. ・　他の物質を酸化させる. ・　可燃物，有機物等の酸化されやすい物質との混合物は，加熱，衝撃，摩擦等により爆発する危険性がある.
火災予防の方法	・　可燃物との接触，混合を避ける. ・　分解を促進する物品との接触，加熱，衝撃，摩擦を避ける. ・　アルカリ金属の過酸化物（含有物を含む）は，水との接触を避ける. ・　火気，加熱等を避ける.
適応する消火剤	水（棒状，霧状），噴霧，水蒸気，泡，強化液（棒状，霧状）粉末消火剤（りん酸塩類等），乾燥砂，膨張ひる石・膨張真珠岩 　※　**アルカリ金属の過酸化物等**　→　粉末消火剤（炭酸水素塩類等），乾燥砂，膨張ひる石・膨張真珠岩

〔第二類（可燃性固体）〕

性質	火炎によって容易に着火する固体，又は比較的低温（40℃未満）で容易に引火する固体
火災予防方法	・　酸化剤との接触，混合を避ける. ・　炎，火花，高温体との接近を避ける. ・　過熱を避ける. 　※　鉄粉，金属粉，マグネシウム等は，水や酸との接触を避ける. 　※　引火性固体は，みだりに蒸気を発生させない.
適応する消火剤	水（棒状，霧状，噴霧），水蒸気，泡，粉末消火剤（りん酸塩類等），強化液（棒状，霧状），乾燥砂，膨張ひる石，膨張真珠岩 　※　**鉄粉，金属粉，マグネシウム等** 　　→　炭酸水素塩類，乾燥砂，膨張ひる石，膨張真珠岩 　※　**引火性固体** 　　→　水（棒状，霧状，噴霧），水蒸気，泡，強化液（棒状，霧状），不活性ガス，二酸化炭素，ハロゲン化物，粉末消火剤（りん酸塩類等，炭酸水素塩類等），乾燥砂，膨張ひる石，膨張真珠岩

〔第三類（自然発火性物質，禁水性物質）〕

性質	空気中で自然に発火する，又は，水と接触して発火，可燃性ガスを発生する．
火災予防の方法	・ アルキルアルミニウム，黄りん等の自然発火性物品 　→　炎，火花，高温体との接触を避ける，過熱を避ける，空気との接触を避ける． ・ 禁水性物品　→　水との接触を避ける．
消火の方法	水（棒状，霧状，噴霧），水蒸気，泡，強化液（棒状，霧状），乾燥砂，膨張ひる石，膨張真珠岩 　※　**禁水性物品** 　　→　粉末消火剤（炭酸水素塩類等），乾燥砂，膨張ひる石，膨張真珠岩

〔第四類（引火性液体）〕

性質	・ 引火性の液体である． ・ 発生する可燃性蒸気は，空気より重い（**蒸気比重が 1 より大**）． ・ 可燃性蒸気と空気が混合された状態では，一定の範囲内で燃焼する． ・ 液体の比重が 1 より小さいものが多い． ・ 電気の不良導体であるものが多い．
火災予防の方法	・ 炎，火花，高温体との接近を避ける． ・ 過熱を避ける． ・ みだりに可燃性蒸気を発生させない． ・ 静電気が発生するおそれがある場合は，アース等により静電気を除去する．
適応する消火剤	水蒸気，水噴霧，泡，不活性ガス，ハロゲン化物，強化液（霧状），二酸化炭素，粉末消火剤（りん酸塩類等，炭酸水素塩類等），乾燥砂，膨張ひる石，膨張真珠岩

〔第五類（自己反応性物質）〕

性質	・ 可燃性の固体又は液体である． ・ 加熱，衝撃，摩擦等により発火しやすい． ・ 加熱により急激に分解する．
火災予防の方法	・ 炎，火花，高温体との接近を避ける． ・ 加熱，衝撃，摩擦を避ける．
適応する消火剤	水（棒状，霧状），水蒸気，水噴霧，泡，強化液（棒状，霧状），乾燥砂，膨張ひる石，膨張真珠岩

〔第六類（酸化性液体）〕

性質	・ 一般的にそれ自体は不燃性である． ・ 加熱，衝撃，摩擦等により分解して，分子構造中の酸素を放出する． ・ 他の物質を酸化させる． ・ 可燃物，有機物等の酸化されやすい物質との混合物は，加熱，衝撃，摩擦等により爆発する危険性がある．
火災予防の方法	・ 可燃物との接触，混合を避ける． ・ 分解を促す物質との接近を避ける． ・ 加熱を避ける．
適応する消火剤	水（棒状，霧状），水蒸気，水噴霧，泡，強化液（棒状，霧状），粉末消火剤（りん酸塩類等），乾燥砂，膨張ひる石，膨張真珠岩

危険物取扱者関係

1 危険物取扱者制度の概要 （法13③，13の2）

製造所等においては，危険物取扱者（甲種，乙種，丙種）が危険物の取扱いを行う．

また，危険物取扱者以外の者は，甲種危険物取扱者又は乙種危険物取扱者が立ち会わなければ，危険物を取り扱ってはならない（法13③，**表4·58**）.

表4·58　危険物取扱者免状の種類と取り扱える危険物

免状の種類	取り扱える危険物
甲種危険物取扱者免状	すべての類
乙種危険物取扱者免状（一類～六類）	指定された類
丙種危険物取扱者免状	**限定**された第四類の危険物 ・　ガソリン，灯油，軽油 ・　第三石油類（重油，潤滑油及び引火点130℃以上のものに限る） ・　第四石油類 ・　動植物油類

▶ 1. 免状の交付・不交付 （法13の2③，④）

危険物取扱者免状は，危険物取扱者試験に合格した者に対し，**都道府県知事**が交付する．

なお，都道府県知事は，次のいずれかに該当する者に対しては，免状の交付を行わないことができる．

- ・　都道府県知事から危険物取扱者免状の返納を命ぜられ，その日から起算して1年を経過しない者
- ・　法又は法に基づく命令の規定に違反して，罰金以上の刑に処せられた者で，その執行を終わり，又は執行を受けることがなくなった日から起算して，2年を経過しない者

▶ 2. 免状の返納命令と通知 （法13の2⑤，⑥）

危険物取扱者が法又は法に基づく命令の規定に違反しているときは，危険物取扱者免状を交付した**都道府県知事**は，当該危険物取扱者免状の**返納を命ずること**

ができる.

　また，都道府県知事は，その**管轄する区域**において，他の都道府県知事から危険物取扱者免状の交付を受けている危険物取扱者が同様の違反をしていると認めるときは，その旨を**当該他の都道府県知事に通知**しなければならない.

▶ 3. 危険物取扱者の責務（危令 31 ②，③）

　危険物取扱者は，危険物の取扱作業に**従事するとき**は，法 10 条③項の貯蔵，取扱いの技術上の**基準を遵守**するとともに，当該危険物の保安の確保について，**細心の注意を払わ**なければならない.

　甲種危険物取扱者，乙種危険物取扱者は，危険物の取扱作業の**立会いをする場合**は，取扱作業に従事する者が，法 10 条③項の貯蔵，取扱いの技術上の基準を遵守するように**監督**するとともに，必要に応じて，これらの者に**指示を与え**なければならない.

2　危険物取扱者免状の交付手続き等と保安講習

▶ 1. 危険物取扱者免状の交付手続き等（危令 32 〜 35）

（1）危険物取扱者免状の記載事項

　危険物取扱者免状の記載事項は以下のとおりである.
- ・　免状の交付年月日及び交付番号
- ・　氏名及び生年月日
- ・　本籍地の属する都道府県
- ・　免状の種類並びに取り扱うことのできる危険物
- ・　（甲種危険物取扱者又は乙種危険物取扱者が）取扱作業に関して立ち会うことができる危険物の種類
- ・　過去 10 年以内に撮影した写真

　また，交付申請等の手続きについて，**表 4・59** にまとめた.

表 4・59　交付申請等の手続き

	手続き内容等	申請先
交付	試験の合格を証明する書類を添えて申請する.	試験を行った都道府県知事
書換え	免状と書換え事由を証明する書類等を添えて**遅滞なく申請する**. 〔**書換えの申請を要する場合**〕 ・　免状に記載の氏名，本籍地の変更 ・　免状に貼付の写真が撮影から 10 年を経過	・　免状を交付した都道府県知事 ・　居住地，勤務地の都道府県知事
再交付	「写真（10 年を経過）」「免状の汚損，破損」の場合は当該免状を添えて申請する. 〔**再交付の申請をすることができる場合**〕 ・　免状を亡失，滅失した ・　免状を汚損，破損した 　※　免状を亡失して再交付を受けた者は，亡失した免状を発見した場合は，10 日以内に再交付を受けた都道府県知事に亡失した免状を提出しなければならない.	・　免状を交付した都道府県知事 ・　免状の書換えをした都道府県知事

▶ 2. 保安講習（法 13 の 23）

　製造所等において危険物の取扱作業に従事する危険物取扱者は，都道府県知事が行う危険物の取扱作業の保安に関する講習を受けなければならない.

　保安講習の受講時期は，製造所等において危険物の取扱作業に従事する危険物取扱者は，当該危険物取扱作業に**従事することとなった日から 1 年以内**とされている．ただし，当該取扱作業に従事することとなった日前 2 年以内に危険物取扱者免状の交付を受けている場合，又は保安講習を受けている場合は，それぞれ当該免状の交付を受けた日，又は当該保安講習を受けた日以降における**最初の 4 月 1 日から 3 年以内**に保安講習を受ければよい（危則 58 の 14 ①）.

　さらに，**保安講習を受けた日以降における最初の 4 月 1 日から 3 年以内**に保安講習を受けなければならない．その後も，同様に保安講習を受けなければならない（危則 58 の 14 ②）.

3 危険物保安監督者（法 13 ①，②）

　一定規模以上の製造所等（**表 4·60**）の所有者，管理者又は占有者は，**甲種危険物取扱者又は乙種危険物取扱者で，6 か月以上の危険物取扱いの実務経験を有する者**のうちから危険物保安監督者を定め，その者が取り扱うことができる危険物の取扱作業に関して保安の監督をさせなければならない．

　また，保安監督者を定めたときは，遅滞なく市町村長等に届け出なければならない．解任したときも同様である．

　なお，"危険物取扱いの実務経験"は「製造所等における実務経験」に限られる（危則 48 の 2）．

表 4·60　危険物保安監督者を定めなければならない製造所等（危令 31 の 2）

製造所等	規模等（指定数量の倍数，引火点）		第四類以外の危険物
	第四類危険物		
製造所	すべて		すべて
屋内貯蔵所	指定数量の 30 倍を超える	指定数量の 30 倍以下（引火点が 40 ℃未満）	すべて
屋外タンク貯蔵所	すべて		すべて
屋内タンク貯蔵所	引火点が 40 ℃未満		すべて
地下タンク貯蔵所	指定数量の 30 倍を超える	指定数量の 30 倍以下（引火点が 40 ℃未満）	すべて
簡易タンク貯蔵所	引火点が 40 ℃未満		すべて
移動タンク貯蔵所	—		—
屋外貯蔵所	指定数量の 30 倍を超える		30 倍を超える
給油取扱所	すべて		すべて
第一種販売取扱所	引火点が 40 ℃未満		すべて
第二種販売取扱所	引火点が 40 ℃未満		すべて
移送取扱所	すべて		すべて
一般取扱所（ボイラー等，容器詰替え）	指定数量の 30 倍を超える	指定数量の 30 倍以下（引火点が 40 ℃未満）	すべて
一般取扱所（上記以外）	すべて		すべて

● 1. 責務（危令 31 ①）

　危険物保安監督者は，危険物の取扱作業に関して保安の監督をする場合は，誠実にその職務を行わなければならない．

▶ 2. 業務 (危則48)

　製造所等の所有者，管理者又は占有者は，危険物保安監督者に，**表4・61** の業務を行わせなければならない.

表4・61　危険物保安監督者の業務

ア　危険物の取扱作業の実施に際し，その作業が法10条③項の技術上の基準，及び予防規程等の保安に関する規定に適合するように，作業者（当該作業に立ち会う危険物取扱者を含む）に対し，必要な指示を与える.
イ　火災等の災害が発生した場合は，作業者を指揮して応急の措置を講ずるとともに，直ちに消防機関等に連絡する.
ウ　危険物施設保安員を置く製造所等にあっては，危険物施設保安員に必要な指示を行う. その他の製造所等にあっては，次の業務を行う（危則59）. <ul><li>製造所等の構造及び設備を法10条④項の技術上の基準に適合するように維持するため，定期及び臨時の点検を行い，点検状況等を記録し，保存する.</li><li>製造所等の構造及び設備に異常を発見した場合は，危険物保安監督者，その他関係のある者に連絡するとともに，状況を判断して適当な措置を講ずる.</li><li>火災が発生したとき，又は火災発生の危険性が著しいときは，応急の措置を講ずる.</li><li>製造所等の計測装置，制御装置，安全装置等の機能が適正に保持されるよう保安管理する.</li><li>その他，製造所等の構造及び設備の保安に関し，必要な業務を行う.</li></ul>
エ　火災等の災害の防止に関し，当該製造所等に隣接する製造所等，その他関連する施設の関係者と連絡を保つ.
オ　上記のほか，危険物の取扱作業の保安に関し，必要な監督業務を行う.

▶ 3. 解任命令 (法13の24)

　市町村長等は，次の場合は，製造所等の所有者，管理者又は占有者に対して，**危険物保安監督者の解任**を命ずることができる.

- 危険物保安監督者が法，若しくは法に基づく命令の規定に違反したとき.
- 危険物保安監督者に業務を行わせることが，公共の安全の維持や災害の発生の防止に支障を及ぼすと認めるとき.

4 危険物保安統括管理者，危険物施設保安員

▶ 1. 危険物保安統括管理者（法12の7）

　同一事業所において一定規模以上の製造所等（**表4·62**）を所有し，管理し，又は占有する者は，危険物保安統括管理者を定め，その事業所における危険物の保安に関する業務を統括管理させなければならない．

　なお，当該所有者，管理者又は占有者は，危険物保安統括管理者を定めたとき，及び解任したときは，遅滞なく市町村長等に届け出なければならない．

表4·62　危険物保安統括管理者を定めなければならない製造所等（危令30の3①，②，危則47の4，47の5）

製造所等の種類	規　模（取り扱う第四類の危険物）
製造所	指定数量の3,000倍以上
一般取扱所	
移送取扱所	指定数量以上

〔**対象とならない製造所等**〕
- ・　ボイラー，バーナー等で危険物を消費する一般取扱所
- ・　車両に固定されたタンク等に危険物を注入する一般取扱所
- ・　容器に危険物を詰め替える一般取扱所
- ・　油圧装置，潤滑油循環装置等で危険物を取り扱う一般取扱所
- ・　「鉱山保安法」の適用を受ける製造所，移送取扱所，一般取扱所
- ・　特定移送取扱所以外の移送取扱所
- ・　特定移送取扱所で配管の延長のうち，海域に設置される部分以外の部分に係る延長が7km未満のもの

（1）危険物保安統括管理者の資格（危令30の3③）

　危険物保安統括管理者は，**危険物取扱者の資格は必要ない**が，その事業所において，その事業の実施を統括管理する者でなければならない．

危険物関係資格者の選任概要		
職務の名称	製造所等の種類	必要要件等
危険物保安統括管理者	一定規模の事業所	（危険物取扱者免状は不要）
危険物施設保安員	一定規模の製造所等	（危険物取扱者免状は不要）
危険物保安監督者	一定規模の製造所等	・　危険物取扱者免状 　（甲種，乙種） ・　6か月以上の実務経験

(2) 解任命令 (法 13 の 24)

市町村長等は，次の場合は，製造所等の所有者，管理者又は占有者に対して，危険物保安統括管理者の**解任を命ずる**ことができる.

- ・ 危険物保安統括管理者が法，若しくは法に基づく命令の規定に違反したとき.
- ・ 危険物保安統括管理者に業務を行わせることが，公共の安全の維持や害の発生の防止に支障を及ぼすと認めるとき.

● 2. 危険物施設保安員 (法 14)

一定規模以上の製造所等の所有者，管理者又は占有者は，危険物施設保安員を定めて，その製造所等の構造及び設備に係る保安のための業務を行わせなければならない (**表 4·63**).

表 4·63　危険物施設保安員を定めなければならない製造所等 (危令 36，危則 60)

製造所等の種類	規　模
製造所	指定数量の 100 倍以上
一般取引所	
移送取引所	指定数量以上

〔対象とならない製造所等〕
- ・ ボイラー，バーナー等で危険物を消費する一般取扱所
- ・ 車両に固定されたタンク等に危険物を注入する一般取扱所
- ・ 容器に危険物を詰め替える一般取扱所
- ・ 油圧装置，潤滑油循環装置等で危険物を取り扱う一般取扱所
- ・ 「鉱山保安法」の適用を受ける製造所，移送取扱所，一般取扱所
- ・ 「火薬類取締法」の適用を受ける製造所，一般取引所

[危険物施設保安員の業務 (危則 59)]

製造所等の所有者，管理者，又は占有者は危険物施設保安員に**表 4·64** の業務を行わせなければならない.

表 4·64　危険物施設保安員の業務

- ・製造所等の構造及び設備を法 10 ④の技術上の基準に適合するように維持するため，定期及び臨時の点検を行い，点検を実施した場所の状況と保安のために行った措置を記録し，保存する.
- ・製造所等の構造設備に異常を発見した場合は，危険物保安監督者等に連絡するとともに状況を判断して適当な措置を講ずる.
- ・火災が発生したとき又は火災発生の危険性が著しいときは，危険物保安監督者と協力して，応急の措置を講ずる.
- ・製造所等の計測装置，制御装置，安全装置等の機能が適正に保持されるように保安管理する.
- ・このほか，製造所等の構造及び設備の保安に関し必要な業務を行う.

4·9 その他危険物に関する専門的知識

1 基準違反に対する措置命令等

製造所等においては，位置，構造，設備の技術基準のほか，危険物の貯蔵，取扱いについても技術基準が規定されている．

また，危険物取扱者等についても基準が定められていることから，これらの基準に違反している場合は，市町村長等は所定の措置命令を発することができる．

▶ 1. 製造所等における基準違反に対する措置命令

製造所等における基準違反に対する措置命令について，**表4·65**にまとめた．

なお，移動タンク貯蔵所について，管轄区域外の市町村長等が許可（完成，変更）したものであるときは，当該許可市町村長等に速やかに通知しなければならない．

▶ 2. 無許可貯蔵等の危険物に対する措置命令（法16の6）

市町村長等は，仮貯蔵・仮取扱いの承認，又は製造所等の許可を受けないで指定数量以上の危険物を貯蔵し，又は取り扱っている者に対して，危険物の除去等，危険物による災害防止のための「**必要な措置をとるべき**」ことを命ずることができる．

▶ 3. 許可の取消し，使用停止命令（法12の2①）

製造所等の所有者，管理者，又は占有者が次の事項に該当するとき，市町村長等は，その製造所等の**設置許可を取り消し**，又は**期間を定めて，その使用停止**を命ずることができる．

- ・ 許可を受けないで，製造所等の位置，構造又は設備を変更したとき．
- ・ 完成検査（法11⑤）を受けずに，製造所等を使用したとき．
- ・ 仮使用の承認（法11⑤）を受けずに，製造所等を使用したとき．
- ・ 製造所等の基準維持命令（法12②）に違反したとき．
- ・ 屋外タンク貯蔵所，移送取扱所について，保安検査（法14の3①）を受けなかったとき．
- ・ 屋外タンク貯蔵所について，臨時保安検査（法14の3②）を受けなかっ

たとき.

- ・　定期点検の実施，記録の作成，保存がなされていないとき.

表4·65　製造所等における基準違反に対する措置命令

違反事項	措置命令の種類	根拠法条
危険物の貯蔵又は取扱いが技術上の基準に違反しているとき	・　危険物の貯蔵・取扱基準適合命令（移動タンク貯蔵所を除く）	法11の5①
	・　危険物の貯蔵・取扱基準適合命令（移動タンク貯蔵所）※	法11の5②
製造所等の位置，構造，設備が技術上の基準に適合していないとき	製造所等の基準維持命令（修理，改造又は移転の命令）	法12②
・　危険物保安統括管理者若しくは危険物保安監督者が法若しくは法に基づく命令の規定に違反したとき ・　危険物保安統括管理者若しくは危険物保安監督者にその業務を行わせることが公共の安全の維持，若しくは災害の発生の防止に支障を及ぼすおそれがあるとき	・　危険物保安統括管理者の解任命令 ・　危険物保安監督者の解任命令	法13の24
火災の予防のため，必要があるとき	予防規程変更命令	法14の2③
危険物の流出等の事故が発生したときに，応急の措置を講じていないとき	・　応急措置命令（移動タンク貯蔵所を除く）	法16の3③
	・　応急措置命令（移動タンク貯蔵所）	法16の3④

※　移動タンク貯蔵所について，管轄区域外の市町村長等が許可（完成，変更）したものであるときは，**当該許可市町村長等に速やかに通知**しなければならない（法11③）.

▶ 4.　使用停止命令（法12の2②）

　製造所等の所有者，管理者又は占有者が次の事項に該当するとき，市町村長等は，**期間を定めて**その製造所等の**使用停止**を命ずることができる.

- ・　危険物の貯蔵・取扱基準適合命令（法11の5①）に違反したとき.
  - ※　移動タンク貯蔵所については，市町村長の管轄区域内において，命令に違反したとき（法11の5②）.
- ・　危険物保安統括管理者を定めていないとき，又はその者に危険物の保安に関する業務を統括管理させていないとき（法12の7①）.
- ・　危険物保安監督者を定めていないとき，又はその者に危険物の取扱作業に

関して保安の監督をさせていないとき（法13 ①）.
- ・ 危険物保安統括管理者又は危険物保安監督者の解任命令（法13 の24）に違反したとき.

▶ 5. 緊急使用停止命令（法12の3）

　市町村長等は，公共の維持又は災害の発生の防止のため，緊急の必要があると認めるときは，製造所等の所有者，管理者又は占有者に対し，その製造所等の使用を一時停止することを命じ，又はその使用を制限することができる.

▶ 6. 危険物取扱者免状の返納命令（法13の2 ⑤）

　危険物取扱者が法又は法の命令の規定に違反しているときは，危険物取扱者免状を交付した都道府県知事は，その危険物取扱者免状の返納を命ずることができる.

▶ 7. 公　示（「危険施設違反処理マニュアル」）

　市町村長等は，
- ・ 危険物の貯蔵・取扱基準適合命令
- ・ 製造所等の基準維持命令
- ・ 応急措置命令
- ・ 許可の取消し
- ・ 使用停止命令
- ・ 緊急使用停止命令

をした場合は，標識の設置をする等，その旨を公示しなければならない.

2　事故発生時の対応（法16の3，16の3の2）

▶ 1. 事故発生時の応急措置と通報

　製造所等の所有者，管理者又は占有者は，製造所等について，危険物の流出，その他の事故が発生したときは，直ちに，
- ・ 引き続く危険物の流出及び拡散の防止
- ・ 流出した危険物の除去
- ・ その他災害の発生の防止のための応急の措置

を講じなければならない（法16の3①）.

また，**事故を発見した者**は，直ちに，消防署，市町村長の指定した場所，警察署又は海上警備救難機関に**通報**しなければならない（法16の3②）.

▶ 2. 市町村長等による応急措置命令

市町村長等は以下の場合に，**応急措置を講ずべきことを命ずる**ことができる.

なお，市町村長等は応急措置命令を発したときは，標識の設置等による**公示**をしなければならない.

- ・ 市町村長等は，製造所等（移動タンク貯蔵所を除く）の所有者，管理者又は占有者が，事故発生時に応急措置を講じていないと認めるときは，**応急措置を講ずべきことを命ずる**ことができる（法16の3③）.
- ・ 市町村長（消防本部及び消防署のある市町村以外の市町村の区域においては，その区域を管轄する都道府県知事）は，その**管轄区域にある移動タンク貯蔵所**について，応急措置を講じていないと認めるときは，応急措置を講ずべきことを命ずることができる（法16の3④）.

▶ 3. 市町村長等による危険物流出等の事故原因調査（法16の3の2）

市町村長等は，製造所等において発生した危険物の流出等の事故（火災を除く）であって，火災が発生するおそれのあったものについて，**事故の原因を調査**することができる（**表4・66**）.

なお，消防庁長官は，事故原因調査をする**市町村長等**から，**要請**があった場合には，調査を行うことができる.

表4・66　市町村長等による危険物流出等の事故原因調査の権限と義務

権限	・ 関係者に対する資料提出命令権 ・ 関係者に対する報告徴収権 ・ 関係する製造所等への立入調査権 ・ 関係者への質問権
義務	・ 関係者の承諾を得る（個人の住居）. ・ 証票を携帯し，関係者からの請求のあるときは提示する. ・ 関係者の業務をみだりに妨害しない. ・ 関係者の秘密をみだりに他に漏らさない.

※ 義務については，法4①ただし書き，②～④を準用.

[セルフ給油取扱所の基準]

問題 1

　顧客に自ら給油等をさせる屋外給油取扱所の基準について，**正しいもの**は次のうちどれか．

(1) 給油取扱所へ進入する際，見やすい箇所に顧客が自ら給油等を行うことができる給油取扱所である旨を表示する．

(2) 給油ホースの先端に開放状態で固定できない手動閉鎖装置を備えた給油ノズルを設ける．

(3) 顧客自らによる給油作業又は容器への詰替え作業を監視し，及び制御するための制御卓を設ける．

(4) 引火点が 70 ℃未満の危険物を取り扱う給油ノズルは，給油時に人体に蓄積された静電気を有効に除去することができる構造とする．

解説

　開放状態で固定できない手動閉鎖装置を備える必要があるのは，**注油ホース**である（危則 28 の 2 の 5 第 3 号）．また，制御卓は，監視，制御のほかに，**顧客に対し必要な指示を行う**ことも目的とされている（危則 28 の 2 の 5 第 6 号ハ）．

　静電気除去の構造としなければならないのは，引火点が **40 ℃未満**の危険物を取り扱う給油ノズルである（危則 28 の 2 の 5 第 2 号ハ）．

【解答　(1)】

問題 2

移動タンク貯蔵所の構造及び設備について，**誤っているもの**はどれか．
(1) マンホール，注入口，安全装置がその上部に突出している移動貯蔵タンクには，当該装置の損傷を防止するために，移動貯蔵タンクの両側面の上部に防護枠を設けること．
(2) 移動貯蔵タンクは，容量を 30,000 ℓ 以下とし，かつ，その内部に 4,000 ℓ 以下ごとに完全な間仕切りを厚さ 3.2 mm 以上の鋼板又はこれと同等以上の機械的性質を有する材料で設けること．
(3) 軽油を貯蔵する移動貯蔵タンクの下部に直径 45 mm の排出口を設ける場合は，その排出口に底弁を設けるとともに，非常の場合に直ちに当該底弁を閉鎖することができる手動閉鎖装置及び自動閉鎖装置を設けること．
(4) ガソリン，ベンゼン等その他静電気による災害が発生するおそれのある液体の危険物の移動貯蔵タンクには，接地導線を設けること．

解説

マンホール，注入口，安全装置等の安全装置の損傷を防止するための装置についての説明である（危令 15 ① 7，危則 24 の 3）．移動貯蔵タンクの両側面の上部に設けるものは側面枠であり，附属装置の周囲に設けるものが防護枠である．

(3) について，引火点が 70 ℃ 以上の第四類危険物の場合，又は直径が 40 mm 以下の排出口の場合には，底弁に自動閉鎖装置を設けないことができる．

【解答　(1)】

[一般取扱所の特例基準]

問題 3

危令 19 条①項に掲げる基準の特例を定めることのできる一般取扱所として，**誤っているもの**はどれか．
(1) 蓄電池設備以外では危険物を取り扱わない一般取扱所（第四類の危険物のみを取り扱うもので，指定数量の倍数が 30 未満）
(2) 危険物を消費するボイラー以外では危険物を取り扱わない一般取扱所（引火点が 40 ℃ 以上の第四類の危険物のみを取り扱うもので，指定数量の倍数が 30 未満）
(3) 専ら詰替え作業を行う一般取扱所（固定注油設備により，引火点が 40 ℃ 以上の第四類の危険物のみを容器に詰め替えるもので，指定数量の倍数が 30 未満）
(4) 専ら焼入れ作業を行う一般取扱所（引火点が 40 ℃ 以上の第四類の危険物のみを取り扱うもので，指定数量の倍数が 30 未満）

解説

焼入れ作業の一般取扱所については，引火点が 70 ℃以上の第四類の危険物を 30 倍未満で取り扱うものが特例適用の対象となる（危令 19 ② 2，危則 28 の 54 第 2 号）.

【解答　(4)】

[運搬基準]

> **問題 4**
>
> 危険物の運搬について，次のうちで**正しいもの**はどれか.
> (1) 同一敷地内にある複数の製造所等の間において，指定数量以上の危険物である半製品をトラックで運搬する場合は，トラックの前後に「危」と表示した標識を掲げる必要はない.
> (2) 指定数量以上の赤りんと指定数量以上のガソリンを同一のトラックの荷台に積載して運搬することはできない.
> (3) 危険物の運搬中，危険物が著しく漏れる等災害が発生するおそれのある場合は，災害を防止するため応急の措置を講ずるとともに，最寄りの消防機関等に通報する.
> (4) トラックの荷台に危険物を収納した容器を積み重ねる場合，荷台から最上部の容器上面までの高さが 3.5 m であれば運搬することができる.

解説

同一敷地内であっても，指定数量以上の危険物を運搬する場合は，「危」と表示した標識を車両の前後に**掲げなければならない**（危令 30 ① 2，危則 47）.

指定数量以上であっても第二類の危険物と第四類の危険物は**混載することができる**（危則 46 ① 1，危則別表 4）.

積み重ね高さは，**3 m 以下**としなければならない（危則 46 の 2 ①）.

【解答　(3)】

問題 5

ガソリンの運搬について，**正しいもの**はどれか．
(1) 運搬容器の内容積の 98 ％以下の収納率であって，かつ 55 ℃の温度において漏れないように十分な空間容積を有して運搬容器に収納する．
(2) 運搬容器の外部に「火気注意」と表示する．
(3) 同一の外装容器に，第二類の危険物を収納した内装容器を同時に収納する．
(4) 日光の直射を避けるため遮光性の被覆でおおわなければならない．

解説

「火気注意」ではなく，「**火気厳禁**」とする（危則 44 ① 3）．なお，ガソリンは危険等級Ⅱであるので，最大容積が 500 mℓ 以下の場合は，同一の意味を有する表示に代えることができる）（危則 44 ②）．

また，同一の外装容器には，第四類のガソリンと類の異なる危険物を収納することはできない（危則 43 の 3 ① 5）．

遮光性の被覆が必要であるのは，第四類の危険物では特殊引火物である（危則 45 ①）．ガソリンは対象外である．

【解答　(1)】

[屋外タンク貯蔵所の基準]

問題 6

屋外タンク貯蔵所の保安距離について，**正しいもの**はどれか．
(1) タンク本体の側板から，有料老人ホーム 30 m 以上　幼稚園：50 m 以上
(2) タンク本体の側板から，同一敷地外に存する住宅：10 m 以上　病院：30 m 以上
(3) タンク本体の中心から，重要文化財：50 m 以上　使用電圧が 35,000 V を超える特別高圧架空電線：水平距離 5 m 以上
(4) タンク本体の中心から，同一敷地外にある住宅：10 m 以上　映画館：30 m 以上

解説

屋外タンク貯蔵所の保安距離については，タンク本体の側板から保安対象までの距離のことであり，製造所の基準を準用している．

幼稚園については，**30 m 以上**である．また，保安距離の起点は，**タンク本体の側板**（危令 11 ① 1 の 2）である．

【解答　(2)】

問題7

第四類の危険物を貯蔵する平屋建ての独立した屋内貯蔵所の構造，設備について，**正しいもの**はどれか．
(1) 壁，柱，床を耐火構造とし，はりを難燃材料で造る．
(2) 窓及び出入口には，防火設備を設けるとともに，延焼のおそれのある外壁に設ける出入口には，随時開けることができる自動閉鎖の特定防火設備を設ける．
(3) 架台を設ける場合は，不燃材料又は難燃材料で造る．
(4) 引火点が 70 ℃未満の危険物の場合は，内部に滞留した可燃性の蒸気を外部に放出するための換気設備を設ける．

解説

「はり」は**不燃材料**で造る（危令 10 ① 6）．また，架台を設ける場合は，**不燃材料で**造る（危令 10 ① 11 の 2，危則 16 の 2 の 2）．

引火点が 70 ℃未満の危険物については，内部に滞留した可燃性の蒸気を**屋根上に排出する設備**を設ける（危令 10 ① 12）．

【解答　(2)】

[各種届出]

問題8

法に定められている製造所等の届出について，**誤っているもの**はどれか．
(1) 製造所等の譲渡又は引渡しがあったときは，譲受人又は引渡しを受けた者は，許可を受けた者の地位を継承することとなり，遅滞なくその旨を市町村長等に届け出なければならない．
(2) 製造所等の位置，構造又は設備を変更しないで，当該製造所等で貯蔵し，又は取り扱う危険物の品名，数量又は指定数量の倍数を変更しようとする者は，変更しようとする日の 10 日前までに，その旨を市町村長等に届け出なければならない．
(3) 製造所等の所有者，管理者又は占有者は，当該製造所等の用途を廃止しようとするときは，廃止しようとする日の 10 日前までに，その旨を市町村長等に届け出なければならない．
(4) 同一事業所において指定数量の 3,000 倍以上の第四類の危険物を取り扱う製造所の所有者，管理者又は占有者は危険物保安統括管理者を定めたときは，遅滞なくその旨を市町村長等に届け出なければならない．

製造所等の用途を**廃止したときは，遅滞なく**その旨を市町村長等に届け出なければならない（法12の6）.

（4）について，指定数量の3,000倍以上の第四類の危険物を取り扱う製造所は，危険物保安統括管理者の選任が必要な施設である．なお，一般取扱所については，除かれるものがある（危令30の3，危則47の4，危則47の5）.

【解答　(3)】

[完成検査済証]

問題9

完成検査の手続きについて，**誤っているもの**は次のうちどれか.

（1）完成検査を受けようとする者は，その旨を市町村長等に申請しなければならない.

（2）市町村長等は，完成検査を行った結果，当該申請の製造所等に係る技術上の基準（完成検査前検査に係るものを除く）に適合していると認めたときは，申請者からの請求により完成検査済証を交付する.

（3）完成検査済証の交付を受けている者は，完成検査済証を亡失し，滅失し，汚損し，又は破損した場合は，これを交付した市町村長等に再交付を申請することができる.

（4）完成検査済証を亡失してその再交付を受けた者は，亡失した完成検査済証を発見した場合は，これを10日以内に完成検査済証の再交付をした市町村長等に提出しなければならない.

完成検査の申請があれば，市町村長等は完成検査を実施し，技術基準に適合していると認めると，完成検査済証を交付することとされている.

改めて，完成検査済証の交付の申請をする必要はない（危令8③）.

【解答　(2)】

[危険物の移送]

問題 10

危険物の移送に関する次の記述のうち，**誤っているもの**はどれか．
(1) アルキルリチウムを移送する場合は，移送の経路等を記載した書面をあらかじめ，関係消防機関に送付しなければならない．
(2) 軽油を移送する場合，1人の運転要員による運転時間が1日当たり9時間を超えることが予想されるときは，2人以上の運転要員を確保しなければならない．
(3) 危険物の移送をする者は，移送の開始前に，移動タンク貯蔵所の底弁その他の弁，マンホール及び注入口のふた，消火器等の点検を十分に行わなければならない．
(4) 危険物の移送をする者は，移動タンク貯蔵所を休憩，故障等のため一時停止させるときは，安全な場所を選ばなければならない．

解説

複数の運転要員を確保しなければならない危険物について，**軽油は第四類第二石油類（原油分留品）であるので除外**されている．

原油分留品（第一石油類，第二石油類）に該当する物品は，ガソリン，灯油，軽油，ジェット燃料，ディーゼル油，ナフサ等である（危則47の2②）．

【解答 (2)】

[危険物取扱者等]

問題 11

危険物取扱者，危険物保安監督者，危険物保安統括管理者，危険物施設保安員について，**誤っているもの**はどれか．
(1) 製造所等において，指定数量未満の危険物を取り扱う場合は，危険物取扱者以外の者でも危険物取扱者の立会いを要しない．
(2) 危険物保安監督者は，甲種危険物取扱者又は乙種危険物取扱者であって，6月以上の危険物取扱いの実務経験を有する者のうちから定めなければならない．
(3) 危険物保安統括管理者を選任しなければならない製造所等については，危険物取扱者の資格及び実務経験に関係なく，当該事業所においてその事業の実施を統括管理する者を充て，危険物の保安に関する業務を統括管理させなければならない．なお，選任した場合は，市町村長等に遅滞なく届け出なければならない．
(4) 危険施設保安員を定めた場合，市町村長等に届け出る必要はなく，また，その者については，危険物取扱者の資格を有している必要はない．

解説

製造所等においては，危険物取扱者以外の者は，危険物取扱者（丙種を除く）の立会いを受けている場合に危険物を取り扱うことができる．なお，取り扱う危険物の量には関係なく，立会いが必要である（法 13 ③）．

【解答 （1）】

[危険物保安監督者]

問題 12

危険物保安監督者を**選任しなければならない製造所等**は，次のうちどれか．
(1) 顧客に自ら給油等をさせる給油取扱所
(2) 指定数量の倍数が 25 倍の屋外貯蔵所
(3) 引火点が 40 ℃以上の第四類の危険物のみの第二種販売取扱所
(4) 引火点が 40 ℃以上の第四類の危険物を，指定数量の 30 倍以下で容器に詰め替える一般取扱所

解説

危令 31 条の 2 による．屋外貯蔵所は，指定数量の倍数が **30 を超える**ものが選任対象である．また，第二種販売取扱所（指定数量の倍数が 15 を超え 40 以下）は，第四類の危険物の場合，引火点が **40 ℃未満**のものが該当する．

容器詰替えの一般取扱所については，引火点が 40 ℃未満のもの，及び指定数の倍数が **30 を超える**ものが選任対象となる．

【解答 （1）】

[許可の取消し]

問題 13

製造所等について，法 11 条①項の許可の取消しに**該当しないもの**はどれか．
(1) 許可を受けないで，製造所等の位置，構造又は設備を変更したとき．
(2) 完成検査を受けたが，完成検査済証の交付前に製造所等を使用したとき．
(3) 製造所等における危険物の貯蔵・取扱基準適合命令に違反したとき．
(4) 定期点検について，未実施，記録の未作成，保存していないとき．

解説

製造所等における危険物の貯蔵・取扱基準適合命令（法11の5①，法11の5②）に従わないときは，許可の取消しではなく，期間を定めての使用停止命令の対象となる（法12の2②1）．

なお，他の選択肢については，法11条①項の許可の取消し，又は期間を定めての使用停止命令の対象となる．

【解答　(3)】

［緊急使用停止命令］

問題 14

法12条の3による緊急使用停止命令についての次の説明で，（　）に入れる語句として**正しいものの組み合わせ**は次のうちどれか．

市町村長等は，公共の安全の維持又は（　A　）の発生の防止のため（　B　）の必要があると認めるときは，製造所等の所有者，管理者又は占有者に対し，当該製造所等の使用を（　C　）すべきことを命じ，又はその使用を制限することができる．

市町村長等は，命令をした場合は，標識の設置，官報又は公報への掲載その他（　D　）が定める方法により，その旨を（　E　）しなければならない．

(1) A（災害）　B（緊急）　　　　C（停止）　　　D（総務大臣）　　E（公示）
(2) A（火災）　B（消防活動上）C（一時停止）D（市町村長等）E（広報）
(3) A（災害）　B（緊急）　　　　C（一時停止）D（市町村長等）E（公示）
(4) A（火災）　B（消防活動上）C（停止）　　　D（総務大臣）　　E（広報）

解説

設問の記述は法12条の3の条文の内容である．

【解答　(3)】

[指定数量]

問題 15

　指定数量の倍数が 18 倍となるものは，**次の組み合わせのうち**どれか．

(1) ガソリン　1,800 ℓ 　　　　　　軽油　9,000 ℓ
(2) ジエチルエーテル　800 ℓ 　　　灯油　3,000 ℓ
(3) 重油　30,000 ℓ 　　　　　　　ギヤー油　30,000 ℓ
(4) アセトン　2,000 ℓ 　　　　　　エチルアルコール 3,200 ℓ

解説

・　ガソリン（第一石油類**非水溶性液体**）指定数量：**200 ℓ**　→ 9 倍
・　軽油（第二石油類非水溶性液体）指定数量：1,000 ℓ　→　9 倍
・　ジエチルエーテル（特殊引火物）指定数量：50 ℓ　→　16 倍
・　灯油（第二石油類非水溶性液体）指定数量：1,000 ℓ　→　3 倍
・　重油（第三石油類非水溶性液体）指定数量：2,000 ℓ　→　15 倍
・　ギヤー油（第四石油類）指定数量：6,000 ℓ　→　5 倍
・　アセトン（第一石油類**水溶性液体**）指定数量：**400 ℓ**　→　5 倍
・　エチルアルコール（アルコール類）指定数量：400 ℓ　→　8 倍

【解答　(1)】

[消火・警報・避難設備]

問題 16

　製造所等の消火設備，警報設備，避難設備について，**正しい説明**はどれか．

(1) 著しく消火困難な屋外タンク貯蔵所には，消火設備のうち，第 5 種を 2 以上配置しなければならない．
(2) 屋内貯蔵所で，軒高が 6 m 以上の平屋建てのものには，警報設備のうち，消防機関へ通報する設備，自動火災報知設備，放送設備，非常ベルのいずれかを設置しなければならない．
(3) 給油取扱所で，建物の 2 階を店舗等としているものには，2 階から直接給油取扱所の敷地外へ通ずる出入口並びにこれに通ずる通路，階段及び出入口に誘導灯を設置しなければならない．
(4) 消火困難な屋外貯蔵所には，消火設備のうち，第 4 種又は第 5 種のいずれかを 1 以上設置しなければならない．

解説

　著しく消火困難な屋外タンク貯蔵所には，第1種，第2種又は第3種の消火設備と，**第4種及び第5種**を設置しなければならない（危令20①）．また，軒高が6m以上の平屋建ての屋内貯蔵所には，**自動火災報知設備**を設置しなければならない（危令21，危則38①ロ）．

　消火困難な屋外貯蔵所には，**第4種及び第5種**を設置しなければならない（危令20②）．

　なお，一方開放の屋内給油取扱所のうち，給油取扱所の敷地外へ直接通ずる避難口を設ける事務所等を有するものについても，誘導灯を設置しなければならない.

【解答　（3）】

［消防活動阻害物質］

問題 17

　火災予防又は火災が発生した場合の消火活動に重大な支障を生ずるおそれのある物質として，貯蔵する場合に，所轄消防長又は消防署長に**届出をしなければならないもの**はどれか.

（1）圧縮アセチレンガス　45 kg

（2）無水硫酸　100 kg

（3）液化石油ガス　200 kg

（4）生石灰（酸化カルシウム 90 ％含有）　300 kg

解説

　いずれも消防活動阻害物質（法9の3）として危令1の10に定められている.

　圧縮アセチレンガス（40 kg 以上）は届出が必要である．他のものについては，無水硫酸（200 kg 以上），液化石油ガス（300 kg 以上），生石灰（酸化カルシウム 80 ％以上を含有するものをいう）（500 kg 以上）.

【解答　（1）】

問題 18

　製造所等について，次のアからカのうち**正しくないものの組み合わせ**は，次のうちどれか．

ア　貯蔵所は，屋内貯蔵所，屋外タンク貯蔵所，屋内タンク貯蔵所，地下タンク貯蔵所，簡易タンク貯蔵所，移動タンク貯蔵所に区分される．

イ　取扱所は，給油取扱所，販売取扱所，移送取扱所，一般取扱所に区分される．

ウ　地下タンク貯蔵所には，建築物の地階に設置されるタンクも含まれる．

エ　被牽引式の移動タンク貯蔵所については，前車軸を有しないものであって，当該被牽引自動車の一部が牽引自動車に乗せられ，かつ，当該被牽引自動車及びその積載物の重量の相当部分が被牽引自動車によって支えられる構造のものに限られる．

オ　販売取扱所とは，容器入りのままで販売するため危険物を取り扱う取扱所で，指定数量の倍数が 15 以下のものを第一種販売取扱所，15 を超え 40 以下のものを第二種販売取扱所という．

カ　給油取扱所とは，給油設備によって自動車等の燃料タンクに直接給油し，又は灯油若しくは軽油を容器に詰め替えるものであって，併せて，車両に固定された容量 4,000 ℓ 以下のタンク（容量 2,000 ℓ を超えるタンクにあっては，その内部を 2,000 ℓ 以下ごとに仕切ったものに限る）に注入することも含まれる．

(1) ア，イ，カ
(2) ア，ウ，カ
(3) エ，オ，カ
(4) ウ，エ，カ

解説

　正しくないものは次のものである（危令 2，危令 3 による）．

ア　**屋外貯蔵所**が抜けている．

ウ　**地盤面下**に設けるものが地下タンク貯蔵所であるので，建物の地階に設けるものは屋内タンク貯蔵所になる．

カ　容器に詰め替えることのできる**固定注油設備**が抜けている．また，容量 4,000 ℓ 以下のタンクに灯油，軽油を注入できるのも固定注油設備である．

【解答　(2)】

問題 19

製造所等における危険物の貯蔵及び取扱基準について，**正しくないもの**はどれか.
(1) 危険物のくず，かす等は，当該危険物の性質に応じて安全な場所で廃棄その他適当な処置を随時行うこと.
(2) 製造所等においては，常に整理及び清掃を行うとともに，みだりに空箱その他の不必要な物件を置かないこと.
(3) 可燃性の液体，可燃性の蒸気若しくは可燃性のガスが漏れ，若しくは滞留するおそれのある場所又は可燃性の微粉が著しく浮遊するおそれのある場所では，電線と建機器具とを完全に接続すること.
(4) 危険物を埋没して廃棄するときは，危険物の性質に応じ，安全な場所で行うこと.

解説

危険物のくず，かす等は，**1 日に 1 回以上**安全な場所で廃棄等の処置をすること（危令 24 第 5 号）.

【解答 (1)】

[定期点検]

問題 20

製造所等の定期点検（法 14 の 3 の 2）について，**正しいもの**はどれか.
(1) 定期点検が必要な製造所等は，1 年に 1 回以上点検をし，点検結果を市町村長等に報告しなければならない.
(2) 地下タンク貯蔵所は，完成検査を受けた日から 15 年を超えないものは，点検を実施する必要はないが，その後は 1 年に 1 回以上点検を実施しなければならない.
(3) 定期点検の記録には，「点検をした製造所等の名称」「点検の方法及び結果」「点検年月日」「点検を行った危険物取扱者，点検に立ち会った危険物取扱者，立会いを受けて点検を実施した者」を記載しなければならない.
(4) 点検記録の保存年限は，原則として 3 年間であるが，移動貯蔵タンクの漏れの点検記録については 10 年間である.

点検結果の報告義務はない．結果を記録し保存することとなっている（法 14 の 3 の 2）．また，地下タンク貯蔵所については，タンク本体（二重殻タンクの内殻等を除く）及び埋設配管（危険物の漏れを検知し，その漏えい拡散を防止するための措置が講じられているものを除く）について，「漏れの点検」は，**完成検査を受けた日から 15 年を超えないものは，3 年に 1 回以上実施**することとなっている．一方，屋外貯蔵タンクの内部点検については，点検の周期が原則として 13 年又は 15 年ごとであるので，内部点検の保存期間は 26 年又は 30 年である．

なお，「漏れ点検」以外の点検については，1 年に 1 回以上点検を実施しなければならない（危則 62 の 4 ①，62 の 5 の 2，62 の 5 の 3，62 の 5 の 4）．

また，点検記録に記載する事項のうち，点検実施者については，危険物取扱者の立会いを受ければ危険物取扱者以外の者でも行えるが，記載するのは立ち会った危険物取扱者の氏名である（危則 62 の 7）．なお，危険物施設保安員は，危険物取扱者の資格を有していなくても，危険物取扱者の立会いがなくても自ら定期点検を行える（危則 62 の 6）．

【解答 　(4)】

［免状の書換え・再交付］

問題 21

危険物取扱者免状に関する説明で，**誤っているもの**はどれか．
(1) 免状に記載の本籍地を変更した場合は，遅滞なく，免状を交付した都道府県知事又は居住地若しくは勤務地を管轄する都道府県知事に書換えの申請をしなければならない．
(2) 免状を亡失した場合は，免状を交付又は書換えをした都道府県知事に再交付申請をすることができる．
(3) 免状を亡失して再交付を受けた者で，亡失した免状を発見した場合は，これを 10 日以内に免状の再交付を受けた都道府県知事に提出しなければならない．
(4) 免状を汚損，又は破損した場合は，居住地又は勤務地を管轄する都道府県知事に再交付の申請をすることができる．

免状を汚損，又は破損した場合は，当該免状を**交付又は書換えをした都道府県知事**に，再交付の申請をすることができる（危令 35 ①）．

なお，申請する場合は，当該汚損又は破損した免状を添えなければならない．

【解答 　(4)】

問題 22

予防規程を定めなければならない製造所等として**正しいもの**はどれか．
（1）地下タンク貯蔵所で，指定数量の倍数が 200 以上のもの
（2）屋外貯蔵所で，指定数量の倍数が 100 以上のもの
（3）一般取扱所で，取り扱う危険物の引火点が 40 ℃未満のもの
（4）第二種販売取扱所

解説

地下タンク貯蔵所については，**すべて**が非該当である．
また，一般取扱所については，**指定数量の倍数が 10 以上のもの**が対象になる．ただし，指定数量の倍数が 30 以下で，かつ，引火点が 40 ℃以上の第四類の危険物のみを容器に詰め替える一般取扱所は対象外である．
販売取扱所については，第一種，第二種ともに**非該当**である．
注）危令 37，危令 7 の 2，危則 51 による

【解答　（2）】

［立入検査（法 16 の 5）］

問題 23

法 16 条の 5 による立入検査等について，**誤っているもの**はどれか．
（1）法 4 条と異なるものとして，法 16 条の 5 では，「収去権」が認められている．
（2）消防吏員又は警察官は，危険物の移送に伴う火災の防止又は危険物の漏洩の防止のため特に必要があると認める場合には，走行中の移動タンク貯蔵所を停止させ，当該移動貯蔵タンクに乗車している危険物取扱者に対し，危険物取扱者免状の提示を求めることができる．
（3）立ち入って検査のできるのは，指定数量以上の危険物を貯蔵し，若しくは取り扱っていると認められるすべての場所である．
（4）市町村長等は，立入検査対象の所有者，管理者若しくは占有者に対して資料の提出を命じることができる．

解説

移動タンク貯蔵所を停止させ，危険物取扱者の免状の提示を求めることができるのは，危険物の移送に伴う火災の防止のため特に必要があると認める場合である．危険物の漏洩防止のためではない（法 16 の 5 ②）．

【解答　（2）】

4 章
危険物（専攻科目）

[給油取扱所の基準]

問題 24

給油取扱所の基準について法令上**誤っているもの**はどれか.

(1) 屋内給油取扱所は，壁，柱，床及びはりが耐火構造で，消令別表第 1（6）項に掲げる用途に供する部分を有しない建築物（総務省令で定める設備を備えたものに限る）に設置すること.

(2) 建築物の屋内給油取扱所の用に供する部分の窓及び出入口（自動車等の出入口で総務省令で定めるものを除く）には，防火設備を設けること.

(3) 懸垂式の固定給油設備及び固定注油設備にあっては，ホース機器の引出口の高さを地盤面から 5 m 以下とすること.

(4) 固定注油設備（総務省令で定めるところによりホース機器と分離して設置されるポンプ機器を除く）は，敷地境界線から 2 m 以上間隔を保つこと.

解説

給油取扱所の設備のうち注油設備については，**敷地境界線から 1 m 以上の間隔をあける**こととされている（危令 17 ① 13）.

【解答　(4)】

[屋内タンク貯蔵所の基準]

問題 25

重油を貯蔵する屋内タンク貯蔵所を平屋建ての建築物内に設置する場合，法令上**誤っているもの**はどれか.

(1) タンク専用室について，延焼のおそれのない外壁，柱及び床を不燃材料で造る.

(2) タンク専用室の出入口のしきいの高さを，床面から 10 cm とする.

(3) タンク専用室の床は，危険物が浸透しない構造とするとともに，適当な傾斜をつけ，ためますを設ける.

(4) タンクの容量を 19,500 ℓ とする.

解説

タンク専用室の出入口の**しきいの高さは 20 cm 以上**としなければならない（危令 12 ① 17）.

なお，重油は第四類第三石油類非水溶性液体（指定数量：2,000 ℓ）であることから，延焼のおそれのない外壁，柱，床を不燃材料で造ることができる（危令 12 ① 12）ほか，タンクの容量については指定数量の 40 倍である 80,000 ℓ ではなく，20,000 ℓ までに制限される（危令 12 ① 4）.

【解答　(2)】

問題 26

　市町村長等が製造所等の所有者等に対し，期間を定めて使用の停止を命ずることができる要件として**誤っているもの**は次のうちどれか．
（1）危険物保安統括管理者を定めているものの，危険物の保安に関する業務の統括管理をさせていない．
（2）危険物施設保安員を定めていない．
（3）危険物保安監督者の解任命令に従わない．
（4）危険物の取扱について法令基準違反があり，遵守命令に従わずに危険物の取扱い作業を継続している．

解説

　危険物施設保安員を**定めていないことについて罰則は規定されていない**（法14）．
（1），（3），（4）の事由はいずれも法12条の2による使用停止命令の発令要件に該当する．

【解答　（2）】

[製造所の基準]

問題 27

　製造所の基準について**誤っているもの**はどれか．
（1）製造所の位置は，当該製造所の外壁又はこれに相当する工作物の外側から小学校まで30 m以上の距離を保つこと．
（2）指定数量の倍数が10以下の危険物を取り扱う建築物の周囲には3 m以上の幅の空地を保有すること．
（3）危険物を取り扱う建築物は，壁，柱，床，はり及び階段を不燃材料で造るとともに，延焼のおそれのある外壁を出入口以外の開口部を有しない耐火構造の壁とすること．
（4）第四類の危険物のみを取り扱う建築物は，屋根を耐火構造とすること．

解説

　第四類の危険物を取り扱う建築物の屋根は，**放爆構造とするため不燃材料で造るとともに，金属板その他の軽量な不燃材料でふく**こと．なお，**第二類の危険物**（粉状のもの及び引火性固体を除く）のみを取り扱う建築物にあっては，**屋根を耐火構造とする**ことができる（危令9①6）

【解答　（4）】

問題 28

屋外貯蔵所における危険物の貯蔵に関し，**誤っているもの**はどれか．

(1) 塊状の硫黄のみを貯蔵する屋外貯蔵所において，囲いの高さ以下に貯蔵するとともに囲い全体を難燃性のシートで覆い，かつ囲いに固着した．

(2) 危険物を収納した容器を架台で貯蔵し，容器の高さを 6 m とした．

(3) 軽油を収納した鋼製ドラム缶で貯蔵するため，容器の積み重ね高さを 4 m とした．

(4) 第二類の引火性固体を収納した容器と第四類第三石油類を収納した容器をそれぞれの類ごとにまとめて，相互の間隔を 1 m とした．

解説

屋外貯蔵所において，危険物を収納した容器を積み重ねて貯蔵する場合，その**積み重ね高さは 3 m 以下**とされている（第三石油類，第四石油類，動植物油類は 4 m 以下）．**軽油は第二石油類**である．

【解答 (3)】

これだけマスター
予防技術検定試験（改訂2版）

2018 年 6 月 1 日	第 1 版第 1 刷発行
2022 年 7 月 7 日	改訂 2 版第 1 刷発行
2022 年 10 月 30 日	改訂 2 版第 2 刷発行

編　　集　オーム社
発行者　村上和夫
発行所　株式会社 オーム社
　　　　郵便番号　101-8460
　　　　東京都千代田区神田錦町 3-1
　　　　電話　03(3233)0641(代表)
　　　　URL　https://www.ohmsha.co.jp/

© オーム社 2022

印刷・製本　美研プリンティング
ISBN978-4-274-22895-7　Printed in Japan

本書の感想募集　https://www.ohmsha.co.jp/kansou/
本書をお読みになった感想を上記サイトまでお寄せください．
お寄せいただいた方には，抽選でプレゼントを差し上げます．

避 難 設 備

防火対象物	避難器具（消令25条）2階以上の階又は地階（収容人員）	3階以上の階又は地階（収容人員）	その他	誘導灯（消令26条）避難口誘導灯	通路誘導灯	客席誘導灯	誘導標識
(1) イ 劇場, 映画館, 演芸場, 観覧場	50人以上（注1）		人員10人以上 3階（（2）項、（3）項及び（16）項イ［2階に（2）項、（3）項が存するもの］にあっては、その区画された部分）以上の階のうち当該階（当該階に総務省令で定める避難上有効な開口部を有しない壁で区画されている部分が存する場合にあっては、その区画された部分）から避難階又は地上に直通する階段が2以上設けられていない階で収容	全部	全部	全部	全部
(1) ロ 公会堂, 集会場				全部	全部	全部	
(2) イ キャバレー, カフェー, ナイトクラブ等	50人以上（注1）			全部	全部		
(2) ロ 遊技場, ダンスホール				全部	全部		
(2) ハ 性風俗関連特殊営業店舗等				全部	全部		
(2) ニ カラオケボックス等				全部	全部		
(3) イ 待合, 料理店等				全部	全部		
(3) ロ 飲食店				全部	全部		
(4) 百貨店, マーケット 物品販売店舗, 展示場				全部	全部		
(5) イ 旅館, ホテル, 宿泊所等	30（10注2）			地階・無窓階・11階以上	地階・無窓階・11階以上		
(5) ロ 寄宿舎, 下宿, 共同住宅				地階・無窓階・11階以上	地階・無窓階・11階以上		
(6) イ (1)病院（特定診療科・病床20以上）、(2)診療所（特定診療科・入院4人以上）、(3)病院（(1)以外）・診療所（(2)以外）・有床産科等、(4)無床診療所・無床産科等	20（10注2）			全部	全部		
(6) ロ (1)老人短期入所施設等、(2)救護施設、(3)乳児院、(4)障害児入所施設、(5)障害者支援施設等				全部	全部		
(6) ハ (1)老人デイサービスセンター等、(2)更生施設等、(3)助産施設等、(4)児童発達支援センター等、(5)身体障害者福祉センター等				全部	全部		
(6) ニ 幼稚園, 特別支援学校				全部	全部		
(7) 小・中・高等学校, 大学, 各種学校等	50（注1）			地階・無窓階・11階以上	地階・無窓階・11階以上		
(8) 図書館, 博物館, 美術館等				地階・無窓階・11階以上	地階・無窓階・11階以上		
(9) イ 蒸気浴場, 熱気浴場等				全部	全部		
(9) ロ 公衆浴場（イ以外）				全部	全部		
(10) 車両の停車場, 船舶, 航空機の発着場							
(11) 神社, 寺院, 教会等							
(12) イ 工場, 作業所		150人以上（100注3）		地階・無窓階・11階以上	地階・無窓階・11階以上		
(12) ロ 映画スタジオ, テレビスタジオ				地階・無窓階・11階以上	地階・無窓階・11階以上		
(13) イ 自動車車庫, 駐車場				地階・無窓階・11階以上	地階・無窓階・11階以上		
(13) ロ 飛行機, 回転翼航空機の格納庫							
(14) 倉庫							
(15) 前各項に該当しない事業場		150（100注3）		地階・無窓階・11階以上	地階・無窓階・11階以上		
(16) イ 特定防火対象物が存する複合用途防火対象物				全部	全部	(1)項の用途部分	
(16) ロ 上記以外の複合用途防火対象物				地階・無窓階・11階以上	地階・無窓階・11階以上		
(16)の2 地下街				全部	全部	(1)項の用途部分	
(16)の3 準地下街							
(17) 重要文化財等							
(18) アーケード（延長50m以上）							

備考
1 （注1）は、主要構造部を耐火構造とした建築物の2階を除く.
2 （注2）は、下階に同表(1)項から(4)項まで、(9)項イ、(12)項イ、(13)項イ、(14)項、(15)項がある場合.
3 （注3）は、地階又は無窓階の場合.
4 避難器具は、避難階及び11階以上の階は設置不要.